2019 하반기 채용대비

금호
아시아나 그룹

직무적성검사 및 한자시험

실전편

금호아시아나

Always with you

사람이 길에서 우연하게 만나거나 함께 살아가는 것만이 인연은 아니라고 생각합니다.
책을 펴내는 출판사와 그 책을 읽는 독자의 만남도 소중한 인연입니다.
(주)시대고시기획은 항상 독자의 마음을 헤아리기 위해 노력하고 있습니다.
늘 독자와 함께 하겠습니다.

1946년 창업 이래 수많은 시련과 고비가 있었으나 금호아시아나는 집념과 불굴의 도전정신으로 이를 이겨냈으며, '기업을 통한 국가공헌 및 사회기여'라는 경영철학 아래 고용을 확대하고 교육 및 문화사업에 대한 투자를 게을리 하지 않는 등 사회 환원에 앞장서왔다. 특히 금호아시아나는 1977년 금호아시아나문화재단 설립 이후 30여 년 동안 '영재는 기르고, 문화는 가꾸고'라는 설립 취지에 맞게, 학술 연구와 교육사업 진흥에 관심을 두었고, 다양한 기획전시 및 신진 유망작가 발굴 등 한국 문화예술 전반에 걸쳐 폭넓은 지원활동을 펼침으로써 국내 메세나 활동의 대명사로 자리매김했다. 금호아시아나는 향후 해외시장 진출 강화와 그룹이 강점을 가지고 있는 타이어, 항공, 건설, 레저 등 시너지 효과 극대화에 부합하는 사업군에 대한 신규성장동력을 확보, 지속적으로 업계 최고 1등 기업가치를 창출해 나갈 방침이다. 이를 위해 금호아시아나그룹은 채용절차에서 취업 준비생들이 업무에 필요한 기본역량을 갖추고 있는지 평가하기 위해 직무적성검사 및 한자시험을 실시하여 맞춤인재를 선발하고 있다.

이에 (주)시대고시기획에서는 적성검사를 준비하는 데 있어 좋은 길잡이가 되어주고자 다음과 같은 특징을 가진 본서를 출간하게 되었다.

도서의 특징

 첫 째 2019년 상반기부터 2015년 하반기까지 출제된 금호아시아나그룹 직무적성검사 및 한자시험의 최신기출문제를 수록하여 최근 출제경향을 한눈에 파악할 수 있도록 하였다.

 둘 째 금호아시아나그룹 직무적성검사 및 한자시험의 기출문제 분석·연구를 바탕으로 기출 동형 모의고사 2회와 한자시험을 구성하여, 실제 시험장에서의 시험에 대비할 수 있도록 하였다.

 셋 째 OMR 답안지를 제공하여 기출 동형 모의고사를 실제 시험처럼 풀어볼 수 있도록 하였다.

끝으로 이 책으로 금호아시아나그룹 직무적성검사 및 한자시험을 준비하는 여러분 모두에게 합격의 기쁨이 있기를 진심으로 기원한다.

SD적성검사연구소 씀

금호아시아나그룹 소개

개 요

> "새로운 **금호아시아나**는 이해관계자들의 삶을 향상시키고
> 업계 최고 1등의 기업가치를 창출해내는 **아름다운 기업을 지향합니다.**"

금호아시아나그룹은 故 박인천 창업회장에 의해 1946년 광주택시를 설립, 운송업에 뛰어들면서 시작되었으며, 현재 건설, 타이어, 항공, 육상운송, 레저, IT사업부문 등 다양한 사업군을 거느린 굴지의 대기업으로 성장했다. 금호고속은 국내 고속버스시장 점유율 1위, 아시아나항공은 '올해의 항공사' 상을 연이어 수상하며 글로벌 항공 업계에서 명성을 높이고 있다.

목 적

◎ 금호아시아나그룹 이해관계자들의 삶의 질 향상 ◎

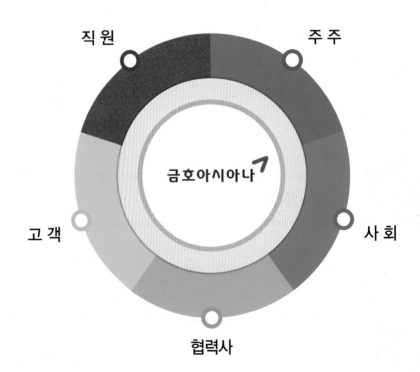

직원 · 주주 · 고객 · 사회 · 협력사

금호아시아나

○⋯● 조직문화

○ 질서와 자유가 조화된 열린 공동체 문화 ○

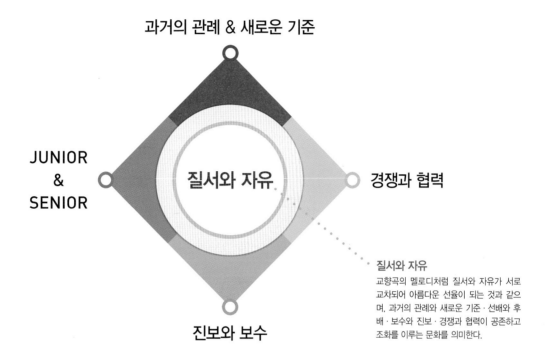

과거의 관례 & 새로운 기준

JUNIOR
&
SENIOR

질서와 자유

경쟁과 협력

진보와 보수

질서와 자유
교향곡의 멜로디처럼 질서와 자유가 서로
교차되어 아름다운 선율이 되는 것과 같으
며, 과거의 관례와 새로운 기준 · 선배와 후
배 · 보수와 진보 · 경쟁과 협력이 공존하고
조화를 이루는 문화를 의미한다.

○⋯● 인재상

⋯› **성실하고 부지런한 사람**
　정직하고 근면하며, 조직과 자신의 발전을 위해 매사에 꾸준히 노력하고, 행동이 빠른 사람

⋯› **연구하고 공부하는 사람**
　조직과 자신의 발전을 위해 매사 깊이 생각하고 연구하며 공부함으로써 개선과 변화를 추진하는 사람

⋯› **진지하고 적극적인 사람**
　책임감과 진지한 자세로 조직과 자신의 발전을 위해 매사에 솔선수범하며 열정적으로 목적한 바를 끝까지
　추진하는 사람

금호아시아나그룹 소개

신입사원 채용 안내

채용시기

- 매년 상반기 3~4월, 하반기 9~10월에 그룹공채로 실시하며, 각각 7월 1일과 1월 1일에 입사한다.

지원자격

- 졸업예정자 또는 기졸업자
- 병역필 또는 면제자
- 해외여행에 결격 사유가 없는 자

기 타

- 국가보훈대상자는 관계법에 의거 우대한다.
- 필요자격 및 학위보유자는 우대한다.
- 지원사항 및 제출서류에 허위사실이 있는 경우 채용이 취소될 수 있다.
- 지원자 본인이 직접 제출한 서류는 반환이 가능하다(홈페이지 내 공지사항 참조).

채용전형 절차

서류전형 ▶ 직무적성검사 및 한자시험 ▶ 1차 면접 (역량면접 / 집단토의)

2차 면접 (인성면접) ▶ 건강검진 ▶ 최종 합격

▶ 시험장 Tip

● 필수 준비물

❶ 신분증

주민등록증, 외국인등록증, 여권, 운전면허증 중 하나

❷ 필기도구

컴퓨터용 사인펜, 수정테이프, 연필, 지우개, 볼펜 등

● 유의사항

❶ 찍어서 틀리면 감점이 있으므로 모르는 문제는 찍지 말고 놔두는 것이 좋다.(단, 한자 영역은 찍기 가능)

❷ 영역별로 시험이 진행되므로 한 과목이라도 과락이 생기지 않도록 한다.

● 시험 진행(금호아시아나그룹 직무적성검사 및 한자시험)

영 역	문항 수	제한 시간
언어능력	40문항	5분
수리능력	30문항	12분
추리능력	40문항	8분
사무지각능력	40문항	6분
분석판단능력	30문항	7분
상황판단능력	30문항	7분
직무상식능력	40문항	6분
인성검사	210문항	50분
휴식 시간		
한자시험	50문항	40분

● 알아두면 좋은 Tip

❶ 각 교실의 시험 감독관과 방송에 의해 시험이 진행되므로 안내되는 지시 사항을 잘 준수한다.

❷ 수험장에 도착해서는 화장실에 사람이 몰릴 수 있으므로 미리미리 간다.

❸ 만일을 대비하여 여분의 필기구를 준비한다.

❹ 정답을 시험지에 표시하고 답안지에 옮겨 적을 만큼 충분한 시간을 주는 시험이 아니므로 답안지에 바로바로 마킹한다.

❺ 길게 진행되는 시험이 아니더라도 시험에 집중하는 만큼 빨리 피로해지므로, 초콜릿 등의 간단한 간식을 챙긴다.

GSAT

언어논리

❶ 다의어 '지다'

06

> 보기
>
> 넘어가다   얹다   맡다   지다   떨어지다

① 넘어가다   ② 얹다
③ 맡다   ✔ 지다
⑤ 떨어지다

⋯→ 2019 GSAT 삼성3급 직무적성검사 계열공통 봉투모의고사 3회분 제3회 언어논리 06번

수리논리

❶ 소금물의 농도(섞이기 전 농도 구하기)

대표유형 Ⅱ **농도**

설탕물 500g이 있다. 이 설탕물에 3%의 설탕물 200g을 온전히 섞었더니 설탕물의 농도는 7%가 되었다. 500g의 설탕물에 녹아 있던 설탕은 몇 g인가?

① 31g   ② 37g
✔ 43g   ④ 49g
⑤ 55g

⋯→ 2019 GSAT 삼성3급 직무적성검사 종합편 p.70_대표유형

❷ 숫자카드 나열

31 숫자 1, 2, 3, 4가 적혀 있는 카드가 있다. 이중 한 숫자의 카드는 2장이 있다. 이 5장의 카드를 일렬로 나열하려고 한다. 카드를 나열할 때 홀수끼리 또는 짝수끼리는 서로 인접할 수 없으나 같은 숫자의 카드일 경우는 인접할 수 있다. 2장이 될 수 있는 카드의 숫자를 모두 고르면?

① 1, 4   ② 2, 3
③ 1, 2, 4   ④ 2, 3, 4
✔ 1, 2, 3, 4

⋯→ 2019 GSAT 삼성3급 직무적성검사 종합편 p.89_31번

○···· **추 리**

❶ 진실게임(2명이 거짓말, 3명이 진실)

19 S회사 사무실에 도둑이 들었다. 범인은 2명이고, 용의자로 지목된 A, B, C, D, E가 다음과 같이 진술했다. 이 중 2명이 거짓말을 하고 있다고 할 때, 다음 중 동시에 범인이 될 수 있는 사람으로 짝지어진 것은?

> A : B나 C 중에 한 명만 범인이에요.
> B : 저는 확실히 범인이 아닙니다.
> C : 제가 봤는데 E가 범인이에요.
> D : A가 범인이 확실해요.
> E : 사실은 제가 범인이에요.

① A, B   ☑ D, E
③ B, C   ④ B, D
⑤ C, E

···→ 2019 GSAT 삼성3급 직무적성검사 계열공통 봉투모의고사 3회분 제1회 추리 19번

○···· **시각적사고**

❶ 단면을 보고 도형의 모양을 유추하는 문제

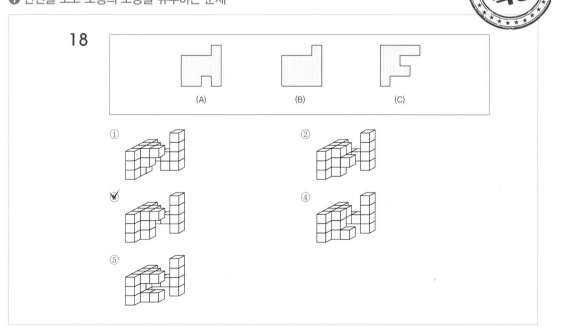

···→ 2019 GSAT 삼성3급 직무적성검사 종합편 p.227_18번

2019 주요기업 **적중문제**

SK그룹

실행역량(검사 A)

19 상반기 적중

❶ 업무가 미숙한 상황

> C사원은 최근 인사이동에 따라 A부서로 옮겨오게 되었다. 그런데 인수인계를 하는 과정에서 몇 가지 업무를 제대로 전달받지 못했다. 하지만 상사는 C사원이 당연히 모든 업무를 다 알고 있으리라 생각하고 기한을 정해준 후 업무를 지시하고 있다. C사원은 상사가 지시한 업무를 하겠다고 대답은 했지만, 막상 업무를 하려니 어떻게 해야 할지 당황스러운 상황이다. 이 상황에서 당신이 C사원이라면 어떻게 하겠는가?
>
> ① 팀 공유 폴더의 지난 업무 파일들을 참고하여 업무를 수행한다.
> ② 상사에게 현재 상황을 솔직하게 이야기하고 모르는 부분에 대해 다시 설명을 듣는다.
> ③ 옆에 앉은 다른 팀원에게 자신의 업무를 대신 해달라고 부탁한다.
> ④ 자신이 할 수 있는 데까지 방법을 찾다가 그래도 안 되겠으면 다시 설명을 듣는다.
> ⑤ 어차피 새로 들어왔으니 실수가 잦아도 상관없다 생각하며, 자신이 아는 지식을 총동원하여 일을 수행한다.

⋯⟶ 2019 SKCT SK그룹 종합역량검사 종합편 본문 p.6_대표유형

인지역량 I – 수리(검사 B)

19 상반기 적중

❶ 인원수 구하기

05 한 학교의 올해 남학생과 여학생 수는 작년에 비해 남학생은 8% 증가하였고, 여학생은 10% 감소했다. 작년의 전체 학생 수는 820명이고, 올해는 작년에 비해 10명이 감소하였다고 할 때, 작년의 여학생 수는?

① 400명   ② 410명   ☑ 420명
④ 430명   ⑤ 440명

⋯⟶ 2019 SKCT 기출이 답이다 2회 p.93_05번

❷ 같은 조에 배치될 확률 구하기

02 직원 A ~ P 16명이 야유회에 가서 4명씩 4개의 조로 행사를 한다. 첫 번째 이벤트에서 같은 조였던 사람은 두 번째 이벤트에서 같은 조가 될 수 없다. 두 번째 이벤트에서 1, 4조가 보기처럼 주어졌을 때, 두 번째 이벤트에서 나머지 두개 조의 가능한 경우의 수는?

─〈보 기〉─
• 1조 : I, J, K, L
• 4조 : M, N, O, P

① 8가지   ② 10가지
③ 12가지   ④ 14가지
☑ 16가지

⋯⟶ 2019 SKCT 봉투모의고사 3회분 제1회 인지역량 I – 수리 비판적 사고_02번

LG그룹

19 상반기 적중

○···· **언어추리**

❶ 진실게임(1명이 거짓말, 4명이 진실)

> **대표유형 ②** 진실게임
>
> L기업의 A, B, C, D 네 부서에 한 명씩 신입사원을 선발하였다. 지원자는 총 5명이었으며, 선발 결과에 대해 다음과 같이 진술하였다. 이 중 1명의 진술만 거짓으로 밝혀졌다고 할 때, 다음 중 항상 옳은 것은?
>
> ---
> • 지원자 1 : 지원자 2가 A부서에 선발되었다.
> • 지원자 2 : 지원자 3은 A 또는 D부서에 선발되었다.
> • 지원자 3 : 지원자 4는 C부서가 아닌 다른 부서에 선발되었다.
> • 지원자 4 : 지원자 5는 D부서에 선발되었다.
> • 지원자 5 : 나는 D부서에 선발되었는데, 지원자 1은 선발되지 않았다.
> ---
>
> ① 지원자 1은 B부서에 선발되었다.
> ② 지원자 2는 A부서에 선발되었다.
> ③ 지원자 3은 D부서에 선발되었다.
> ✔ 지원자 4는 B부서에 선발되었다.
> ⑤ 지원자 5는 C부서에 선발되었다.

⋯→ 2019 LG그룹 인적성검사 종합편 p.52_대표유형

○···· **수리력**

❶ 최댓값/최솟값

05 A, B가 서로 20km 떨어져 있고, A와 B 사이에 A로부터 7.6km 떨어진 곳에는 400m 길이의 다리가 있다. A가 먼저 시속 6km로 출발하고, B가 x분 후에 시속 12km로 출발하여 A와 B가 다리 위에서 만났다고 할 때, x의 최댓값과 최솟값의 차를 구하면?(단, 다리와 일반 도로 사이의 경계는 다리에 포함한다)

① 3   ② 4
③ 5   ✔ 6
⑤ 7

⋯→ 2019 LG그룹 인적성검사 기출이 답이다 최신기출문제 p.65_05번

도서 200% 활용하기

| 도서 구성 |

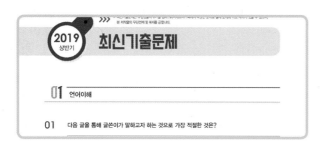

STEP 1   2019년 상반기 최신기출문제

2019년 상반기 금호아시아나그룹 직무적성검사 및 한자시험 기출문제를 수록하여 최근에 출제되고 있는 문제 유형을 알 수 있도록 하였다.

STEP 2   다년도 최신기출문제

2019 상반기~2015 하반기 최신기출문제를 수록하여 변화하는 출제 경향을 파악할 수 있도록 하였다.

STEP 3   기출 동형 모의고사

최근 금호아시아나그룹 직무적성검사 및 한자시험에서 출제된 문제 유형으로 구성한 기출 동형 모의고사 2회분을 수록하여 최근 출제되고 있는 문제 유형을 연습해볼 수 있도록 하였다.

금 호 아 시 아 나 그 룹   직 무 적 성 검 사

STEP 4   OMR 답안지

도서 마지막에 OMR 답안지를 수록하여 기출 동형 모의고사와 함께 사용하여 실전과 같은 연습이 가능하도록 하였다.

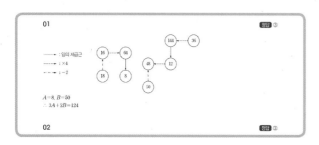

STEP 5   상세한 해설

최신기출문제와 기출 동형 모의고사에 대한 자세하고 친절한 해설을 수록하여 독학에도 어려움이 없도록 하였다.

도서 활용 TIP!

다회독 체크 박스

⋯ 한 번만 풀어서는 절대 내 것이 될 수 없다. 완벽하게 내 것이 될 때까지 풀고 또 풀고!

☑ 제1회 Check!	1st	✔	2nd	✔	3rd	☐

난이도 체크 박스

⋯ 문제를 풀어보고 확실하게 이해한 문제는 'O', 헷갈리는 문제는 '△', 모르는 문제는 '×'로 표시!
⋯ 다회독 시 '△', '×'만 다시 확인하여 빠르게 체크체크!

05

☑ 확인
Check!
○
△
✕

C사의 인사부, 홍보부, 총무부, 기획부,
때, 2층으로 이동하는 부서는?

• 회사 건물은 5층짜리이고, 각 층마다 한
• 홍보부은 회의가 가장 많기 때문에 회의
해 있다.
• 총무부은 기획부과 비서부 사이로 이동한
• 기획부은 총무부과 인사부 사이로 이동한
• 비서부은 사장실과 같은 층으로 이동한

틀린 문제 & 찍은 문제!

문제를 풀 때 틀린 문제와 풀지 못
하고 찍은 문제에 '×' 표시를 한 후
시험 전 한 번 더 확인하자!
어려운 문제를 접했을 때 접근 방
식과 풀이 스킬을 생각해 보는 것
도 또 하나의 공부이다!

06

☑ 확인
Check!
○
✕
×

다음 ㉠~㉤에서 사용된 글의 전개방식과

㉠ 안전 운전 교육은 총 7가지로 구성되는
주행, 고속주행으로 구성된다.
㉡ 저희 회사의 신약은 99.7%의 실험 성공
㉢ 토끼는 빨랐지만 게을렀고 거북이는 느
럼 느리더라도 성실한 것이 가장 중요합
㉣ 셧다운제는 청소년의 게임중독을 막을
다는 점에서 문제가 있다는 주장이 제기

알쏭달쏭 문제!

문제를 풀 때 보기가 헷갈렸다거나
답은 맞았지만 정확히 이해가 안가
는 문제에 '△' 표시를 한 후 시험
전 빠르게 눈여겨보자!
이해가 안가는 부분의 해설을 통해
다시 한 번 문제를 이해한다면 문
제 풀이의 실수를 줄이는 데 도움
이 될 것이다!

나만의 학습플랜

📋 MONTHLY PLANNER

일	월	화	수	목	금	토
_월 _일 ☑ • 최신기출 문제	☐	☐	☐	☐	☐	☐
☐	☐	☐	☐	☐	☐	☐
☐	☐	☐	☐	☐	☐	☐
☐	☐	☐	☐	☐	☐	☐
☐	☐	☐	☐	☐	☐	☐

🕐 D-DAY PLANNER

D-13 ☐	D-12 ☐	D-11 ☐	D-10 ☐	D-9 ☐	D-8 ☐	D-7 ☐
D-6 ☐	D-5 ☐	D-4 ☐	D-3 ☐	D-2 ☐	D-1 ☐	D-DAY ☐ • 오답복습

▶ 합격 후기

> " 합격 선배들이 알려주는
> 금호아시아나그룹
> 직무적성검사 및 한자시험 합격기 "

😄 합격으로 믿는 수험서!

자소서부터 광탈도 많이 했지만 필기시험에서 정말 많이 떨어졌습니다. 금호아시아나그룹의 직무적성검사는 다른 기업보다 영역이 많아 더 힘들었고, 직무상식능력 영역은 너무 넓은 분야의 지식을 요구해 수험서 한권으로 준비해도 되는지 불안했지만 시대고시 금호아시아나그룹 수험서를 믿고 책 한 권을 닳도록 정성스럽게 풀고 또 풀었습니다. 공부하는 내내 불안해하고 걱정했던 것과 달리 수험서를 믿고 열심히 공부해서인지 직무적성검사를 통과할 수 있었습니다!

😝 약한 부분도 꼼꼼하게

금호아시아나그룹 직무적성검사는 영역이 많기로 잘 알려져 있는데 저는 특히 한자시험이 두려웠습니다. 문제집을 많이 풀어보는 방법밖에 없다고 판단해 시대고시 문제집에 나오는 한자들은 모두 외우듯이 공부를 하였습니다. 최신기출문제와 상세한 해설 등과 함께 공부하다보니 한자 같은 약한 영역도 많이 보완되었고 실력이 점점 향상되었습니다. 그 결과 제한시간이 짧은 실제 시험에서도 자신감 있게 풀 수 있었고 합격까지 이어진 것 같습니다!

※ 본 독자 후기는 실제 (주)시대고시기획의 도서를 통해 공부하여 합격한 독자들께서 보내주신 후기를 재구성한 것입니다.

이 책의 차례

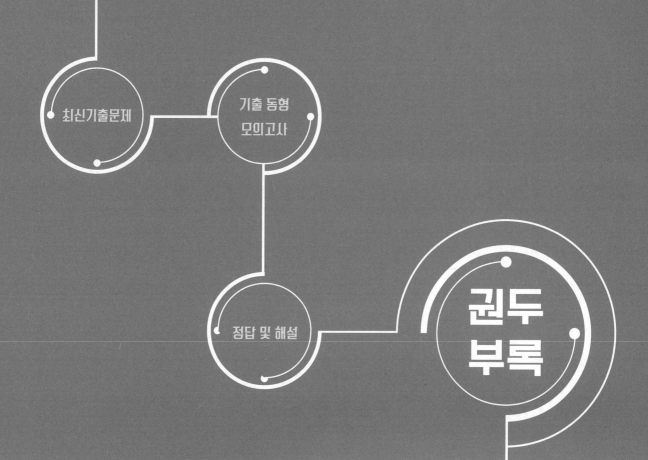

최신기출문제

기출 동형
모의고사

정답 및 해설

권두
부록

2019 상반기~
2017 하반기
기출문제

시대에듀

www. **sdedu** .co.kr

자격증 · 공무원 · 취업까지
BEST 온라인 강의 제공

**(주)시대고시기획
(주)시대교육**

www. **sidaegosi** .com

시험정보 · 자료실 · 이벤트
합격을 위한 최고의 선택

I Wish you the best of luck!

최신기출문제

01 언어능력

※ 다음 중 맞춤법에 어긋나는 것을 고르시오 [1~2].

01
① 그는 목이 메어 한동안 말을 잇지 못했다.
② 어제는 종일 아이를 치다꺼리하느라 잠시도 쉬지 못했다.
③ 왠일로 선물까지 준비했는지 모르겠다.
④ 노루가 나타난 것은 나무꾼이 도끼로 나무를 베고 있을 때였다.

(풀이) '어찌 된'의 뜻을 나타내는 관형사는 '웬'이므로, '어찌 된 일로'라는 함의를 가진 '웬일'이 맞는 말이다.

[오답확인]
① 메다 : 어떤 감정이 북받쳐 목소리가 잘 나지 않음
② 치다꺼리 : 남의 자잘한 일을 보살펴서 도와줌
④ 베다 : 날이 있는 연장 따위로 무엇을 끊거나 자르거나 가름

(정답) ③

02
① 윗층에 누가 사는지 모르겠다.
② 오뚝이는 아무리 쓰러뜨려도 잘도 일어난다.
③ 새 컴퓨터를 살 생각에 좋아서 깡충깡충 뛰었다.
④ 그의 초라한 모습이 내 호기심을 당겼다.

(풀이) '웃-' 및 '윗-'은 명사 '위'에 맞추어 통일한다.
[예] 윗넓이, 윗니, 윗도리 등
다만, 된소리나 거센소리 앞에서는 '위-'로 한다.
[예] 위짝, 위쪽, 위층 등

(정답) ①

※ 다음 중 띄어쓰기가 올바른 것을 고르시오[3~4].

03　① 이번 회의에 참석하는데 많은 준비가 필요했다.
　② 너는 정말 쓸데 없는 일만 하는구나.
　③ 이 일을 어떻게 처리해야 할 지 걱정이야.
　④ 여행을 다녀온 지 벌써 세 달이 지났어.

　　(풀이)　'지'는 경과한 시간을 나타내는 의존 명사이므로 한글 맞춤법에 따라 앞의 말과 띄어 써야 한다.

　　　　(오답확인)
　　　　① 참석하는데 → 참석하는 데 : '데'가 '일'이나 '것'의 뜻을 나타내는 의존 명사로 쓰였으므로 '참석하는 데'로 띄어 써야 한다.
　　　　② 쓸데 없는 → 쓸데없는 : '쓸데없다'는 하나로 굳어진 단어이므로 붙여 써야 한다.
　　　　③ 처리해야 할 지 → 처리해야 할지 : '－ㄹ지'는 하나의 연결 어미이므로 '처리해야 할지'가 올바른 표기이다.

　　(정답)　④

04　① 그녀가 사는 데는 회사에서 한참 멀다.
　② KTX를 타면 서울과 목포간에 3시간이 걸린다.
　③ 드실 수 있는만큼만 가져가 주십시오.
　④ 비가 올 것 같은 데 우산을 챙겨가야지.

　　(풀이)　'데'는 '장소'를 의미하는 의존명사이므로 띄어 써야 한다.

　　　　(오답확인)
　　　　② 목포간에 → 목포 간에 : '간'은 '한 대상에서 다른 대상까지의 사이'를 의미하는 의존명사이므로 띄어 써야 한다.
　　　　③ 있는만큼만 → 있는 만큼만 : '만큼'은 '정도'를 의미하는 의존명사이므로 띄어 써야 한다.
　　　　④ 같은 데 → 같은데 : '데'가 연결형 어미일 때는 붙여 써야 한다.

　　(정답)　①

05 다음 밑줄 친 단어와 같은 의미로 사용된 것은?

> 선물을 받고 좋아할 모습을 상상하니 저절로 입가에 웃음이 <u>돌았다</u>.

① 공장이 무리 없이 잘 <u>돌고</u> 있다.
② 무리한 운동으로 인해 머리가 핑 <u>돌았다</u>.
③ 아버지는 항상 아침 일찍 일어나 동네 한 바퀴를 <u>돌고</u> 오셨다.
④ 그는 냉기가 <u>도는</u> 차가운 바닥에 누워 생각에 잠겼다.

〔풀이〕 어떤 기운이나 빛이 겉으로 나타나다.

〔오답확인〕
① 기능이나 체제가 제대로 작용하다.
② 눈이나 머리 따위가 정신을 차릴 수 없도록 아찔하여지다.
③ 일정한 범위 안을 이리저리 왔다 갔다 하다.

〔정답〕 ④

06 다음 중 밑줄 친 단어의 발음이 틀린 것은?

① 아이가 책을 <u>읽고</u> 있어. ― [일꼬]
② 시를 한 수 <u>읊고</u> 있었다. ― [읍꼬]
③ 시냇물이 참 <u>맑구나</u>. ― [막꾸나]
④ <u>늙지</u> 않는 비결이 뭔가? ― [늑찌]

〔풀이〕 겹받침 'ㄺ, ㄻ, ㄼ'은 어말 또는 자음 앞에서 각각 'ㄱ, ㅁ, ㅂ'으로 발음한다. 다만, 용언의 어간 말음 'ㄺ'은 'ㄱ' 앞에서 [ㄹ]로 발음한다. 그러므로 '맑구나'는 [말꾸나]로 발음해야 한다.

〔정답〕 ③

02 수리능력

※ 다음 식을 계산한 값을 구하시오[1~2].

01

$$4,355 - 23.85 \div 0.15$$

① 1,901
② 2,190
③ 3,856
④ 4,196

(풀이) $4,355 - 23.85 \div 0.15 = 4,355 - 159 = 4,196$

(정답) ④

02

$$0.28 + 2.4682 - 0.9681$$

① 1.8701
② 1.7801
③ 1.7601
④ 1.5601

(풀이) $0.28 + 2.4682 - 0.9681 = 2.7482 - 0.9681 = 1.7801$

(정답) ②

03 다음의 주어진 계산식이 성립한다면 (32+8)×22의 값은?

$$62 \times (30 + 3) = 52$$

① -18
② -6
③ 18
④ 6

(풀이) 주어진 식에서 +는 ÷로, ×는 −로 쓰였다.

$$\therefore (32 \div 8) - 22 = 4 - 22 = -18$$

(정답) ①

04 다음 빈칸에 들어갈 숫자를 구하면?

$$208 \times (\quad) - 19{,}945 = 44{,}951$$

① 616　　　　　　　　　　② 552

③ 476　　　　　　　　　　④ 312

(풀이) $208 \times (\quad) = 44{,}951 + 19{,}945 \to 208 \times (\quad) = 64{,}896 \to (\quad) = 64{,}896 \div 208 = 312$

$$\therefore 312$$

(정답) ④

05 1부터 200까지의 숫자 중 약수가 3개인 수는 몇 개인가?

① 5개　　　　　　　　　　② 6개

③ 7개　　　　　　　　　　④ 8개

(풀이) 1에서 200까지의 숫자 중 소수인 수는 약수가 2개이다.

따라서 소수의 제곱은 약수가 3개이므로 2, 3, 5, 7, 11, 13의 제곱인 4, 9, 25, 49, 121, 169 총 6개이다.

(정답) ②

06 다음은 2018년에 가구주들이 노후준비방법에 대해 응답한 자료를 반영한 그래프이다. 다음 중 가장 구성비가 큰 항목의 구성비 대비 네 번째로 구성비가 큰 항목의 구성비의 비율로 옳은 것은?(단, 소수점 아래 둘째 자리에서 반올림한다)

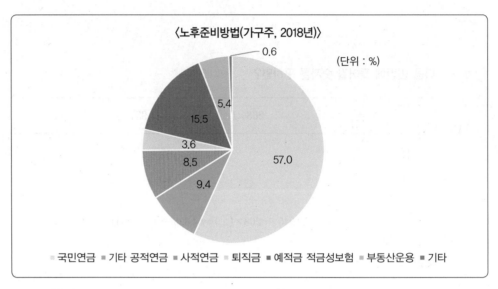

〈노후준비방법(가구주, 2018년)〉

(단위 : %)

국민연금   기타 공적연금   사적연금   퇴직금   예적금 적금성보험   부동산운용   기타

① 11.2%   ② 14.9%
③ 17.4%   ④ 19.1%

[풀이] 가장 구성비가 큰 항목은 국민연금으로 57.0%이며, 네 번째로 구성비가 큰 항목은 사적연금으로 8.5%이다. 따라서 가장 구성비가 큰 항목의 구성비 대비 네 번째로 구성비가 큰 항목의 구성비의 비율은 $\frac{8.5}{57.0} \times 100 ≒ 14.9\%$이다.

[정답] ②

03 추리능력

※ 일정한 규칙으로 수 · 문자를 나열할 때, 괄호 안에 들어갈 알맞은 것을 고르시오 [1~3].

01

| 캐 해 새 채 매 애 ( ) |

① 매   ② 배
③ 래   ④ 채

(풀이) +3, ÷2가 반복되는 수열이다.

캐	해	새	채	매	애	(래)
11	14	7	10	5	8	4

(정답) ③

02

| 휴 유 츄 츄 뷰 튜 뉴 ( ) |

① 큐   ② 슈
③ 듀   ④ 휴

(풀이) 홀수 항은 −4, 짝수 항은 +2로 나열된 수열이다.

휴	유	츄	츄	뷰	튜	뉴	(휴)
14	8	10	10	6	12	2	14

(정답) ④

03

| 11 21 10   10 36 8   8 ( ) 5 |

① 12   ② 13

③ 36   ④ 39

(풀이) 각 항을 3개씩 묶고 각각 A, B, C라고 하면 다음과 같다.

$A \ B \ C \rightarrow B = A^2 - C^2$

따라서 ( ) $= 8^2 - 5^2 = 39$

(정답) ④

※ 다음 제시된 낱말의 대응 관계로 볼 때, 빈칸에 들어갈 알맞은 것을 고르시오[4~6].

04

| ( ) : 추출하다 = ( ) : 올리다 |

① 용질, 구름   ② 고체, 공기

③ 액체, 공간   ④ 용매, 물건

(풀이) 제시된 낱말은 목적어와 동사의 관계이다.

'용매'를 '추출'하고, '물건'을 '올린다'.

(정답) ④

05

기혼 : ( ) = 팔다 : 사다

① 이혼　　　　　　　　　　　② 파혼

③ 미혼　　　　　　　　　　　④ 약혼

[풀이] 제시된 낱말은 반의 관계이다.
　　　'팔다'와 '사다'는 반의 관계이며, '기혼'과 '미혼'은 반의 관계이다.

[정답] ③

06

암시 : ( ) = ( ) : 갈등

① 시사, 알력　　　　　　　　② 귀띔, 해소

③ 계시, 발전　　　　　　　　④ 충고, 칡덩굴

[풀이] 제시된 낱말은 유의 관계이다.
　　　넌지시 알림을 뜻하는 '암시'의 유의어는 어떤 것을 미리 간접적으로 표현함을 뜻하는 '시사'이고, '갈등'의 유의어는 서로 의견이 달라 충돌함을 뜻하는 '알력'이다.

[정답] ①

04 사무지각능력

01 다음 중 제시된 문자와 다른 것은?

> 밝붉볒붊벍벍밝붊빍

① 밝붉볒붊벍벍밝붊빍 　　② 밝붉볒붊벍벍밝붊빍
③ 밝붉볒붊벍벍빍붊빍 　　④ 밝붉볒붊벍벍밝붊빍

〔풀이〕 밝붉볒붊벍벍<u>밝</u>붊빍 ― 밝붉볒붊벍벍<u>빍</u>붊빍

〔정답〕 ③

02 다음 중 제시된 문자와 같은 것은?

> 促成廁上生物蔑謠詠六卿呈

① 促成廁上生汃蔑謠詠六卿呈 　　② 促成廁上生物蔑謠詠六卿呈
③ 促成廁上生物蔑謠泳六卿呈 　　④ 促成廁土生物蔑謠詠六卿呈

〔풀이〕 〔오답확인〕
　　　　① 促成廁上生<u>汃</u>蔑謠詠六卿呈
　　　　③ 促成廁上生物蔑謠<u>泳</u>六卿呈
　　　　④ 促成廁<u>土</u>生物蔑謠詠六卿呈

〔정답〕 ②

03 다음 제시된 좌우의 문자 중 서로 다른 문자의 개수는?

> PRODRUBARDY – BRUDPUBIRPV

① 4개   ② 6개

③ 7개   ④ 9개

〔풀이〕 <u>PRODRUBARDY</u> – <u>BRUDPUBIRPV</u>

〔정답〕 ②

04 다음 제시된 문자와 같은 것의 개수를 모두 고르면?

> 校

郊	塊	交	塊	郊	愧	校	郊	魁	塊	郊	校
魁	魁	交	校	魁	交	塊	魁	交	郊	愧	交
校	交	愧	塊	郊	魁	愧	交	愧	校	郊	塊
塊	魁	郊	愧	校	塊	魁	交	塊	愧	愧	校

① 4개   ② 5개

③ 6개   ④ 7개

〔풀이〕

郊	塊	交	塊	郊	愧	<u>校</u>	郊	魁	塊	郊	<u>校</u>
魁	魁	交	<u>校</u>	魁	交	塊	魁	交	郊	愧	交
<u>校</u>	交	愧	塊	郊	魁	愧	交	愧	<u>校</u>	郊	塊
塊	魁	郊	愧	<u>校</u>	塊	魁	交	塊	愧	愧	<u>校</u>

〔정답〕 ④

05 다음 표에 제시되지 않은 문자를 고르면?

235	261	298	204	274	290	247	219	228	242	230	202
248	239	211	200	248	267	281	277	210	206	221	283
201	235	267	206	298	274	202	248	239	228	277	221
290	204	242	261	222	248	219	281	248	210	283	230

① 200   ② 293

③ 211   ④ 247

〔 풀이 〕

235	261	298	204	274	290	<u>247</u>	219	228	242	230	202
248	239	<u>211</u>	<u>200</u>	248	267	281	277	210	206	221	283
201	235	267	206	298	274	202	248	239	228	277	221
290	204	242	261	222	248	219	281	248	210	283	230

〔 정답 〕 ②

05 분석판단능력

01 다음 명제가 '참'일 때, 항상 옳은 것은?

> • 어떤 학생은 공부를 잘한다.
> • 체력이 좋으면 공부를 잘한다.
> • 모든 체육부원은 체력이 좋다.
> • 모든 체육부원은 학생이다.

① 체력이 좋으면 체육부원이다.
② 공부를 잘하면 체력이 좋다.
③ 어떤 체육부원은 공부를 잘한다.
④ 모든 학생은 체력이 좋다.

[풀이] 제시된 명제를 벤다이어그램으로 나타내면 다음과 같다.

따라서 모든 체육부원은 체력이 좋고, 체력이 좋으면 공부를 잘하므로 어떤 체육부원이든 모든 체육부원은 공부를 잘한다.

[오답확인]
① 체력이 좋은 학생 중 체육부원이 아닌 학생이 존재할 수 있다.
② 공부를 잘하는 사람 중 체력이 좋지 않은 학생이 존재할 수 있다.
④ 모든 학생이 체력이 좋지는 않다.

[정답] ③

02 영업팀의 A, B, C, D, E사원은 출장으로 인해 ○○호텔에 투숙하게 되었다. ○○호텔은 5층 건물로 A~E사원이 서로 다른 층에 묵는다고 할 때, 다음에 근거하여 바르게 추론한 것은?

> • A사원은 2층에 묵는다.
> • B사원은 A사원보다 높은 층에 묵지만, C사원보다는 낮은 층에 묵는다.
> • D사원은 C사원 바로 아래층에 묵는다.

① E사원은 1층에 묵는다.

② B사원은 4층에 묵는다.

③ E사원은 가장 높은 층에 묵는다.

④ C사원은 D사원보다 높은 층에 묵지만, E사원보다는 낮은 층에 묵는다.

[풀이] B사원은 2층에 묵는 A사원보다 높은 층에 묵지만, C사원보다는 낮은 층에 묵으므로 3층 또는 4층에 묵을 수 있다. 그러나 D사원이 C사원 바로 아래층에 묵는다고 하였으므로 D사원이 4층, B사원은 3층에 묵는 것을 알 수 있다. 따라서 A~D를 높은 층에 묵는 순서대로 나열하면 'C − D − B − A'가 되며, E는 남은 1층에 묵는 것을 알 수 있다.

[정답] ①

03 다음 명제를 통해 얻을 수 있는 결론으로 타당한 것은?

> • 어떤 책은 낙서가 되어 있다.
> • 낙서가 되어 있는 것은 모두 벽지이다.
> • 모든 벽지는 분홍색이다.

① 모든 책은 분홍색이다.

② 분홍색인 것은 모두 책이다.

③ 어떤 책은 분홍색이다.

④ 낙서가 되어 있는 것은 모두 벽지이다.

[풀이] 어떤 책 → 낙서가 되어 있다. → (모두) 벽지이다. → (모두) 분홍색이다.
따라서 어떤 책은 분홍색이다.

[정답] ③

04 다음 제시된 오류와 관련 있는 것을 고르면?

> 판단의 기준이 절대적인 것이 아닌 다른 대상과의 비교를 통해서 평가하는 오류이다. 대비되는 정보로 인해 평가자의 판단이 왜곡되는 현상이라고 볼 수 있다.

① 민아는 철수의 여자친구니까, 이번 회장으로 뽑아야겠다.
② TV에 나오는 여배우는 참 예쁘구나. 그럼 나는 못생긴 것 같다.
③ (두 명의 학생이 인사하는 것을 보고) 우리 학교 학생들은 참 인사를 잘하는구나.
④ A작가의 B소설 내용이 사회비판적인 것을 보니, A작가는 사회비판적인 소설가이다.

[풀이] 제시문은 부당한 대비의 오류를 설명한 내용이다. 여배우의 외모와 나의 외모를 주관적으로 비교하고 있는 ②가 동일한 오류를 범하고 있다.

[오답확인]
① 사적 관계에 호소하는 오류
③·④ 성급한 일반화의 오류

[정답] ②

05 다음 중 논리적 오류가 아닌 것은?

① 이 화장품은 유명 연예인들이 애용하는 제품이다. 그러므로 이 화장품은 품질이 좋다.
② 세계에서 이 카메라가 가장 가볍고 성능이 좋다. 그러므로 이 카메라의 각 부품 역시 세계에서 가장 가볍고 성능이 좋을 것임이 틀림없다.
③ 회사원들이 회사를 사직하고 있다. 저 사람은 회사원이다. 그러므로 저 사람은 회사를 사직하고 있다.
④ 개는 잡식 동물이다. 삽살개는 개다. 그러므로 삽살개는 잡식 동물이다.

[풀이] [오답확인]
① 부적절한 권위에 호소하는 오류
② 분할(분해)의 오류
③ 우연의 오류

[정답] ④

06 상황판단능력

※ 상황판단능력은 기업의 인재상 및 내부 기준에 따라 평가하는 문항으로, 별도의 정답과 해설을 제공하지 않으니 참고하시기 바랍니다.

01 P사원과 같은 팀에 근무하는 E대리는 평소 내성적인 성격으로 혼자 지내는 것을 좋아한다. 그러던 중 P사원은 E대리의 생일이 얼마 남지 않았다는 것과 취미가 클래식 감상이라는 것을 알았다. 평소 E대리에게 많은 도움을 받은 P사원이 개인적으로 축하를 해주려고 한다면 어떻게 하겠는가?

① 평소 E대리가 좋아하는 클래식 CD를 선물한다.
② 클래식 공연에 함께 간다.
③ 직원들에게 E대리의 생일을 알리고 파티를 준비한다.
④ 생일에 축하 문자를 남긴다.

02 K사원은 G팀에 속해있다. 그러나 G팀의 팀원들은 왠지 모르게 K사원을 따돌리는 느낌이다. 팀 회의를 진행할 때 K사원이 내는 아이디어를 가볍게 듣고 넘긴다거나 K사원과 점심식사를 피하는 등 은근슬쩍 왕따를 시키고 있다. 당신이 K사원이라면 어떻게 하겠는가?

① 팀장에게 보고한다.
② 익명으로 회사 게시판에 글을 올린다.
③ 회사 감찰반에 투서한다.
④ 팀원들과 인간적으로 친해지려고 노력한다.

03 부서원들끼리 점심식사를 마치고 A사원의 카드로 우선 한꺼번에 계산을 하게 되었다. 다른 부서원들은 정확히 A사원에게 점심값을 전달했는데 평소 껄끄러웠던 선임 B대리가 실제 금액보다 적은 금액을 A사원에게 주었다. 당신이 A사원이라면 어떻게 행동하겠는가?

① 큰 금액은 아니므로 개의치 않는다.
② 즉시 그 자리에서 B대리에게 금액이 틀리다고 말한다.
③ 다음에 다시 본인이 점심식사 가격을 계산하게 될 때 가벼운 농담조로 B대리에게 이 사실을 말한다.
④ B대리가 계산할 때 B가 덜 낸 만큼 본인도 덜 낸다.

04 A사원은 팀원이 모두 5명인 K팀에 소속되어 있다. 그러나 최근 회사의 구조조정으로 본인과 팀장 이외의 세 명이 퇴사했고, 이들은 모두 경쟁사인 P회사로 옮겨 원래 했던 일과 비슷한 일을 하고 있다. 예전 팀원들과 P회사 스카우터가 A에게 함께 일할 것을 제안했는데, 당신이 A사원이라면 어떻게 하겠는가?

① 친분 여부와 관계없이 현재 회사에 대한 만족도를 따져본다.
② 친분 여부와 관계없이 P회사의 근무환경을 고려하여 결정한다.
③ 함께 일했던 동료들이 있으므로 고민하지 않고 이직한다.
④ K팀의 팀장에게 스카우트를 제안 받은 사실을 알린다.

07 직무상식능력

01 기업 내 직무들 간의 상대적 가치를 기준으로 임금을 결정하는 방법은?

① 직무급(Job−based pay)
② 연공급(Seniority−based pay)
③ 역량급(Competency−based pay)
④ 능력급(Skill−based pay)

〔풀이〕 직무급이란 직무의 상대적 가치로 임금을 차등화하는 임금결정 방법이다.

〔오답확인〕

② 연공급(Seniority−based pay) : 근속연수를 근간으로 임금을 차등화하는 임금결정 방법
③ 역량급(Competency−based pay) : 보유한 역량을 근간으로 임금을 차등화하는 임금결정 방법
④ 능력급(Skill−based pay) : 보유한 스킬을 근간으로 임금을 차등화하는 임금결정 방법

〔정답〕 ①

02 다음 중 환율인상의 영향이 아닌 것은?

① 국제수지 개선효과
② 외채 상환 시 원화부담 가중
③ 수입 증가
④ 국내물가 상승

〔풀이〕 환율인상의 영향

• 수출 증가, 수입 감소로 국제수지 개선효과
• 수입품의 가격 상승에 따른 국내물가 상승
• 외채 상환 시 원화부담 가중

〔정답〕 ③

03 다음 중 기업이 재정 상태나 경영 실적을 실제보다 좋게 보이게 할 목적으로 부당한 방법으로 자산이나 이익을 부풀려 계산하는 회계를 뜻하는 용어는?

① 공장회계　　　　　　　　　② 재특회계
③ 분식회계　　　　　　　　　④ 리스회계

(풀이) 분식회계는 분식결산이라고도 하며, 기업이 자산이나 이익을 실제보다 부풀려 재무재표상의 수치를 고의로 왜곡시키는 것을 말한다.

〔오답확인〕
① 공장회계 : 제조공업을 경영하는 기업에서, 본사의 회계에 대하여 공장에서 행하는 회계
② 재특회계 : 재정융자특별회계법에 따라 정부가 국민복지 향상과 주요산업의 지원에 필요한 자금을 대여할 목적으로 설치되어 재정경제부 장관이 관리·운용하는 재정융자특별회계
④ 리스회계 : 각국에서 기업금융의 한 형태로 리스 이용이 늘어나고 있으며, 이에 따른 회계처리 방법

(정답) ③

04 다음 왕대의 업적으로 알맞은 것은?

근초고왕

① 율령 반포　　　　　　　　　② 마한 정복
③ 불교 공인　　　　　　　　　④ 웅진 천도

(풀이) 백제 근초고왕은 마한을 정복하여 백제의 영토를 전라도 남쪽 바닷가까지 확장하였다.

〔오답확인〕
① 백제 고이왕 때 율령을 반포하였다.
③ 백제 침류왕 때 불교를 공인하였다.
④ 백제 문주왕 때 웅진(공주)으로 천도하였다.

(정답) ②

05 다음 글을 읽고, 옳은 것을 고르면?

> Some people in the city like pigeons. These people think pigeons make the city people feel closer to nature. But some people in the city do not like pigeons at all. These people think pigeons carry diseases.

① Pigeons do not carry diseases.

② All city people like pigeons.

③ Not all city people like pigeons.

④ No city people like pigeons.

[풀이] 본문에서 어떤 도시 사람들은 비둘기가 질병을 옮긴다고 생각해서 전혀 좋아하지 않는다고 이야기한다. 따라서 '모든 도시 사람들이 비둘기를 좋아하는 것은 아니다.'가 적절하다.

오답확인
① 비둘기들은 질병을 옮기지 않는다.
② 모든 도시 사람들은 비둘기를 좋아한다.
④ 도시 사람 아무도 비둘기를 좋아하지 않는다.
「어떤 도시 사람들은 비둘기를 좋아한다. 이 사람들은 비둘기가 도시 사람들에게 자연을 더 가깝게 느끼게 해 준다고 생각 한다. 그러나 어떤 도시 사람들은 비둘기를 전혀 좋아하지 않는다. 이 사람들은 비둘기가 질병을 옮긴다고 생각한다.」

[정답] ③

08 한자시험

※ 다음 성어(成語)에서 '□'에 들어갈 한자로 알맞은 것을 고르시오[1~3].

01

一□兩得

① 車   ② 擧

③ 去   ④ 據

〔풀이〕 일거양득(一擧兩得)의 거는 들 거(擧)이다.

〔오답확인〕
① 수레 거(車)
③ 갈 거(去)
④ 근거 거(據)

〔정답〕 ②

02

□慨無量

① 監   ② 甘

③ 感   ④ 敢

〔풀이〕 감개무량(感慨無量)의 감은 느낄 감(感)이다.

〔오답확인〕
① 볼 감(監)
② 달 감(甘)
④ 감히 감(敢)

〔정답〕 ③

03

> 自□撞着

① 歌　　　　　　　　　　② 加
③ 價　　　　　　　　　　④ 家

（풀이）자가당착(自家撞着)의 가는 집 가(家)이다.

> 오답확인
> ① 노래 가(歌)
> ② 더할 가(加)
> ③ 값 가(價)

（정답）④

04　다음 성어(成語)에서 뜻풀이로 적절한 것을 고르면?

> 磨斧爲針

① 도끼를 갈아 바늘을 만들다.
② 숨기려던 정체가 드러나다.
③ 앞을 내다보는 안목
④ 많으면 많을수록 더욱 좋다.

（풀이）마부위침(磨斧爲針) : 도끼를 갈아 바늘을 만들다.

> 오답확인
> ② 마각노출(馬脚露出) : 숨기려던 정체가 드러나다.
> ③ 선견지명(先見之明) : 앞을 내다보는 안목
> ④ 다다익선(多多益善) : 많으면 많을수록 더욱 좋다.

（정답）①

05 다음 중 독음이 같은 한자끼리 바르게 짝지어진 것은?

① 信 ― 辛　　　　② 氣 ― 巨

③ 訪 ― 非　　　　④ 敎 ― 具

(풀이) 믿을 신 (信) ― 매울 신(辛)

〔오답확인〕
② 기운 기(氣) ― 클 거(巨)
③ 찾을 방(訪) ― 아닐 비(非)
④ 가르칠 교(敎) ― 갖출 구(具)

〔정답〕 ①

06 다음 중 독음이 다른 한자끼리 바르게 짝지어진 것은?

① 爱 ― 愧　　　　② 俭 ― 扣

③ 州 ― 主　　　　④ 迴 ― 佮

(풀이) 사랑 애(爱) ― 익힐 예(愧)

〔오답확인〕
② 검소할 검(俭) ― 두드릴 검(扣)
③ 고을 주(州) ― 임금 주(主)
④ 돌아올 회(迴) ― 모일 회(佮)

〔정답〕 ①

※ 다음 빈칸에 들어갈 알맞은 한자어를 고르시오[7~8].

07

□□이 만료되기까지는 아직 1년이 남았다.

① 契約   ② 名譽

③ 階層   ④ 系統

〔풀이〕 계약(契約) : 관련된 사람이나 조직체 사이에서 서로 지켜야 할 의무에 대하여 글이나 말로 정하여 둔 것이나 그런 약속

〔오답확인〕
② 명예(名譽) : 세상에서 훌륭하다고 인정되는 이름이나 자랑, 또는 그런 존위나 품위
③ 계층(階層) : 사회적 지위가 비슷한 사람들의 층
④ 계통(系統) : 일정한 체계에 따라 서로 관련되어 있는 부분들의 통일적 조직

〔정답〕 ①

08

더 공부를 해야 할지, 결혼을 해야 할지 정말 □□이 된다.

① 管理   ② 渴症

③ 處分   ④ 葛藤

〔풀이〕 갈등(葛藤) : 개인이나 집단 사이에 목표나 이해관계가 달라 서로 적대시하거나 충돌함

〔오답확인〕
① 관리(管理) : 어떤 일의 사무를 맡아 처리함
② 갈증(渴症) : 목이 말라 물을 마시고 싶은 느낌
③ 처분(處分) : 처리하여 치움

〔정답〕 ④

2018 하반기 최신기출문제

01 언어능력

01 다음 제시된 단어의 순우리말로 옳은 것은?

웰빙

① 참살이   ② 다래끼
③ 끼니   ④ 건강

[풀이] 참살이는 '웰빙(Wellbeing)'을 순화하여 이르는 말로 몸과 마음의 편안함과 행복을 추구하는 태도
나 행동을 뜻한다. 국립국어원이 개설 및 운영하고 있는 '모두가 함께하는 우리말 다듬기' 사이트를
통하여 순화되었다.

[오답확인]
② 다래끼 : 속눈썹의 뿌리에 균이 들어가 눈시울이 발갛게 붓고 곪아서 생기는 작은 부스럼
③ 끼니 : 아침, 점심, 저녁과 같이 일정한 시간에 먹는 밥, 또는 그렇게 먹는 일
④ 건강(健康) : 정신적으로나 육체적으로 아무 탈이 없고 튼튼함 또는 그런 상태

[정답] ①

02 다음 중 맞춤법이 옳은 것은?

① 그와 나는 성격이 틀리다.
② 어제는 날씨가 참 춥드라.
③ 어제 틈틈히 책을 읽었다.
④ 수습을 어떡할지 고민이다.

〔풀이〕 '어떡해', '어떡할지'는 '어떻게 해', '어떻게 할지'의 준말로서 옳은 표기이다.

> 오답확인
> ① '틀리다'는 셈이나 사실 따위가 그르게 되거나 어긋날 때, 혹은 바라거나 하려는 일이 순조롭게 되지 못할 때 쓰이므로 '다르다'가 옳은 사용법이다.
> ② 지난 일을 나타내는 어미는 '～더라', '～던'으로 적어야 하므로 '춥더라'가 맞는 표현이다.
> ③ 같은 말이 겹쳐진 첩어로서 뒤에 접미사 '～하다'가 붙지 못하는 경우이므로 '틈틈이'로 쓴다.

〔정답〕 ④

03 다음 중 띄어쓰기가 올바른 것은?

① 평균은 커녕 탈락이나 면하면 다행이지.
② 그냥 굶을걸 그랬다.
③ 오늘 친구에게 돈을 빌려주었다.
④ 오늘은 정말 인상깊은 하루였다.

〔풀이〕 '빌려주다'는 한 단어로 사전에 등재되어 있으므로 붙여서 쓴다.

> 오답확인
> ① '커녕'은 어떤 사실을 부정하는 것은 물론 그보다 덜하거나 못한 것까지 부정하는 뜻을 나타내는 보조사로 붙여 쓴다.
> ② '걸'은 '것을'로 바꾸어 쓸 수 있으면 띄어 적는다.
> ④ '인상 깊은'은 각각 다른 단어이므로 띄어 적는다.

〔정답〕 ③

04 다음 밑줄 친 단어와 같은 의미로 사용된 것은?

> 오늘 저녁은 톡 쏘는 매운 카레다.

① 자다가 이름 모를 벌레에 팔을 쏘였다.
② 아이를 매섭게 쏘는 친구의 모습이 무서웠다.
③ 박물관에는 옛날에 병사가 쏘던 화살이 전시되어 있다.
④ 코를 쏘는 홍어 냄새가 나를 괴롭게 했다.

〔풀이〕 제시문의 '쏘는'과 ④에서의 '쏘는'은 '매운맛이나 강한 냄새가 사람의 입 안이나 코를 강하게 자극하다.'는 의미로 사용되었다.

〔오답확인〕

① 벌레가 침과 같은 것으로 살을 찌르다.
② 말이나 시선으로 상대편을 매섭게 공격하다.
③ 활이나 총, 대포 따위를 일정한 목표를 향하여 발사하다.

〔정답〕 ④

05 다음 문장을 논리적 순서대로 바르게 배열한 것은?

(가) 한국에서는 1896년부터 그레고리력을 사용하고 있으므로 본래라면 양력 1월 1일이 공식적인 새해의 첫날이라고 할 수 있다.

(나) 설날은 새해의 첫 날을 기념하는 날로 설, 원일(元日), 단월(端月)이라고 부른다.

(다) 하지만 과거에 음력을 썼던 전통에 따라 음력 1월 1일을 설날로 하며, 양력 1월 1일을 신정(新正), 음력 1월 1일을 구정(舊正)이라고 한다.

(라) 또한 설날은 조심하고 근신하는 날이라 하여 신일(愼日)이라고도 일컫는다.

① (나) — (라) — (가) — (다)
② (나) — (라) — (다) — (가)
③ (다) — (라) — (가) — (나)
④ (다) — (라) — (나) — (가)

〔풀이〕 제시문은 설날에 대한 설명이다. 제시문을 논리적 순서대로 바르게 배열하면, 설날에 대한 정의와 부르는 명칭(나), 설날의 명칭에 대한 부연설명(라), 공식적인 새해 첫날인 양력 1월 1일(가)과 과거에 음력을 썼던 전통에 따라 음력 1월 1일과 양력 1월 1일을 각각 구정과 신정으로 나눈 것(다)의 순서로 문맥이 이어진다.

〔정답〕 ①

06 다음 글의 내용과 일치하지 않는 것은?

> 야지디족은 이라크에서 소수종교 민족 중 가장 오래된 역사를 가졌다. 하지만 대부분의 역사는 박해의 역사였는데 쿠르드어를 쓰는 야지디족은 기독교와 이슬람, 그리고 고대 페르시아 종교인 조로아스터교가 혼합된 문화를 가지고 있다. 많은 이슬람 종파들이 야지디족을 이교도로 간주하여 살해하고 노예로 삼았다.

① 야지디족은 이라크 소수종교 민족 중 가장 오래된 역사를 가졌다.
② 야지디족이 지닌 대부분의 역사는 박해의 역사였다.
③ 쿠르드어를 쓰는 야지디족은 조로아스터교 중심의 용병민족이다.
④ 많은 이슬람 종파들이 야지디족을 이교도로 간주하고 있다.

(풀이) 야지디족은 쿠르드어를 쓰며 기독교와 이슬람, 그리고 고대 페르시아 종교인 조로아스터교가 혼합된 문화를 가지고 있으며 용병민족이라는 사실은 확인할 수 없다.

(정답) ③

02 수리능력

※ 다음 식을 계산한 값을 구하시오[1~2].

01

$$52-88\div4+35$$

① 55
② 65
③ 75
④ 85

(풀이) $52-88\div4+35=52-22+35=65$

(정답) ②

02

$$5.6\times3.3\div6$$

① 3.02
② 3.04
③ 3.06
④ 3.08

(풀이) $5.6\times3.3\div6=18.48\div6=3.08$

(정답) ④

03 다음의 주어진 계산식이 성립한다면 $(45 \div 2) \times 20$의 값은?

$$20 \times (22 \div 3) = 86$$

① 68　　　　　　　　　　　　② 77
③ 110　　　　　　　　　　　④ 450

(풀이) 주어진 식에서 ×은 +로, ÷는 ×로 쓰였다.
　　　∴ $(45 \div 2) \times 20 = 90 + 20 = 110$

(정답) ③

04 다음 괄호 안에 들어갈 알맞은 사칙연산 기호는?

$$36 \times 3 + 22 = 25(\quad)6 + 33 \times 3$$

① ×　　　　　　　　　　　② ÷
③ +　　　　　　　　　　　④ −

(풀이) $36 \times 3 + 22 = 130 = 25(+)6 + 33 \times 3$

(정답) ③

05 어떤 두 자리 자연수를 3, 6, 9로 나누면 나머지가 모두 1이다. 이를 만족하는 자연수 중 가장 작은 것은?

① 16　　　　　　　　　　② 17
③ 18　　　　　　　　　　④ 19

(풀이) 구하는 수를 x라고 하면 x를 3, 6, 9로 나눈 나머지가 모두 1이므로 $x-1$은 3, 6, 9의 최소공배수이다.
　　　3, 6, 9의 최소공배수는 18이므로 $x-1 = 18$이다.
　　　∴ $x = 19$

(정답) ④

06 다음은 2017년 전국 1인 가구 거처 종류 현황을 나타낸 표이다. 자료를 보고 이해한 것 중 옳은 것은?

〈2017년 전국 1인 가구 거처 종류 현황〉

(단위 : 가구)

성 별	1인 가구	다세대주택	아파트	연립주택	단독주택	비거주용 건물 내 주택	주택이외의 거처
남 자	2,791,849	238,690	690,834	40,645	1,433,565	69,256	318,859
여 자	2,826,828	262,239	915,044	53,187	1,331,633	53,344	211,381
계	5,618,677	500,929	1,605,878	93,832	2,765,198	122,600	530,240

① 여자가 남자보다 더 높은 비중을 차지하는 거처 종류는 총 4가지다.

② 남자가 세 번째로 많이 거주하는 거처 종류는 다세대주택이다.

③ 여자가 세 번째로 많이 거주하는 거처 종류는 다세대주택이다.

④ 남자와 여자의 거처 종류에서 가장 큰 수로 차이가 나는 곳은 단독주택이다.

(풀이) 여자가 세 번째로 많이 거주하는 거처 종류는 총 262,239가구인 '다세대주택'이다.

(오답확인)

① 여자가 남자보다 더 높은 비중을 차지하는 거처 종류는 '다세대주택'과 '아파트', '연립주택'으로 총 3가지다.

② 남자가 세 번째로 많이 거주하는 거처 종류는 총 318,859가구인 '주택이외의 거처'다.

④ 남자와 여자의 거처 종류 중 가장 큰 수로 차이가 나는 곳은 915,044−690,834＝224,210가구인 '아파트'이다.

(정답) ③

03 추리능력

※ 일정한 규칙으로 수 · 문자를 나열할 때, 괄호 안에 들어갈 알맞은 것을 고르시오[1~3].

01

| 98 49 50 25 28 14 19 ( ) |

① 9   ② 9.5

③ 10   ④ 10.5

(풀이) ÷2와 +1, +3, +5, …가 번갈아 적용된다.

(정답) ②

02

| Z Y V Q J ( ) |

① D   ② C

③ B   ④ A

(풀이)

Z	Y	V	Q	J	(A)
26	25	22	17	10	1

앞의 문자에 각각 −1, −3, −5, −7, −9, …인 값이므로, 빈칸에 들어갈 값은 A이다.

(정답) ④

03

| 가 나 라 마 사 아 ( ) |

① 차   ② 카

③ 타   ④ 파

〔풀이〕 +1과 +2가 반복된다.

〔정답〕 ①

※ 다음 제시된 낱말의 대응 관계로 볼 때, 빈칸에 들어갈 알맞은 것을 고르시오[4~5].

04

> 금리 : 경제 = (　　) : 정치

① 오프사이드　　　　　　　　② 필리버스터
③ 서브프라임 모기지　　　　　④ 메인보드

〔풀이〕 금리(金利)는 경제 용어로 '빌려준 돈이나 예금 따위에 붙는 이자 또는 그 비율'을 뜻한다. 필리버스터는 '의회 안에서 합법적인 수단을 이용하여 의사 진행을 고의로 저지하는 행위'를 뜻하는 정치 용어이다.

〔오답확인〕

① 오프사이드는 '축구 · 럭비 · 아이스하키 따위에서, 상대편의 진영 안에서 공이나 퍽(puck)보다 앞으로 나가거나 경기자가 규칙에 정해진 금지 구역에 들어갔을 때 범하는 반칙'을 뜻하는 스포츠 용어이다.
③ 서브프라임 모기지는 '미국에서 신용등급이 낮은 저소득층을 대상으로 고금리로 주택마련 자금을 빌려주는 비우량 주택담보대출'을 뜻하는 금융 용어이다.
④ 메인보드는 '컴퓨터에서 각종 케이블이나 배선을 통합하여 연결하는 회로가 장치되어 있는 판'을 뜻하는 IT 용어이다.

〔정답〕 ②

05

> 빛 : (　　) = (　　) : 하늘

① 형광등, 태양　　　　　　　② 프리즘, 공기
③ 어둠, 땅　　　　　　　　　④ 조명, 우주

〔풀이〕 빛의 반의어는 어둠이고, 하늘의 반의어는 땅이다.

〔정답〕 ③

04 사무지각능력

01 다음 제시된 좌우의 문자 중 다른 문자의 개수는?

라랴러려러류료러려리 – 라라러려러루류러러리

① 1개 ② 2개
③ 3개 ④ 4개

(풀이) 라랴러려러류료러려리 – 라라러려러루류러러리

(정답) ④

02 다음 제시된 문자 또는 숫자와 다른 것은?

라바③⑧자파⑨나타①

① 라바③⑧자파⑨나타① ② 라바③⑧자파⑨나타①
③ 라바③⑧자파⑨나타① ④ 라바③⑧자바⑨나타①

(풀이) 라바③⑧자바⑨나타①

(정답) ④

03 다음 제시된 문자 또는 숫자와 같은 것은?

> per ardua ad astra

① per ardua ad astra   ② per ardua ad asjra
③ per ardoa ad astra   ④ per arbua ad astra

〔풀이〕 〔오답확인〕
　　　② per ardua ad asjra
　　　③ per ardoa ad astra
　　　④ per arbua ad astra

〔정답〕 ①

04 다음 제시된 문자와 같은 것의 개수를 모두 고르면?

> 롬

롱	룽	록	롤	률	률	람	렁	룸	롬	럼	렴
룩	롬	룸	럼	람	렴	룸	런	랍	룹	룰	랄
럽	랍	롬	럼	럽	륩	롭	립	론	룸	롭	립

① 2개   ② 3개
③ 4개   ④ 5개

〔풀이〕

롱	룽	록	롤	률	률	람	렁	룸	롬	럼	렴
룩	롬	룸	럼	람	렴	룸	런	랍	룹	룰	랄
럽	랍	롬	럼	럽	륩	롭	립	론	룸	롭	립

〔정답〕 ②

05 다음 제시된 문자와 다른 것의 개수를 모두 고르면?

tap

tap	tap	tap	tap	tap	tap	tap	tap	tap	tap	tap	top
tap	tap	tap	tap	tap	tap	tap	tip	tap	tap	tap	tap
tap	tup	tap	tap	tap	tap	tap	tap	tap	top	tap	tap

① 2개   ② 3개

③ 4개   ④ 5개

〔풀이〕

tap	tap	tap	tap	tap	tap	tap	tap	tap	tap	tap	<u>top</u>
tap	tap	tap	tap	tap	tap	tap	<u>tip</u>	tap	tap	tap	tap
tap	<u>tup</u>	tap	tap	tap	tap	tap	tap	tap	<u>top</u>	tap	tap

〔정답〕③

05 분석판단능력

01 A, B, C, D, E 5명이 중식당에 들러 짜장면 둘과 짬뽕 하나, 볶음밥 하나와 군만두 하나를 주문했다. 다음의 명제가 모두 참일 때 주문한 사람과 주문한 음식이 올바르게 짝지어진 것은?

> A는 짬뽕을 주문하지 않았다.
> B는 군만두를 주문하지 않았다.
> C는 A와 같은 음식을 주문했다.
> D는 짜장면을 주문하지 않았다.
> E는 볶음밥을 주문했다.

① A － 군만두　　　　　　② B － 짬뽕
③ C － 군만두　　　　　　④ D － 짬뽕

〔풀이〕 먼저, A와 C가 같은 음식을 주문했으므로 둘이 주문한 음식은 자연스럽게 짜장면이 된다. 또한 E가 볶음밥을 주문했기 때문에 남은 음식은 짬뽕과 군만두가 된다. 여기서 B는 군만두를 주문하지 않았으므로 짬뽕을 주문한 사람은 B, 군만두를 주문한 사람은 D가 된다.

〔정답〕 ②

02 다음 명제가 참일 때, 다음 빈칸에 들어갈 명제로 가장 적절한 것은?

> 조별과제를 하면 스트레스를 받는다.
> _____
> 그러므로 머리가 아프지 않다면 조별과제를 하지 않은 것이다.

① 스트레스를 받으면 조별과제를 하지 않은 것이다.
② 스트레스를 받으면 조별과제를 한다.
③ 스트레스를 받으면 머리가 아프지 않다.
④ 스트레스를 받으면 머리가 아프다.

〔풀이〕 '조별과제를 한다'를 A, '스트레스를 받는다'를 B, '머리가 아프다'를 C라고 했을 때, 마지막 명제 '~C → ~A'에 따라 'C → A'가 성립함을 확인할 수 있다. 즉 A → C라는 결론을 얻기 위해서는 기존 명제인 A → B 외에도 B → C 또는 ~B → ~C라는 명제가 필요하다.

〔정답〕 ④

※ 다음 명제를 통해 얻을 수 있는 결론으로 타당한 것을 고르시오[3~4].

03

> 모든 꽃은 식물이다.
> 어떤 꽃은 곤충을 잡아먹는다.

① 어떤 꽃은 식물이 아니다.
② 어떤 식물은 곤충을 잡아먹는다.
③ 어떤 곤충은 식물에게 잡아먹히지 않는다.
④ 모든 식물은 꽃이다.

(풀이) 어떤 꽃은 곤충을 잡아먹고, 모든 꽃은 식물이다. 따라서 어떤 식물은 곤충을 잡아먹는다.

(정답) ②

04

> 책을 읽으면 성적이 오른다.
> 성적이 오르지 않으면 운동을 한다.
> 성적이 오르면 운동을 하지 않는다.

① 책을 읽지 않으면 성적이 오르지 않는다.
② 운동을 하면 성적이 오르지 않는다.
③ 책을 읽으면 운동을 하지 않는다.
④ 성적이 오르지 않으면 책을 읽는다.

(풀이) 책을 읽으면 성적이 오르고, 성적이 오르면 운동을 하지 않는다. 따라서 책을 읽으면 운동을 하지 않는다.

(정답) ③

06 상황판단능력

※ 상황판단능력은 기업의 인재상 및 내부 기준에 따라 평가하는 문항으로, 별도의 정답과 해설을 제공하지 않으니 참고하시기 바랍니다.

01 K 사에 근무하는 E 사원은 얼마 전부터 타 부서의 J 사원 때문에 고민이다. J 사원은 E 사원보다 4살이 어리고 입사일도 늦은데도 업무를 핑계로 자신을 묘하게 하대하거나 반말을 섞으며 대화하기 때문이다. 무엇보다 J 사원의 부서에서는 이러한 상황을 어느 정도 묵인하는 분위기다. 당신이 E 사원이라면 어떻게 하겠는가?

① 정식으로 문제를 삼아 상부에 보고한다.
② J 사원을 따로 불러 문제해결을 위해 대화를 시도한다.
③ J 사원의 부서를 찾아가 정식으로 항의한다.
④ 우리 부서의 평화를 위해 참는다.

02 K 사의 B 대리는 새로 입사한 V 사원 때문에 골머리를 앓고 있다. V 사원은 특유의 부지런함과 업무정확성으로 인해 좋은 성과를 내고 있으나, 타부서나 협력업체와의 전화통화에서 계속 문제를 만들기 때문이다. 단순히 내용을 잘못 이해하는 것부터 연락보고가 늦거나 전화예절로 인한 불화까지 전화업무와 관련해 계속해서 문제를 만들고 있다. 당신이 B 대리일 때 V 사원에게 가장 먼저 할 조언은?

① 친절함은 모든 업무의 기본이야. 늘 예의바르게 통화하도록 해
② 정확함이 제일 중요해. 항상 통화 시에는 펜과 메모지를 챙겨
③ 늘 신속해야 해. 전화로 보고할 일이 생기면 지체 없이 연락하도록 해
④ 화가 나도 참을 줄 알아야 해. 상대가 불만을 표출해도 일단 참도록 해

03 B 사원의 주요 업무는 고객응대이다. B 사원은 고객들과 만나 소통하며 그들의 문제를 해결하는 일을 정말 좋아하지만 최근 자주 찾아오는 D 고객 때문에 고민이 많다. D 고객이 사소한 문제를 핑계로 B 사원을 불러 업무시간을 방해함은 물론 불필요한 신체접촉을 시도하기 때문이다. D 고객은 회사의 VIP이기 때문에 큰 문제를 일으키고 싶지 않은 상황이다. 당신이 B 사원이라면 어떻게 할 것인가?

① D 고객과 직접 만나 문제점을 밝히고 자제를 요구한다.
② 자신의 상사에게 보고하여 D 고객의 응대를 다른 직원과 바꾼다.
③ 더 이상 고객응대를 할 자신이 없으므로 부서이동을 요청한다.
④ 무능하다는 소리를 들을 수 있으므로 잠시 상황을 지켜본다.

07 직무상식능력

01 다음 중 4차 산업혁명의 요소기술이 아닌 것은?

① 가상재화 ② 양자암호
③ 빅데이터 ④ 3D프린팅

[풀이] 가상 경제는 일반적으로 가상 세계에 존재하는 경제 체제를 뜻하며, 그 중심에는 가상재화가 있다. 가상재화는 물질적인 실체가 없는 대신 개인의 지불 의사에 따라 가치가 결정되며 일반적으로 제3차 산업혁명의 요소로 평가받는다.

[오답확인]
② 양자암호의 이론은 1984년 제안되었으나 최근 IT산업의 급속한 성장으로 주목받고 있다. 양자암호는 자연현상에 기반하고 있어 중간에 도청자가 난입해도 신호가 왜곡되어 정확한 정보를 얻을 수 없는 보안성이 특징이다.
③ 빅데이터는 수십 테라바이트의 대량 데이터로부터 가치를 추출하고 결과를 분석하는 기술이다.
④ 3D프린팅은 연속적인 계층의 물질을 뿌려 3차원 물체를 만들어내는 제조 기술로 제4차 산업혁명으로 불리는데, 기계 절삭이나 성형 등 기존 생산 방식을 탈피하여 일괄된 방식으로 어떠한 형태의 제품도 만들어내는 것이 가능하기 때문이다.

[정답] ①

02 아래 시트에서 [A2:A4] 영역의 데이터를 이용하여 [C2:C4] 영역처럼 표시하려고 할 때, [C2] 셀에 입력할 수식으로 옳은 것은?

	A	B	C
1	주소	사원 수	출신지
2	서귀포시	10	서귀포
3	여의도동	90	여의도
4	김포시	50	김포

① =LEFT(A2,LEN(A2)−1)
② =RIGHT(A2,LENGTH(A2))−1
③ =MID(A2,1,VALUE(A2))
④ =LEFT(A2,TRIM(A2))−1

〔풀이〕 LEN 함수는 문자열의 문자수를 구하는 함수이므로 숫자를 반환한다. 『=LEN(A2)』는 '서귀포시'로 문자수가 4이며 여기서 −1을 하면 [A2] 열의 3번째 문자까지를 지정하는 것이므로 [C2] 셀과 같이 나온다. 텍스트 문자열의 시작지점부터 지정한 수만큼의 문자를 반환하는 LEFT 함수를 사용하면 『=LEFT(A2,LEN(A2)−1)』이 적절하다.

〔정답〕 ①

03 한국은행이 통화량을 늘렸을 때 나타나는 상황으로 옳은 것은?

① 환율 상승, 원화 가치 상승　　　② 환율 상승, 원화 가치 하락
③ 환율 하락, 원화 가치 상승　　　④ 환율 하락, 원화 가치 하락

〔풀이〕 환율이란 국가 간 상거래를 위해 자국 화폐를 상대방 국가의 화폐로 교환하는 비율을 의미한다. 1,000원과 1달러가 교환되는 것이 기존 환율이라고 했을 때, 1,300원과 1달러가 교환될 경우 환율이 상승하여 원화의 가치가 하락한 것이다. 900원과 1달러가 교환될 경우에는 환율이 하락하여 원화의 가치가 상승한 것이다. 한국은행이 통화량을 늘린다면 원화의 가치는 상대적으로 줄어들어 환율 또한 상승하게 된다.

〔정답〕 ②

04 다음 주어진 글의 주제로 가장 적절한 것은?

> Migrating birds face dangers when they migrate. Sometimes they are hunted by other animals. The noises and lights of cities can also be dangerous to them. The worst thing is that humans destroy the places they can live.

① 생태계 파괴의 위험성　　　　② 새들의 이주 시기
③ 철새들의 생태계 교란　　　　④ 이주 시 새들이 직면하는 위험들

〔풀이〕 글에서는 철새들이 이주할 때 처하는 여러 위험요소들에 대해 나열하고 있으므로 ④ 이주 시 새들이 직면하는 위험들이 적절하다.
　　「철새들은 이주 시 위험에 직면한다. 때때로 그들은 다른 동물들에게 사냥을 당한다. 도시의 소음과 불빛 또한 그들에게 위험할 수 있다. 가장 최악인 것은 인간들이 그들의 거주지를 파괴한다는 것이다.」

〔정답〕 ④

08 한자시험

01 '백절불굴'에서 '절'의 한자 표기로 바른 것은?

① 折   ② 絶

③ 節   ④ 切

[풀이] 백절불굴(百折不屈)의 절은 꺾을 절(折)이다.

> [오답확인]
> ② 끊을 절(絶)
> ③ 마디 절(節)
> ④ 끊을 절(切)

[정답] ①

※ 다음 성어(成語)에서 '□'에 들어갈 한자로 알맞은 것을 고르시오[2~4].

02

□肉之策

① 考   ② 高

③ 告   ④ 苦

[풀이] 고육지책(苦肉之策)의 고는 쓸 고(苦)다.

> [오답확인]
> ① 상고할 고(考)
> ② 높을 고(高)
> ③ 알릴 고(告)

[정답] ④

03

切□腐心

① 齒   ② 恥

③ 治   ④ 値

[풀이] 절치부심(切齒腐心)의 치는 이 치(齒)이다.

[오답확인]
② 부끄러워할 치(恥)
③ 다스릴 치(治)
④ 값 치(値)

[정답] ①

04

快□亂麻

① 道   ② 圖

③ 刀   ④ 徒

[풀이] 쾌도난마(快刀亂麻)의 도는 칼 도(刀)이다.

[오답확인]
① 길 도(道)
② 그림 도(圖)
④ 무리 도(徒)

[정답] ③

05 다음 성어(成語)의 뜻풀이로 적절한 것을 고르면?

起死回生

① 아홉 번 죽을 뻔하다가 한 번 살아나다.
② 평생에 단 한 번 만남
③ 거의 죽을 뻔하다 도로 살아나다.
④ 사람은 죽어서 이름을 남긴다.

[정답] ③
기사회생(起死回生) : 거의 죽을 뻔하다가 도로 살아나다.

[오답확인]
① 구사일생(九死一生) : 아홉 번 죽을 뻔하다 다시 살아나다.
② 일기일회(一期一會) : 평생에 단 한 번 만남
④ 인사유명(人死留名) : 사람의 삶이 헛되지 아니하면 그 이름이 길이 남음

06 다음 단어와 발음이 같은 한자어는?

제공

① 製作   ② 提供
③ 朝貢   ④ 重空

[정답] ②
제공(提供) : (어떤 사람에게, 또는 단체에 어떤 사물을)가지거나 누리도록 주는 것

[오답확인]
① 제작(製作) : 재료를 가지고 물건을 만듦
③ 조공(朝貢) : 옛날 종주국에 속국이 때맞추어 예물로 물건을 바치는 일
④ 중공(重空) : 중공업(重工業)의 줄임말로 제철, 기계, 조선, 차량, 병기의 제조 공업과 같은, 용적에 비하여 무게가 큰 물건을 만드는 공업

※ 다음 빈칸에 들어갈 알맞은 한자어를 고르시오[7~8].

07

> 잘난 체를 하더니, □□만 당했다.

① 體面　　　　　　　　② 利得
③ 感情　　　　　　　　④ 亡身

[정답] ④

망신(亡身) : 말이나 행동을 잘못하여 자기의 지위, 명예, 체면 따위를 손상함

[오답확인]

① 체면(體面) : 남을 대하기에 떳떳한 도리나 얼굴
② 이득(利得) : 이익을 얻음. 또는 그 이익
③ 감정(感情) : 어떤 현상이나 일에 대하여 일어나는 마음이나 느끼는 기분

08

> 죄수들이 사는 방은 빛도 잘 들어오지 않는 □□된 공간이었다.

① 開閉　　　　　　　　② 閉鎖
③ 開放　　　　　　　　④ 開催

[정답] ②

폐쇄(閉鎖) : 문 따위를 닫아걸거나 막아 버림. 또는 외부와의 문화적 · 정신적인 교류를 끊거나 막음

[오답확인]

① 개폐(開閉) : 열고 닫음
③ 개방(開放) : 문이나 어떠한 공간 따위를 열어 자유롭게 드나들고 이용하게 함
④ 개최(開催) : 모임이나 회의 따위를 주최하여 엶

최신기출문제

01   언어능력

※ 다음 제시된 단어와 같거나 유사한 의미를 가진 것을 고르시오[1~2].

01

저격

① 도전   ② 도약

③ 조준   ④ 조성

〔풀이〕 '저격(狙擊)'은 어떤 대상을 노리고 겨냥하여 치거나 총을 쏘는 것을 의미하므로, 유의어는 ③이다.

〔오답확인〕
① 도전(挑戰) : 싸움을 걸거나 돋움, 어려운 일이나 기록에 맞섬
② 도약(跳躍) : 몸을 위로 솟구쳐 뛰는 것, 더 높은 단계로 발전함
④ 조성(助成) : 인공적 · 인위적으로 이루게 함

〔정답〕 ③

02

애수

① 화평   ② 근심

③ 감상   ④ 분노

〔풀이〕 '애수(哀愁)'는 마음을 서글프게 하는 시름을 의미하는 말로 유의어는 ②이다.

〔오답확인〕
① 화평(和平) : 화목하고 평온함
③ 감상(感想) : 마음속에서 일어나는 느낌이나 생각
④ 분노(憤怒) : 분개하여 몹시 성을 냄, 또는 그렇게 내는 성

〔정답〕 ②

03 다음 중 맞춤법에 어긋나는 것은?

① 감소율   ② 폭팔
③ 화젯거리   ④ 가자미

(풀이) '불이 일어나며 갑작스럽게 터짐'을 뜻하는 말은 '폭발'로 써야한다.

　(오답확인)
　① '감소율'은 받침이 있는 말 다음에는 '률, 렬'로 적고, 받침이 없거나 'ㄴ' 받침, 모음 뒤는 '율, 열'로 적는다.
　③ '화젯거리'는 우리말과 한자어의 합성어이고 앞말이 모음으로 끝나고 뒷말의 첫소리가 된소리이므로 사이시옷 규칙을 적용한다.
　④ '가자미'가 표준어이고 '가재미'는 잘못된 표현이다.

(정답) ②

04 다음 중 높임말이 알맞게 사용된 것은?

① 결제 도와드리겠습니다.
② 이 방은 현재 예약 가능하십니다.
③ 사장님, 김대리가 좀 늦는다고 합니다.
④ 유실장님, 서류 떨어지셨습니다.

(풀이) 상대적으로 더 높은 직책을 말할 땐 높임표현을 사용하지 않는다.

　(오답확인)
　① 결제 도와드리겠습니다. → 결제 해 드리겠습니다.
　② 이 방은 현재 예약 가능하십니다. → 이 방은 현재 예약 가능합니다.
　④ 유실장님, 서류 떨어지셨습니다. → 유실장님, 서류 떨어졌습니다.

(정답) ③

05 다음 글의 내용과 일치하는 것은?

> 우리가 어떤 입자의 운동 상태를 알려면 운동량과 위치를 알아야 한다. 여기에서 운동량은 물체의 질량과 속도의 곱으로 정의되는 양이다. 특정한 시점에서 특정한 전자의 운동량과 위치를 알려면, 되도록 전자에 교란을 적게 일으키면서 동시에 두 가지 물리량을 측정해야 한다. 이상적 상황에서 전자를 '보기' 위해 빛을 쏘아 전자와 충돌시킨 후 튕겨 나오는 광양자를 관측한다고 해보자. 운동량이 작은 광양자를 충돌시키면 전자의 운동량을 적게 교란시켜 운동량을 상당히 정확하게 측정할 수 있다. 그러나 운동량이 작은 광양자로 이루어진 빛은 파장이 길기 때문에, 관측 순간의 전자의 위치, 즉 광양자와 전자의 충돌 위치의 측정은 부정확해진다. 전자의 위치를 더 정확하게 측정하기 위해서는 파장이 짧은 빛을 써야 한다. 그런데 파장이 짧은 빛, 곧 광양자의 운동량이 큰 빛을 쓰면 광양자와 충돌한 전자의 속도가 큰 폭으로 변하게 되어 운동량 측정의 부정확성이 오히려 커지게 된다. 이처럼 관측자가 알아낼 수 있는 전자 운동량의 불확실성과 위치의 불확실성은 반비례 관계에 있으므로, 이 둘을 동시에 줄일 수 없음이 드러난다. 이것이 불확정성 원리이다.

① 운동량이 작은 광양자를 충돌시키면 파장이 짧기 때문에 정확한 전자의 위치 측정이 불가능해진다.

② 전자의 위치를 정확히 알기 위해서는 파장이 긴 빛을 사용해야 한다.

③ 전자 운동량의 불확실성과 위치의 불확실성은 비례 관계에 있다.

④ 불확정성의 원리는 전자의 속도와 위치를 동시에 알 수 없다고 주장한다.

〔풀이〕 윗글은 앞부분에서 원리를 설명하고 있고 마지막 문장에서 전자 운동량의 불확실성과 위치의 불확실성은 반비례 관계에 있어서 동시에 줄일 수 없다고 설명하고 있다.

〔오답확인〕

① 운동량이 작은 광양자를 충돌시키면 파장이 길기 때문에 정확한 전자의 위치 측정이 불가능해진다.

② 전자의 위치를 정확히 알기 위해서는 파장이 짧은 빛을 사용해야 한다.

③ 전자의 운동량의 불확실성과 위치의 불확실성은 반비례 관계에 있다.

〔정답〕 ④

06 다음 빈칸에 들어 갈 말로 가장 적절한 것은?

> 인터넷에서 이용자들의 눈길을 끄는 광고 기법 중 검색 광고가 있다. 검색 광고는 검색창에 검색어를 입력하면 검색 결과와 함께 검색어와 관련된 다양한 광고가 노출되도록 한다. 검색 광고는 불특정 다수에게 노출되는 기존 광고와 달리 특정 대상에게만 노출되지만, 검색 결과와 비슷한 형태로 제시되므로 이용자들에게 마치 유용한 정보인 것 같은 착각을 일으킨다.
>
> 신문이나 잡지 등에서 새롭게 사용되는 광고 기법으로 기사형 광고를 들 수 있다. 형식이나 내용이 기사처럼 보이는 기사형 광고는 제목에서 특정 제품명을 드러내지 않으며, 전문가 인터뷰나 연구 자료 인용을 통해 유용한 정보를 제공하는 것처럼 꾸며 독자의 관심을 끈다. 그러면서 가격, 출시일 등의 제품 정보를 삽입하여 소비 심리를 자극한다. 하지만 이러한 점 때문에 독자들이 기사형 광고를 기사로 오인할 수 있으므로 '특집', '기획' 등의 표지를 사용하는 것이 제한되어 있다. ⬚ 광고를 접할 때 매체 이용자들은 이러한 광고 기법의 문제점을 정확히 인식할 필요가 있다. 검색 광고와 기사형 광고는 모두 광고를 유용한 정보인 것처럼 오인하게 만들어 매체 이용자들에게 착각을 유도한다. 따라서 매체 이용자들은 필요한 정보와 광고를 구별할 수 있는 비판적 안목을 기를 필요가 있다.

① 또한 기사형 광고는 소비자의 착각을 불러일으키기 때문에 금지되어 있다.

② 최근 기사형 광고가 쏟아지고 있기 때문에 법적으로 제제를 가해야 한다.

③ 또한 기자가 작성한 글로 착각하지 않도록 글 말미에 '글 ○○○ 기자'와 같은 표현도 사용하지 못하도록 되어 있다.

④ 기사형 광고가 성행하기 시작한 이유는 적은 투자로 커다란 광고효과를 기대할 수 있기 때문이다.

[풀이] 빈칸이 있는 단락은 기사형 광고에 관해 설명하고 있고, 빈칸 앞의 문장에서 기사형 광고의 주의점을 설명하는 중이기 때문에, 접속사 '또한'으로 연결되어 주의점을 설명하는 문장이 빈칸에 오는 것이 적절하다.

[오답확인]

① 앞의 문장에서 기사형 광고가 사용되고 있다고 설명했고 다음 단락에서 광고를 대해야하는 소비자의 태도에 관해 설명하고 있으므로 적절하지 않다.

②·④ 빈칸의 앞뒤 내용과 연결했을 때, 연관성이 없는 내용으로 확실한 오답이다.

[정답] ③

02 수리능력

01 다음 식을 계산한 값은?

$$4.2 \times 6.3 \div 0.6$$

① 4.41　　　　　　　　　　　② 4.31

③ 44.1　　　　　　　　　　　④ 43.1

[풀이] $4.2 \times 6.3 \div 0.6 = 26.46 \div 0.6 = 44.1$

[정답] ③

02 다음 괄호 안에 들어갈 알맞은 사칙연산 기호는?

$$112 \times 4 - 23 = 5(\quad)68 + 5 \times 17$$

① ×　　　　　　　　　　　② ÷

③ +　　　　　　　　　　　④ =

[풀이] $112 \times 4 - 23 = 5(\times)68 + 5 \times 17 = 425$

[정답] ①

03 다음의 주어진 계산식이 성립한다면 (8-7)+2의 값은?

$$(4-5)+3 = 17$$

① 3　　　　　　　　　　　② 13

③ 52　　　　　　　　　　　④ 54

[풀이] 주어진 식에서는 −는 ×으로, +는 −로 쓰였다.

$$\therefore (8 \times 7) - 2 = 54$$

[정답] ④

04 한 개에 500원 하는 부품 A와 한 개의 800원 하는 부품 B를 섞어 10개를 사려고 한다. 전체 금액이 7,000원 이하가 되게 하려고 할 때, 부품 B를 최대 몇 개까지 살 수 있는가?

① 5 ② 6
③ 7 ④ 8

[풀이] 부품 A와 B의 개수를 a, b라 하자.

$a + b = 10 \cdots \bigcirc$

부품을 최대로 살 수 있는 금액

$500a + 800b \leq 7,000 \cdots \bigcirc$

$\bigcirc$과 $\bigcirc$을 연립하면

$\rightarrow 300b \leq 2,000$

$\rightarrow b \leq \dfrac{20}{3} \fallingdotseq 6.7$

따라서 최대로 살 수 있는 B의 개수는 6개이다.

[정답] ②

05 한 개의 동전을 6번 던질 때, 앞면이 나오는 횟수가 뒷면이 나오는 횟수보다 클 확률은 $\dfrac{q}{p}$이다. $p+q$의 값은?(단, p와 q는 서로소인 자연수이다)

① 41 ② 42
③ 43 ④ 111

[풀이] 동전을 6번 던졌을 때 나오는 모든 경우의 수는 $2^6 = 64$가지이다.

그중 앞면이 뒷면보다 더 많이 나오는 경우의 수는

• 앞면이 6개 나오는 경우의 수 : 1가지
• 앞면이 5개 나오는 경우의 수 : $_6C_5 = 6$가지
• 앞면이 4개 나오는 경우의 수 : $_6C_4 = 15$가지

앞면이 나오는 횟수가 뒷면이 나오는 횟수보다 클 확률은 $\dfrac{1+6+15}{2^6} = \dfrac{11}{32}$이다.

따라서 $p+q = 32 + 11 = 43$이다.

[정답] ③

03 추리능력

※ 일정한 규칙으로 수를 나열할 때, 괄호에 들어갈 알맞은 것을 고르시오[1~2].

01

$$2 \quad 6 \quad 12 \quad 20 \quad 30 \quad (\quad)$$

① 40　　　　　　　　　　　② 50

③ 42　　　　　　　　　　　④ 52

(풀이) $a_n = n + n^2$

따라서 ( ) = 6 + 36 = 42이다.

(정답) ③

02

$$100 \quad 100 \quad 75 \quad 125 \quad 50 \quad 150 \quad (\quad)$$

① 200　　　　　　　　　　② 25

③ 175　　　　　　　　　　④ 40

(풀이) 짝수 항은 +25, 홀수 항은 −25이다.

따라서 ( ) = 50 − 25 = 25이다.

(정답) ②

03 일정한 규칙으로 문자를 나열할 때, ?에 들어갈 적합한 것은?

$$(8, 월) \quad (10, 수) \quad (11, 목) \quad (15, 월) \quad (?, 목)$$

① 16　　　　　　　　　　　② 17

③ 18　　　　　　　　　　　④ 19

(풀이) 날짜와 요일을 짝지어 나열했다.

15일이 월요일이면 목요일은 3일 후이므로 18이 된다.

(정답) ③

※ 다음 제시된 낱말의 대응 관계로 볼 때, 빈칸에 들어갈 알맞은 것을 고르시오[4~5].

04

집 : 아파트 = 외국어 : ( )

① 한국어   ② 프랑스어
③ 미국   ④ 학원

(풀이) '사람이나 동물이 추위, 더위, 비바람 따위를 막고 그 속에 들어 살기 위하여 지은 건물'인 집은 아파트를 포함하는 상위 관계이다. 따라서 빈칸은 외국어가 포괄하는 프랑스어가 된다.

(정답) ②

05

가결 : 부결 = 단축 : ( )

① 외연   ② 득의
③ 축소   ④ 연장

(풀이) '회의에서 제출된 의안을 합당하다고 결정하다'의 의미인 가결은 부결과 반의어 관계이다. 따라서 빈칸에는 단축의 반의어인 연장이 나와야 한다.

(정답) ④

04 사무지각능력

※ 다음 제시된 좌우의 문자 중 같은 문자의 개수를 고르시오[1~3].

01

토트르틀트톡톨통 – 토타르태트톡티통

① 4개   ② 5개

③ 6개   ④ 7개

(풀이) 토트르틀트톡톨통 – 토타르태트톡티통

(정답) ②

02

Ⅰ Ⅷ ⅩⅠ ⅥⅠ Ⅴ ⅫⅫ ⅩⅠ – Ⅰ Ⅴ ⅩⅠ ⅥⅠ Ⅴ Ⅻ ⅩⅠ ⅩⅠ

① 2개   ② 4개

③ 6개   ④ 7개

(풀이) Ⅰ Ⅷ ⅩⅠ ⅥⅠ Ⅴ ⅫⅫ ⅩⅠ – Ⅰ Ⅴ ⅩⅠ ⅥⅠ Ⅴ Ⅻ ⅩⅠ ⅩⅠ

(정답) ③

03

ⓑⓣⓞⓘⓧⓔⓗⓢ – ⓐⓣⓞⓘⓧⓗⓐⓣ

① 3개   ② 4개

③ 5개   ④ 6개

(풀이) ⓑⓣⓞⓘⓧⓔⓗⓢ – ⓐⓣⓞⓘⓧⓗⓐⓣ

(정답) ②

※ 다음 제시된 문자와 같은 것의 개수를 고르시오[4~5].

04

						발					

빌	벌	불	볼	뱔	불	밢	볼	빌	발	볼	불
발	뱔	볼	밢	벌	밤	빌	불	벌	뱔	빌	벌
벌	빌	밤	불	빌	볼	벌	밤	뱔	빌	벌	볼
불	볼	발	빌	불	밤	밢	벌	불	볼	밤	발

① 3개　　　　② 4개　　　　③ 5개　　　　④ 6개

（ 풀이 ）

빌	벌	불	볼	뱔	불	밢	볼	빌	<u>발</u>	볼	불
발	뱔	볼	밢	벌	밤	빌	불	벌	뱔	빌	벌
벌	빌	밤	불	빌	볼	벌	밤	뱔	빌	벌	볼
불	볼	<u>발</u>	빌	불	밤	밢	벌	불	볼	밤	<u>발</u>

（ 정답 ） ②

05

						₤					

F	Ŧ	B	₤	£	B	₵	F	Ŧ	₵	Ŧ	F
₵	₦	₤	₵	B	F	₦	Ŧ	F	₤	₦	B
Ŧ	F	F	₵	₦	₦	£	B	B	₵	F	₵
₤	₦	B	₦	₤	£	₵	₦	£	₤	B	Ŧ

① 4개　　　　② 5개　　　　③ 6개　　　　④ 7개

（ 풀이 ）

F	Ŧ	B	<u>₤</u>	£	B	₵	F	Ŧ	₵	Ŧ	F
₵	₦	<u>₤</u>	₵	B	F	₦	Ŧ	F	<u>₤</u>	₦	B
Ŧ	F	F	₵	₦	₦	£	B	B	₵	F	₵
<u>₤</u>	₦	B	₦	<u>₤</u>	£	₵	₦	£	<u>₤</u>	£	B	Ŧ

（ 정답 ） ④

05 분석판단능력

01 다음 제시된 명제가 참이라 할 때 옳은 것은?

> 과제가 있는 날에는 학교를 간다.

① 학교를 가는 날은 과제가 없는 날이다.
② 학교를 가지 않는 날에는 과제가 없다.
③ 과제가 없으면 학교를 간다.
④ 학교를 가지 않으면 과제를 할 수 없다.

〔풀이〕 명제의 대우는 항상 참이다.

〔정답〕 ②

02 다음 세 가지 명제를 통해 얻을 수 있는 결론으로 타당한 것은?

> 울면 몸이 아프다.
> 힘들면 상담을 받는다.
> 아플 때 상담을 받지 않는다.

① 울면 힘들지 않다.
② 힘들면 아프다.
③ 상담을 받으면 아프다.
④ 울지 않으면 상담을 받는다.

〔풀이〕 울음을 p, 아픔을 q, 힘듦을 r, 상담 받음을 s라 하면, 각각 $p \rightarrow q$, $r \rightarrow s$, $q \rightarrow \sim s$이고, 두 번째 문장의 대우는 $\sim s \rightarrow \sim r$이므로 $p \rightarrow q \rightarrow \sim s \rightarrow \sim r$이 되어 $p \rightarrow \sim r$이 성립한다.

〔정답〕 ①

03 다음 글의 빈칸에 들어갈 알맞은 것은?

> 땅이 산성이면 빨간 꽃이 핀다.
> 땅이 산성이 아니면 하얀 꽃이 핀다.
> 그러므로 _____

① 하얀 꽃이 피지 않으면 땅이 산성이 아니다.

② 땅이 산성이면 하얀 꽃이 핀다.

③ 하얀 꽃이 피지 않으면 빨간 꽃이 핀다.

④ 빨간 꽃이 피면 땅이 산성이 아니다.

[풀이] '땅이 산성이다'를 A, '빨간 꽃이 핀다'를 B, '하얀 꽃이 핀다'를 C라고 하면 '∼C → A → B'가 성립
한다. 따라서 '∼C → B' 또는 '∼B → C'가 적절하다.

[정답] ③

04 사과 12개를 A, B, C, D, E 5명의 사람들이 나누어 먹고 다음과 같은 대화를 나눴다. 이 중에서
단 1명만이 진실을 말하고 있고 나머지 4명은 거짓말만을 말하고 있다고 할 때, 다음 중 사과를
가장 많이 먹은 사람과 적게 먹은 사람을 순서대로 짝지은 것은?(단, 모든 사람은 적어도 1개
이상의 사과를 먹었다)

> A : 나보다 사과를 적게 먹은 사람은 없어.
> B : 나는 사과를 2개 이하로 먹었어.
> C : D는 나보다 사과를 많이 먹었고, 나는 B보다 사과를 많이 먹었어.
> D : 우리 중에서 사과를 가장 많이 먹은 사람은 A야.
> E : 나는 사과를 4개 먹었고, 우리 중에 먹은 사과의 개수가 같은 사람이 있어.

① B, D

② B, A

③ E, A

④ E, D

[풀이] 진실을 말하는 사람이 1명뿐인데, 만약 E의 말이 거짓이라면 5명 중에 먹은 사과의 개수가 겹치는 사람은 없어야 한다. 그런데 먹은 사과의 개수가 겹치지 않고 5명이서 12개의 사과를 나누어 먹는 것은 불가능하다. 따라서 E의 말은 참이고, A, B, C, D의 말은 거짓이므로 이를 정리하면 다음과 같다.

- A보다 사과를 적게 먹은 사람이 있다.
- B는 사과를 3개 이상 먹었다.
- C는 D보다 사과를 많이 먹었고, B보다 사과를 적게 먹었다.
- 사과를 가장 많이 먹은 사람은 A가 아니다.
- E는 사과를 4개 먹었고, 먹은 사과의 개수가 같은 사람이 있다.

E가 먹은 개수를 제외한 나머지 사과의 개수는 모두 8개이고, D<C<B(3개 이상)이며, 이 중에서 A보다 사과를 적게 먹은 사람이 있어야 한다. 이를 모두 충족시키는 먹은 사과 개수는 B 3개, C 2개, D 1개, A 2개이다.

따라서 사과를 가장 많이 먹은 사람은 E, 가장 적게 먹은 사람은 D이다.

[정답] ④

06 상황판단능력

※ 상황판단능력은 기업의 인재상 및 내부 기준에 따라 평가하는 문항으로, 별도의 정답과 해설을 제공하지 않으니 참고하시기 바랍니다.

01 K 사에 근무하는 R 부장은 현재 자신의 부서에 팀워크가 부족하다는 것을 느끼고 있다. 이를 해결하기 위해 R 부장은 아침회의 전에 부서 사원들에게 훌륭한 팀워크를 위해 조언을 해주고 자 할 때, 조언 내용으로 적절한 것은?

① 자기중심적인 개인주의가 필요합니다.
② 사원들 간의 사고방식 차이는 있을 수 없습니다.
③ 강한 자신감보다는 신중함이 필요합니다.
④ 솔직한 대화로 서로를 이해해야 합니다.

02 K 사에 근무하는 사원 A 씨는 최근 자신의 상사인 B 대리 때문에 스트레스를 받고 있다. A 씨가 공들여 작성한 기획서 제출하면 B 대리가 중간에서 매번 퇴짜를 놓기 때문이다. 이와 동시에 A 씨는 자신에 대한 B 대리의 감정이 좋지 않은 것 같아 마음이 더 불편하다. A 씨가 직장 동료인 C 씨에게 이러한 어려움을 토로했을 때, C 씨가 A 씨에게 해줄 수 있는 조언으로 적절하지 않은 것은?

① 무엇보다 관계 갈등의 원인을 찾는 것이 중요해.
② B 대리님의 입장을 충분히 고려해볼 필요가 있어.
③ B 대리님과 마음을 열고 대화해보는 것은 어때?
④ B 대리님과 누가 옳고 그른지 확실히 논쟁해볼 필요가 있어.

03 감사팀에 근무하는 사원 A 씨는 최근 자신의 상사인 B 대리가 500만 원을 받고 회계팀의 부적절한 일을 눈감아 준 사실을 발견하였다. 평소 B 대리는 성실하고 정직한 직원으로 평가받고 있으며, 곧 승진을 앞두고 있다. 당신이 A 사원이라면 어떻게 하겠는가?

① 사내게시판에 익명으로 B 대리의 비리를 폭로한다.
② B 대리에게 찾아가 사실을 털어 놓고 자수하기를 권유한다.
③ B 대리보다 상사인 C 과장에게 찾아가 털어 놓는다.
④ B대리의 승진이 얼마 남지 않은 상황이므로 가만이 있는다.

07 직무상식능력

01 K 사의 사보에는 최근 업무를 통해 쉽게 발생할 수 있는 논리적 오류를 조심하자는 의미로 다음과 같이 3가지의 논리적 오류를 소개하였다. 아래의 사례 중 〈보기〉의 3가지 논리적 오류에 해당하지 않는 것은?

> ● 보 기 ●
> ▶ 권위에 호소하는 오류
>   – 논지와 직접적인 관련이 없는 권위자의 견해를 신뢰하여 발생하는 오류
> ▶ 인신공격의 오류
>   – 주장이나 반박을 할 때 관련된 내용을 근거로 제시하지 않고, 성격이나 지적 수준, 사상, 인종 등과 같이 주장과 무관한 내용을 근거로 사용할 때 발생하는 오류
> ▶ 대중에 호소하는 오류
>   – 많은 사람들이 생각하거나 선택했다는 이유로 자신의 결론이 옳다고 주장할 때 발생하는 오류

① 우리 회사의 세탁기는 최근 조사 결과, 소비자의 80%가 사용하고 있다는 점에서 성능이 매우 뛰어나다는 것을 알 수 있습니다. 주저하지 마시고 우리 회사 세탁기를 구매해주시기 바랍니다.

② 인사부 최 부장님께 의견을 여쭤보았는데, 우리 다음 도서의 디자인은 A 안으로 가는 것이 좋겠어.

③ 최근 일본의 예법을 주제로 한 자료를 보면 알 수 있듯이, 일본인들 대부분은 예의가 바르다고 할 수 있습니다. 따라서 우리 회사의 효도상품을 일본 시장에 진출시킬 필요가 있겠습니다.

④ K 사원이 제시한 기획서 내용은 잘못되었다고 생각해. K 사원은 평소에 이해심이 없기로 유명하거든.

(풀이) 제한된 증거를 가지고 결론을 도출하는 '성급한 일반화의 오류'의 사례이다.

[오답확인]
① 대중에 호소하는 오류로 볼 수 있다. 소비자의 80%가 사용하고 있다는 점과 세탁기의 성능은 논리적으로 연결되지 않는다.
② 권위에 호소하는 오류로 볼 수 있다. 도서 디자인과 무관한 인사부 최 부장님의 견해를 신뢰하여 발생하는 오류이다.
④ 인신공격의 오류로 볼 수 있다. 기획서 내용을 반박하면서 이와 무관한 K 사원의 성격을 근거로 사용하여 발생하는 오류이다.

(정답) ③

02 비즈니스 중 명함예절로 적절하지 않은 것은?

① 상대방이 기다리지 않게 미리 내 명함의 위치를 확인하고 준비해둔다.
② 명함은 나에 대한 소개가 적혀있는 카드이므로 건넬 때 자신에 대한 소개를 생략한다.
③ 만나는 사람이 상사이거나 연장자인 경우 아랫사람이 먼저 건넨다.
④ 상대방의 명함으로 손장난을 하는 것은 실례이므로 받아서 손에 닿지 않는 곳에 잘 두고 대화를 시작한다.

〔풀이〕 명함을 건넬 때 간단하게 직책과 소속, 이름을 밝히면서 전달하는 것이 좋다.

〔정답〕 ②

03 다음 제시된 내용이 설명하는 용어는 무엇인가?

> 주식시장에서 주가가 급등 또는 급락하는 경우 주식매매를 일시 정지하는 제도이다. 전기회로에서 회로를 차단하는 장치에서 유래된 말로 2015년 6월에 3단계로 세분화되었다.

① 사이드카   ② 블랙먼데이
③ 서킷브레이커   ④ 블랙스완

〔풀이〕 제시된 내용이 설명하는 용어는 서킷브레이커이다.

〔오답확인〕
① 사이드카 : 선물시장이 급변할 경우 현물시장을 안정적으로 운용하기 위해 도입한 프로그램 매매 호가 관리제도
② 블랙먼데이 : 미국 뉴욕에서 주가의 대폭락이 있었던 1987년 10월 19일을 가리키는 말
④ 블랙스완 : 도저히 일어날 것 같지 않은 일이 발생하는 것

〔정답〕 ③

04 조선 후기에 발생한 사건을 시대순으로 바르게 나열한 것은?

① 임오군란 → 갑신정변 → 동학농민운동 → 아관파천
② 임오군란 → 아관파천 → 동학농민운동 → 갑신정변
③ 갑신정변 → 임오군란 → 아관파천 → 동학농민운동
④ 갑신정변 → 아관파천 → 임오군란 → 동학농민운동

〔풀이〕

임오군란 (1882)	별기군과의 차별에 대한 구식 군인의 반발로 발생한 사건, 청의 내정간섭 초래
갑신정변 (1884)	김옥균을 비롯한 급진개화파가 개화사상을 바탕으로 조선의 자주 독립과 근대화를 위해 일으킨 정변
동학농민운동 (1894)	반봉건 · 반침략적 민족운동, 우금치 전투에서 패배
아관파천 (1896)	명성황후가 시해당한 후 고종과 왕세자가 러시아 공사관으로 피신한 사건

〔정답〕 ①

05 다음 중 기업의 부채를 주식으로 전환하여 기업의 부채를 조정하는 방식을 뜻하는 용어는?

① 감자   ② 순환출자
③ 상호출자   ④ 출자전환

〔풀이〕 〔오답확인〕
① 주식회사가 주식 금액이나 주식 수의 감면 등을 통해 자본금을 줄이는 것
② 한 그룹 안에서 A 기업이 B 기업에, B 기업이 C 기업에, C 기업이 A 기업에 다시 출자하는 식으로 돌려가며 자본을 늘리는 것
③ 회사 간에 주식을 서로 투자하고 상대 회사의 주식을 상호 보유하는 것

〔정답〕 ④

08 한자시험

※ 다음 성어(成語)에서 □에 들어갈 한자로 알맞은 것을 고르시오[1~3].

01

□公移山

① 雨　　　　　　　　　　② 友
③ 愚　　　　　　　　　　④ 右

(풀이) 우공이산(愚公移山) : 우공이 산을 옮긴다는 말로, 남이 보기엔 어리석은 일처럼 보이지만 한 가지 일을 끝까지 밀고 나가면 언젠가는 목적달성을 할 수 있다는 뜻

(정답) ③

02

□三李四

① 長　　　　　　　　　　② 張
③ 匠　　　　　　　　　　④ 腸

(풀이) 장삼이사(張三李四) : 장씨의 셋째 아들과 이씨의 넷째 아들이라는 뜻으로 이름이나 신분이 특별하지 아니한 평범한 사람들을 이르는 말

(정답) ②

03

風月□人

① 主　　　　　　　　　　② 州
③ 舟　　　　　　　　　　④ 走

(풀이) 풍월주인(風月主人) : 맑은 바람과 밝은 달 따위의 아름다운 자연을 즐기는 사람

(정답) ①

※ 다음 빈칸에 들어갈 알맞은 한자어를 고르시오. [4~6]

04

> 자신의 일에 □□을 갖는 것은 중요하다.

① 熱情   ② 不幸

③ 感情   ④ 貪慾

[풀이] 熱情(열정) : 어떤 일에 열렬한 애정을 가지고 열중하는 마음

[오답확인]

② 不幸(불행) : 행복하지 아니함

③ 感情(감정) : 어떤 현상이나 일에 대하여 일어나는 마음이나 느끼는 기분

④ 貪慾(탐욕) : 지나치게 탐하는 욕심

[정답] ①

05

> 도자기 장인은 □□하여 작품을 만든다.

① 自重   ② 貪慾

③ 慾心   ④ 執念

[풀이] 執念(집념) : 한 가지 일에 매달려 마음을 쏟음

[오답확인]

① 自重(자중) : 말이나 행동, 몸가짐 따위를 신중하게 함

② 貪慾(탐욕) : 지나치게 탐하는 욕심

③ 慾心(욕심) : 분수에 넘치게 무엇을 탐내거나 누리고자 하는 마음

[정답] ④

06

> 극적으로 □□이 타결되었다.

① 興行   ② 著作

③ 履行   ④ 協商

(풀이) 協商(협상) : 여러 사람이 모여 서로 의논함

[오답확인]

① 興行(흥행) : 곳곳에 다니며 연극, 연예 등을 보여줌. 왕성하게 함
② 著作(저작) : 책을 지어냄
③ 履行(이행) : 약속이나 계약 등을 실제로 행하는 것

(정답) ④

※ 다음 제시된 한자의 의미와 반대되는 한자를 고르시오[7~8].

07

> 大

① 太   ② 小

③ 德   ④ 巨

(풀이) 大(클 대) ↔ 小(작을 소)

[오답확인]

① 太(클 태)
③ 德(큰 덕)
④ 巨(클 거)

(정답) ②

08

| 男 |

① 他　　　　　　　　② 仁

③ 女　　　　　　　　④ 者

[풀이] 男(사내 남) ↔ 女(여자 여)

[오답확인]
① 他(다를 타)
② 仁(어질 인)
④ 者(놈 자)

[정답] ③

2017 하반기 최신기출문제

01 언어능력

01 다음 제시된 단어와 같거나 유사한 의미를 가진 것은?

> 촉망

① 사려   ② 환대

③ 기대   ④ 부담

(풀이) '촉망(屬望)'은 잘 되기를 기대하거나 그런 대상을 가리키므로 유의어는 ③이다.

(오답확인)
① 사려(思慮) : 어떤 일에 대하여 깊이 생각함 또는 그런 생각
② 환대(歡待) : 정성껏 맞이하여 후하게 대접함
④ 부담(負擔) : 의무나 책임을 짐

(정답) ③

02 다음 중 맞춤법에 어긋나는 것은?

① 오랜만   ② 반짇고리

③ 고랭지   ④ 세침떼기

(풀이) '새침데기'는 '쌀쌀맞게 시치미를 뗌'을 뜻하는 명사 '새침'에 접미사 '−데기'가 붙어 만들어진 파생어이므로 '새침데기'로 써야 한다.

(오답확인)
① '오랜만'은 '오래간만'의 준말이다.
② '반짇고리'는 '바느질＋고리'의 준말로, 끝소리가 'ㄹ'인 말과 딴 말이 어울릴 적에 'ㄹ' 소리가 'ㄷ'
소리로 나는 것은 'ㄷ'으로 적는다.
③ '고랭지'는 '표고가 600미터 이상으로 높고 한랭한 곳'이라는 의미로, 단어 분석 시 '고랭(高冷)＋
지(地)'로 분석하기 때문에 두음법칙의 적용을 받지 않는다.

(정답) ④

03 다음 글의 내용과 일치하는 것은?

> 일반적으로 동식물에서 종(種)이란 '같은 개체끼리 교배하여 자손을 남길 수 있는' 또는 '외양으로 구분이 가능한' 집단을 뜻한다. 그렇다면 세균처럼 한 개체가 둘로 분열하여 번식하며 외양의 특징도 많지 않은 미생물에서는 종을 어떤 기준으로 구분할까?
>
> 미생물의 종 구분에는 외양과 생리적 특성을 이용한 방법이 사용되기도 한다. 하지만 이러한 특성들은 미생물이 어떻게 배양되는지에 따라 변할 수 있으며, 모든 미생물에 적용될 만한 공통적 요소가 되기도 어렵다. 이런 문제를 극복하기 위해 오늘날 미생물 종의 구분에는 주로 유전적 특성을 이용하고 있다. 미생물의 유전체는 DNA로 이루어진 많은 유전자로 구성되는데, 특정 유전자를 비교함으로써 미생물들 간의 유전적 관계를 알 수 있다. 종의 구분에는 서로 간의 차이를 잘 나타내 주는 유전자를 이용한다. 유전자 비교를 통해 미생물들이 유전적으로 얼마나 가깝고 먼지를 확인할 수 있는데, 이를 '유전거리'라 한다. 유전거리가 가까울수록 같은 종으로 묶일 가능성이 커진다.
>
> 하지만 유전자 비교로 확인한 유전거리만으로는 두 미생물이 같은 종에 속하는지를 명확히 판별하기 어렵다. 특정 유전자가 해당 미생물의 전체적인 유전적 특성을 대변하지는 못하기 때문이다.
>
> 이러한 문제를 보완하기 위한 것이 미생물들 간의 유전체 유사도를 측정하는 방법이다. 유전체 유사도를 정확히 측정하기 위해서는 모든 유전자를 대상으로 유전적 관계를 살펴야 하지만, 수많은 유전자를 모두 비교하는 것은 현실적으로 어렵다. 따라서 유전체의 특성을 화학적으로 비교하는 방법이 주로 사용되고 있다. 이렇게 얻어진 유전체 유사도는 종의 경계를 확정하는 데 유용한 기준을 제공한다.

① 외양과 생리적 특성을 이용한 종 구분 방법은 미생물의 종 구분 시 일절 사용하지 않는다.

② 유전체 유사도를 이용한 방법은 비교대상이 되는 유전자를 모두 비교해야만 가능하다.

③ 유전거리보다는 유전체의 비교가 종을 구분하는 데 더 명확한 기준을 제시한다.

④ 미생물의 유전체는 동식물의 유전자보다 구조가 단순하여 종 구분이 용이하다.

(풀이) 유전거리 비교의 한계를 보완하기 위해 나온 방법이 유전체 유사도를 측정하는 방법이며, 유전체 유사도는 종의 경계를 확정하는 데 유용한 기준을 제공한다고 하였으므로 ③은 옳은 내용이다.

(오답확인)
① 두 번째 문단의 첫 번째 문장에 따르면 미생물의 종 구분에 외양과 생리적 특성을 이용한 방법이 사용되기도 한다.
② 네 번째 문단에 따르면 수많은 유전자를 모두 비교하는 것은 현실적으로 어렵기 때문에, 유전체의 특성을 화학적으로 비교하는 방법이 주로 사용되고 있다.
④ 제시된 지문만으로 확인할 수 없다.

(정답) ③

04 다음 글을 논리적 순서대로 배열한 것은?

> (가) 새로운 강물이 끊임없이 흘러들기 때문에 같은 강물에 다시 들어가는 것은 불가능하다는 것이다.
> (나) 그는 그 믿음을 "같은 강물에 두 번 들어갈 수 없다."란 말로 표현했다.
> (다) 또한 그는 불꽃이 끊임없이 흔들리듯이 항상 변화하고 있는 '불'을 세계의 근원적 요소로 보았다.
> (라) 헤라클레이토스는 모든 것이 항상 변화하고 있다고 믿었다.

① (나) - (다) - (가) - (라)
② (라) - (다) - (나) - (가)
③ (나) - (라) - (다) - (가)
④ (라) - (나) - (가) - (다)

(풀이) 글의 내용을 주장한 '헤라클레이토스'가 처음 등장하며 글의 중심내용을 언급한 (라)가 가장 처음에 위치하고, (나)의 '그 믿음'이 (라)에 해당하므로 그 다음으로는 (나)가 온다. (가)는 (나)에 대한 부연 설명이므로 (나)의 뒤에 위치하고, 마지막으로 헤라클레이토스의 또 다른 주장인 (다)가 온다.

(정답) ④

02 수리능력

※ 다음 식을 계산한 값을 구하시오[1~2].

01

$$291-14\times17+22$$

① 75   ② 92

③ 4,538   ④ 4,731

(풀이) $291-14\times17+22=291-238+22=75$

(정답) ①

02

$$9.4\times4.8\div1.2$$

① 36   ② 37.6

③ 38   ④ 39.2

(풀이) $9.4\times4.8\div1.2=45.12\div1.2=37.6$

(정답) ②

03 다음의 주어진 계산식이 성립한다면 $(12\times8)-4$의 값은?

$$14-(3\times4)=2$$

① 5   ② 12

③ 24   ④ 48

(풀이) 주어진 식에서 ×는 +로, -는 ÷로 썼다.

∴ $(12 \times 8) - 4 = 20 \div 4 = 5$

(정답) ①

04 첫째와 둘째, 둘째와 셋째의 터울이 각각 3살인 A, B, C 삼형제가 있다. 3년 후면 막내 C의 나이는 첫째 A 나이의 $\frac{2}{3}$가 된다고 한다. A, B, C의 나이를 모두 더하면 얼마인가?

① 33

② 36

③ 39

④ 45

(풀이) A와 B, B와 C가 각각 3살 차이가 나므로 B의 나이를 x라 하면 A의 나이는 $(x+3)$세, C는 $(x-3)$세이다.

3년 후 C의 나이가 A의 $\frac{2}{3}$이므로,

$\frac{2}{3}(x+3+3) = x-3+3 \rightarrow \frac{1}{3}x = 4$

∴ $x = 12$세

즉 B는 12세, A는 $12+3=15$세, C는 $12-3=9$세이므로, A, B, C의 나이를 모두 더하면 $9+12+15=36$이다.

(정답) ②

05 주머니 안에 빨간 구슬 7개, 노란 구슬 5개, 파란 구슬 3개가 들어 있다. 이 중 3개를 1개씩 차례로 꺼낼 때, 3개 중에 파란색 구슬이 있을 확률을 구하면?(단, 꺼낸 구슬은 다시 넣지 않는다)

① $\frac{44}{182}$

② $\frac{44}{91}$

③ $\frac{47}{182}$

④ $\frac{47}{91}$

(풀이) (차례로 꺼낸 3개의 구슬 중 파란색 구슬이 있을 확률)=1-(파란색 구슬을 한 번도 뽑지 않을 확률)

$1 - \frac{12}{15} \times \frac{11}{14} \times \frac{10}{13} = 1 - \frac{44}{91} = \frac{47}{91}$

(정답) ④

03 추리능력

※ 일정한 규칙으로 수 · 문자를 나열할 때, 괄호 안에 들어갈 알맞은 것을 고르시오[1~3].

01

| 5 7 10 14 15 28 20 ( ) |

① 25 　　　　　　　　　　② 40

③ 45 　　　　　　　　　　④ 56

(풀이) 홀수 항은 +5, 짝수 항은 ×2이다.

(정답) ④

02

| F G E H D ( ) C |

① B 　　　　　　　　　　② I

③ J 　　　　　　　　　　④ K

(풀이) 주어진 문자를 숫자로 변환하면 다음과 같다.

F	G	E	H	D	(I)	C
6	7	5	8	4	9	3

앞의 문자에 각각 +1, −2, +3, −4, +5, …인 값이므로, 빈칸에 들어갈 값은 I이다.

(정답) ②

03

E C J H P N ( )	

① W   ② D
③ F   ④ U

(풀이) 주어진 문자를 숫자로 변환하면 다음과 같다.

E	C	J	H	P	N	(W)
5	3	10	8	16	14	23

(정답) ①

※ 다음 제시된 낱말의 대응 관계로 볼 때, 빈칸에 들어갈 알맞은 것을 고르시오[4~5].

04

자산 : 부채 = 이단 : ( )

① 혼합   ② 사이비
③ 정통   ④ 기독교

(풀이) '개인이나 법인이 소유하고 있는 유 · 무형의 재산'인 '자산'과 '남에게 진 빚'인 부채는 반의 관계이다. '이단'은 '전통이나 권위에 반항하는 주장이나 이론'을 의미하므로, 빈칸에 들어갈 말은 이와 반의 관계인 '정통'이다.

(정답) ③

05

장롱 : 나무 = ( ) : 쌀

① 농부   ② 벼
③ 식혜   ④ 곡식

(풀이) 나무로 장롱을 만들고, 쌀로 식혜를 만든다.

(정답) ③

04 사무지각능력

01 다음 제시된 좌우의 문자 중 같은 문자의 개수는?

각걍곡긱객귝겍긱 – 각걍곡각객 귝걱긱

① 3개　　　　　　　　　　　② 4개
③ 5개　　　　　　　　　　　④ 6개

（풀이） 각걍곡긱객<u>귝</u>객긱 － 각걍곡각객<u>귝</u>걱긱

（정답） ②

02 다음 제시된 좌우의 문자 중 다른 문자의 개수는?

Ⅷ Ⅵ Ⅸ Ⅹ Ⅱ Ⅲ Ⅰ Ⅺ – Ⅷ Ⅳ Ⅸ Ⅹ Ⅲ Ⅲ Ⅰ Ⅺ

① 1개　　　　　　　　　　　② 2개
③ 3개　　　　　　　　　　　④ 4개

（풀이） Ⅷ Ⅵ Ⅸ Ⅹ <u>Ⅱ</u> Ⅲ Ⅰ Ⅺ － Ⅷ Ⅳ Ⅸ Ⅹ <u>Ⅲ</u> Ⅲ Ⅰ Ⅺ

（정답） ③

03 다음 제시된 문자 또는 숫자와 같은 것은?

> ㉠⑨⑦ㄷㄹㄴ④ㅍㅂㅅ

① ㉠⑨⑦ㄷㄹㄴ④ㅍㅁㅅ
② ㉠⑨⑦ㄴㄷㄹ④ㅍㅂㅅ
③ ㉠⑨⑦ㄹㄷㄴ④ㅍㅂㅅ
④ ㉠⑨⑦ㄷㄹㄴ④ㅍㅂㅅ

(풀이) [오답확인]
① ㉠⑨⑦ㄷㄹㄴ④ㅍㅁㅅ
② ㉠⑨⑦ㄴㄷㄹ④ㅍㅂㅅ
③ ㉠⑨⑦ㄹㄷㄴ④ㅍㅂㅅ

(정답) ④

04 다음 제시된 문자 또는 숫자와 다른 것은?

> Lady Marmalade Don't cha

① Lady Marmalade Don't cha
② Lady Marmalade Don't cha
③ Lady Marmalade Don't cha
④ Lady Marmelade Don't cha

(풀이) Lady Marmelade Don't cha

(정답) ④

05 다음 제시된 문자와 같은 것의 개수를 모두 고르면?

				듈					

듈	듈	동	듕	당	돋	듈	돔	듈	들
덜	돔	듈	듐	돌	들	듐	듕	듑	둘
등	돌	들	딜	듐	동	돌	듈	둔	둠

① 2개   ② 3개
③ 4개   ④ 5개

(풀이)

듈	듈	동	듕	당	돋	듈	돔	듈	들
덜	돔	듈	듐	돌	들	듐	듕	듑	둘
등	돌	들	딜	듐	동	돌	듈	둔	둠

(정답) ③

05 분석판단능력

※ 다음 명제를 통해 얻을 수 있는 결론으로 타당한 것을 고르시오[1~2].

01

> 모든 수박은 포도이다.
> 어떤 복숭아는 수박이다.

① 어떤 포도는 복숭아이다.
② 어떤 복숭아는 포도이다.
③ 모든 복숭아는 수박 또는 포도이다.
④ 모든 복숭아는 포도이다.

[풀이] 어떤 복숭아는 수박이고, 모든 수박은 포도이다. 따라서 어떤 복숭아는 포도이다.

[정답] ②

02

> 웃으면 복이 온다.
> 재수가 없으면 소금을 뿌린다.
> 복이 오면 소금을 뿌리지 않는다.

① 웃으면 재수가 있다.
② 재수가 없으면 복이 온다.
③ 소금을 뿌리면 복이 온다.
④ 웃지 않으면 소금을 뿌린다.

[풀이] 웃음=p, 복이 옴=q, 재수가 없음=r, 소금을 뿌림=s라 하면, 각각 $p \rightarrow q$, $r \rightarrow s$, $q \rightarrow \sim s$이고, 두 번째 명제의 대우는 $\sim s \rightarrow \sim r$이므로 $p \rightarrow q \rightarrow \sim s \rightarrow \sim r$이 되어 $p \rightarrow \sim r$이 성립한다.

[정답] ①

03 다음 빈칸에 들어갈 알맞은 것을 고르면?

> 전쟁이 없어지면 세계 평화가 온다.
> _____
> 따라서 세계 평화가 오지 않으면 냉전체제가 계속된다.

① 전쟁이 없어지면 냉전체제가 계속된다.
② 세계 평화가 오면 전쟁이 없어진다.
③ 전쟁이 없어지지 않으면 냉전체제가 계속된다.
④ 세계 평화가 오지 않으면 전쟁이 없어진다.

〔풀이〕 첫 번째 명제의 대우는 '세계 평화가 오지 않으면 전쟁이 없어지지 않은 것이다.'이므로, 빈칸에 ③이
        들어가야 삼단 논법에 따라 세 번째 명제가 결론이 된다.

〔정답〕 ③

04 K 기업 총무팀 7명이 중국집에 점심식사를 하러 가서 짜장면 2개, 짬뽕 3개, 볶음밥 2개를 주
        문했다. 조건이 아래와 같다고 할 때, 다음 중 옳지 않은 것은?

> ● 조 건 ●
> • 팀원은 A 팀장, K 과장, S 과장, N 대리, J 대리, D 사원, P 사원이다.
> • 1인 1메뉴를 시켰는데, 좋아하는 메뉴는 반드시 시키고, 싫어하는 메뉴는 반드시 시키지 않았으며,
>   같은 직급끼리는 같은 메뉴를 시키지 않았다.
> • A 팀장은 볶음밥을 좋아한다.
> • J 대리는 짜장면을 싫어한다.
> • D 사원은 대리와 같은 메뉴를 시키지 않았다.
> • S 과장은 짬뽕을 싫어한다.
> • K 과장은 사원과 같은 메뉴를 시켰다.
> • N 대리는 볶음밥을 싫어한다.

① S 과장은 반드시 짜장면을 시킨다.
② K 과장은 반드시 짬뽕을 시킨다.
③ J 대리가 볶음밥을 시키면 N 대리는 짬뽕을 시킨다.
④ A 팀장은 모든 직급의 팀원들과 같은 메뉴를 시킬 수 있다.

[풀이] 네 번째 조건에 따라 A 팀장이 볶음밥을 시키므로, 짬뽕을 시키는 3명은 각각 직급이 달라야 한다. 즉, 과장, 대리, 사원 각각 1명이 반드시 짬뽕을 시켜야 하는데, 다섯 번째 조건에 따라 D 사원은 볶음밥이나 짜장면을 시켜야 한다. 각각의 경우를 살펴보면 다음과 같다.

• D 사원이 볶음밥을 시키는 경우

네 번째 조건에 따라 J 대리가 짬뽕을 시키므로 N 대리가 짜장면을 시키고, 여섯 번째 조건에 따라 S 과장이 짜장면을 시켜야 하므로 K 과장이 짬뽕을 시키고, 일곱 번째 조건에 따라 P 사원도 짬뽕을 시킨다.

짜장면	짬 뽕	볶음밥
N 대리 S 과장	J 대리 K 과장 P 사원	A 팀장 D 사원

• D 사원이 짜장면을 시키는 경우

일곱 번째 조건에 따라 K 과장은 사원과 같은 메뉴를 시켜야 하는데, 만약 K 과장이 짜장면이나 볶음밥을 시키면 S 과장이 반드시 짬뽕을 시켜야 하므로 조건에 어긋난다. 따라서 K 과장은 짬뽕을 시키고, P 사원도 짬뽕을 시킨다. J 대리는 짜장면을 싫어하므로 짬뽕이나 볶음밥을 시켜야 하는데, 만약 J 대리가 짬뽕을 시키면 볶음밥을 싫어하는 N 대리는 짜장면을, S 과장은 볶음밥을 시킨다. 또한, 만약 J 대리가 볶음밥을 시키면 N 대리는 짬뽕을, S 과장은 짜장면을 시킨다.

짜장면	짬 뽕	볶음밥
D 사원 S 과장(또는 N 대리)	K 과장 P 사원 N 대리(또는 J 대리)	A 팀장 J 대리(또는 S 과장)

따라서 S 과장은 짜장면 또는 볶음밥을 시킬 수 있으므로, 반드시 짜장면을 시킨다는 ①은 옳지 않은 설명이다.

[정답] ①

06 상황판단능력

※ 상황판단능력은 기업의 인재상 및 내부 기준에 따라 평가하는 문항으로, 별도의 정답과 해설을 제공하지 않으니 참고하시기 바랍니다.

01   **K 기업의 O 이사는 어느 날 사업을 하고 있는 절친한 고등학교 동창으로부터 K 기업 협력업체 입찰에 참여했다는 소식을 들었다. 동창은 K 기업이 요구하는 요건에 자신의 회사가 한두 가지 다소 못 미치는 것을 알고 있으며, O 이사에게 도움을 줄 것을 요청하였다. O 이사는 협력업체 입찰평가표를 관리하는 직원에게 말 한마디만 하면 자신이 친구가 운영하는 기업의 점수를 올려놓을 수도 있다는 것을 알고 있다. 당신이 O 이사라면 어떻게 하겠는가?**

① 동창의 회사가 조건에 크게 못 미치는 것은 아니므로 직원에게 지시하여 동창의 회사 점수를 올린다.

② 회사 규정은 규정이므로 동창의 부탁을 정중히 부탁을 거절한다.

③ 지금 나더러 비리를 저지르라는 거냐고 동창에게 화를 낸 후 절교한다.

④ 일단 그렇게 하겠다고 거짓말을 한 뒤, 나중에 더 윗선의 의견에 의해 다른 회사가 낙찰되었다고 둘러댄다.

02   **회계팀 S 사원은 지출내역을 확인하던 중 상사인 Y 과장이 최근 출장비 명목으로 300만 원에 달하는 회삿돈을 횡령한 것을 알게 되었다. 평소 Y 과장은 성실하다는 평을 듣고 있으며, 인간관계도 좋은 편이기 때문에 회사 내에서의 이미지가 상당히 좋다. 당신이 S 사원이라면 어떻게 하겠는가?**

① 사내게시판에 익명으로 글을 올려 Y 과장의 부정행위를 폭로한다.

② Y 과장에게 직접 이야기하여 본인이 징계위원회에 자수할 것을 권유한다.

③ 폭로해봤자 Y 과장을 좋아하는 높은 사람들이 이 일을 덮을 것이 뻔하므로 가만히 있는다.

④ 이 일을 당장 상부에 보고한다.

07 직무상식능력

01 다음 중 서양식 식사예절로 옳은 것은?

① 식사를 마친 후에는 나이프와 포크를 八자 모양으로 놓는다.
② 식사 중 자리를 비울 때 냅킨은 식탁 위에 놓는다.
③ 스테이크는 오른쪽부터 썰어서 먹는다.
④ 빵은 손을 사용하여 조금씩 떼어 먹는다.

(풀이) 빵은 포크나 나이프를 사용하지 않고 손으로 떼어서 먹는다.

[오답확인]
① 식사 중에는 나이프와 포크를 八자 모양으로 놓고, 식사를 마친 후에는 나이프와 포크를 가지런히 모아서 놔야 한다.
② 식사 중에는 냅킨을 의자 위에 놓고, 식사를 마친 후에는 식탁 위에 놓아야 한다.
③ 스테이크는 왼쪽부터 썰어서 먹는다.

(정답) ④

02 다음 중 워크시트에 외부 데이터를 가져오는 방법으로 적절하지 않은 것은?

① 데이터 연결 마법사
② Microsoft Query
③ 하이퍼링크
④ 웹 쿼리

(풀이) 하이퍼링크(Hyperlink)는 다른 문서로 연결하는 HTML로 구성된 링크로, 외부 데이터를 가져오기 위해 사용하는 기능은 아니다.

[오답확인]
① 데이터 → 외부 데이터 가져오기 → 기타 원본에서 → 데이터 연결 마법사
② 데이터 → 외부 데이터 가져오기 → 기타 원본에서 → Microsoft Query
④ 데이터 → 외부 데이터 가져오기 → 웹

(정답) ③

03 다음 빈칸에 들어갈 문장으로 알맞은 것은?

> A : Hanna, you look very fashionable today.
> B : You think so? I just bought this dress yesterday.
> A : Seriously, it looks really nice on you. Where did you get it?
> B : _____

① Actually, the dress is made of silk.

② It went on sale.

③ I bought this from the department in downtown.

④ I'm going to buy it someday.

(풀이) 대화문에서 A가 B에게 어디서 옷을 산 것인지 묻고 있으므로 빈칸에 들어갈 문장은 ③이 적절하다.

> A : Hanna, 너 오늘 아주 멋져 보여.
> B : 그래? 나 이 옷을 어제 막 샀어.
> A : 진지하게, 너에게 정말 잘 어울려. 어디서 구한 거야?
> B : 번화가에 있는 백화점에서 샀어.

[오답확인]
① 실제로 이 옷은 실크로 만들어졌어.
② 세일하고 있었어.
④ 언젠가 그것을 살 거야.

(정답) ③

04 다음은 고려 시대에 시행된 정책이다. 다음 중 시기가 다른 하나는?

① 12목 설치　　　　　　　　② 과거제도

③ 독자 연호 사용　　　　　　④ 노비안검법

(풀이) ①은 고려 성종(재위 981~997) 때의 정책이고, ②, ③, ④는 고려 광종(949~975) 때의 정책이다. 고려 광종은 후주 사람인 쌍기를 등용하고 그의 건의에 따라 과거제도를 첫 실시하였으며, 독자 연호인 광덕(光德), 준풍(峻豊) 등을 사용하였고, 노비안검법을 시행하여 본래 노비가 아니었다가 빚이나 전쟁으로 인해 노비가 된 사람들을 노비 신분에서 해방시켰다.

(정답) ①

08 한자시험

01 다음 중 한자의 음이 다른 것은?

① 家 ② 價
③ 加 ④ 强

[풀이] 强(굳셀 강)

[오답확인]
① 家(집 가)
② 價(값 가)
③ 加(더할 가)

[정답] ④

02 다음 제시된 한자의 의미와 반대되는 한자를 고르면?

得

① 往 ② 朱
③ 進 ④ 失

[풀이] 得(얻을 득) ↔ 失(잃을 실)

[오답확인]
① 往(갈 왕)
② 朱(붉을 주)
③ 進(나아갈 진)

[정답] ④

2017 하반기 기출문제

03 다음 제시된 한자와 의미가 같은 것을 고르면?

> 思

① 恩   ② 急
③ 想   ④ 怒

[풀이] 思(생각 사) = 想(생각 상)

[오답확인]
① 恩(은혜 은)
② 急(급할 급)
④ 怒(성낼 노)

[정답] ③

04 다음 빈칸에 들어갈 알맞은 한자어는?

> 그 아이는 음악에 □□이 있으니 피아노를 가르쳐 보는 게 좋겠다.

① 才能   ② 性質
③ 感情   ④ 效果

[풀이] 才能(재능) : 재주나 능력

[오답확인]
② 性質(성질) : 사람의 고유한 특성 또는 사물의 본바탕
③ 感情(감정) : 어떤 것에 대하여 드는 마음이나 느끼는 기분
④ 效果(효과) : 어떤 행위로 인한 보람이나 좋은 결과

[정답] ①

여기서 멈출 거예요? 고지가 바로 눈앞에 있어요.
마지막 한 걸음까지 시대에듀가 함께할게요!

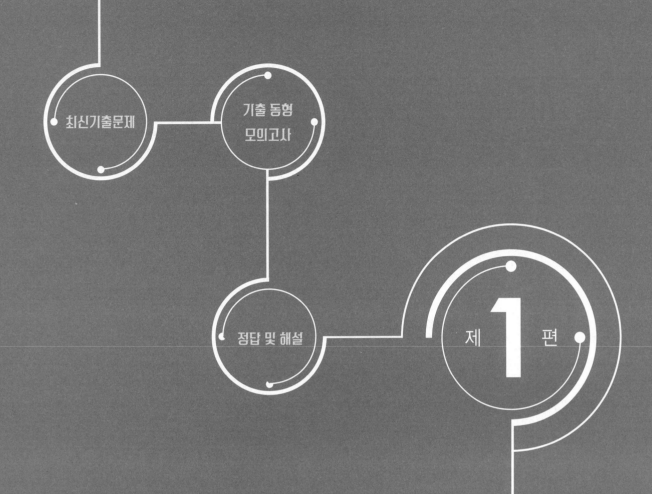

최신기출문제

기출 동형
모의고사

정답 및 해설

제 **1** 편

최신기출문제

기출이 답이다

시대에듀
www.**sdedu**.co.kr

자격증 · 공무원 · 취업까지
BEST 온라인 강의 제공

(주)시대고시기획
(주)시대교육
www.**sidaegosi**.com

시험정보 · 자료실 · 이벤트
합격을 위한 최고의 선택

I Wish you the best of luck!

제1편 최신기출문제

01 언어능력

정답 및 해설 p.003

2017 상반기

01 다음 제시된 단어와 같거나 유사한 의미를 가진 것은?

> 저속(低俗)

① 소박   ② 저급
③ 가난   ④ 통쾌

02 다음 제시된 단어와 반대의 의미를 가진 것은?

> 포용

① 배척   ② 질투
③ 배신   ④ 냉정

03 다음 중 우리말 어법에 맞는 것은?

① 바닥을 <u>쓱싹쓱싹</u> 열심히 닦는다.
② 오늘이 몇 월 <u>몇일</u>인가요?
③ 부디 건강하기를 <u>바래</u>.
④ 감기를 예방하려면 손을 <u>깨끗이</u> 씻어야 한다.

04 다음 문장을 올바르게 배열한 것을 고르면?

> (A) 새 술은 새 부대에 담아야 하듯이, 낯선 세계는 낯선 표현 방식을 통해 더욱 잘 드러낼 수 있다.
> (B) 시에는 주관적이고 낯선 이미지들이, 철학책에는 이해하기 힘든 추상적 용어들이 산재해 있기 때문이다.
> (C) 우리의 친숙한 삶에 '느낌'과 '위험'으로 충만한 낯선 세계를 불러들인다는 점에서 시와 철학은 동일한 역할을 수행한다고 볼 수 있는 것이다.
> (D) 그러나 이것은 시인과 철학자가 친숙한 세계가 아니라 원초적으로 낯선 세계를 표현하고 있기 때문에 발생한 현상이다.
> (E) 시집이나 철학책은 다른 장르의 글들보다 상대적으로 이해하기 어렵다.

① (E) – (A) – (C) – (B) – (D) 　　② (A) – (C) – (B) – (D) – (E)
③ (E) – (B) – (D) – (A) – (C) 　　④ (A) – (B) – (E) – (D) – (C)

05 다음 글의 제목으로 가장 적절한 것은?

> 요한 제바스티안 바흐는 '경건한 종교음악가'로서 천직을 다하기 위한 이상적인 장소를 라이프치히라고 생각하여 27년 동안 그곳에서 열심히 칸타타를 써 나갔다고 알려졌다. 그러나 실은 7년째에 라이프치히의 칸토르(교회의 음악감독)직으로는 가정을 꾸리기에 수입이 충분치 못해서 다른 일을 하기도 했고 다른 궁정에 자리를 알아보기도 했다. 그것이 계기가 되어 칸타타를 쓰지 않게 되었다는 사실이 최근의 연구에서 밝혀졌다. 또한 볼프강 아마데우스 모차르트의 경우에는 비극적으로 막을 내린 35년이라는 짧은 생애에 걸맞게 '하늘이 이 위대한 작곡가의 죽음을 비통해하듯' 천둥 치고 진눈깨비 흩날리는 가운데 장례식이 행해졌고 그 때문에 그의 묘지는 행방을 알 수 없게 되었다고 하는데, 그 후 이러한 이야기는 빈 기상대에 남아 있는 기상자료와 일치하지 않는다는 사실도 밝혀졌다. 게다가 만년에 엄습해온 빈곤에도 불구하고 다수의 걸작을 남기고 세상을 떠난 모차르트가 실제로는 그 정도로 수입이 적지는 않았다는 사실도 드러나 최근에는 도박벽으로 인한 빈곤설을 주장하는 학자까지 등장하게 되었다.

① 음악가들의 쓸쓸한 최후
② 미화된 음악가들의 이야기와 그 진실
③ 음악가들을 괴롭힌 근거 없는 소문들
④ 음악가들의 명성에 가려진 빈곤한 생활

01 다음 제시된 단어와 같거나 유사한 의미를 가진 것은?

> 깜냥

① 장난   ② 능력
③ 갑부   ④ 쌈지

02 다음 중 맞춤법에 어긋나는 것은?

① 담뿍   ② 해쓱하다
③ 번거로히   ④ 번놓다

03 밑줄 친 부분의 띄어쓰기가 모두 적절한 것은?

① 그녀는 <u>퇴근전</u> 서류를 <u>검토한 바</u> 몇 가지 미비한 사항을 발견하고 수정하였다.
② 이 풀은 <u>산 기슭의</u> 볕이 잘 드는 곳에서 자라는데 <u>여러개의</u> 작은 이삭이 두 줄로 밑 부분까지 **빽빽이** 달려 있다.
③ 봉산은 남북을 잇는 유리한 지역적 <u>조건 때문에</u> 나라의 사신을 영접하는 행사가 잦았고 지방의 농산물이 모여드는 중심지였기에 탈춤이 <u>성행하였다.</u>
④ <u>초 저녁부터</u> <u>새벽 까지</u> 술을 마셨으니 그가 화를 <u>낼만도</u> 하다.

04 다음 글을 바탕으로 '바람직한 교육'에 관한 새로운 글을 작성하고자 할 때 이끌어 낼 수 있는 내용으로 적절하지 않은 것은?

> 우리나라 최초의 우주인을 선발하는 과정에서 '루브 골드버그 장치'를 만드는 평가가 있었다. '루브 골드버그 장치'란 단순한 일을 복잡하고 번거롭게 수행하는 장치이다. 최종 10명의 후보들은 로켓이 발사되는 단추를 최소한 열다섯 단계를 거쳐 만들어야 했다. 예를 들어 전원 스위치를 넣으면 골프공이 발사되고, 그것이 굴러가서 무엇인가를 건드리면 성냥에 불이 붙고, 그 불이 램프를 켜서 용기의 물을 끓이는 등 여러 단계를 거쳐 마지막에 장난감 자동차가 발사 단추를 누르는 식이다. 이 장치를 잘 만들기 위해서는 공학적 지식 외에 물리 · 화학적 지식 등이 필요할 뿐 아니라 기발한 과학적 상상력과 유머 감각도 필수적으로 요구된다. 미국의 퍼듀 대학에서는 매년 '루브 골드버그 대회'를 개최하고 있으며 미국의 중 · 고등학교에서도 방학 숙제로 이 장치를 만들어 오게 하는 경우가 많다.

① 인과 관계의 학습을 통하여 논리적인 사고력을 향상시킬 수 있다.
② 협동심을 길러 주기 위해서는 각종 경시 대회를 많이 개최하는 것이 바람직하다.
③ 학생의 창의력을 길러 줄 수 있는 구체적인 교육 과정을 개발할 필요가 있다.
④ 특정 분야의 전문 지식도 중요하지만 여러 지식을 종합하는 능력도 중요하다.

05 다음 글의 글쓴이가 주장하는 내용으로 가장 알맞은 것은?

> 요즘 우리는 혈연, 지연, 학연 등에 의거한 생활양식 내지 행위원리를 연고주의라 하고, 이에 대해 지극히 부정적인 의미를 부여하며 대부분의 한국병이 연고주의와 직 · 간접적인 어떤 관련을 갖는 것으로 진단하고는 한다. 그러나 여기서 주목할 만한 한 가지 사실은 연고주의가 그 자체로서는 역기능적인 어떤 것으로 치부될 이유가 없다는 점이다.
> 오히려 연고주의는 그 자체로서 비판 받아야 할 것이라기보다는 나름의 고유한 가치를 갖는 사회적 자산이다. 이미 공동체적 요인이 청산 · 해체되어버리고 공동체에 대한 기억마저 사라진 서구 선진 사회의 사람들은 오히려 삭막하고 황량한 사회생활의 긴장으로부터 해방되기 위해 새로운 형태의 공동체를 모색 · 시도하고 있다. 그에 비하면 가족적 · 친족적 분위기를 통해 인간관계를 개선하고자 하는 우리의 연고주의는 인간적 온기를 지닌 것으로 그 나름의 가치 있는 삶의 원리인 것이다.

① 연고주의는 그 자체로서 고유한 가치를 가진다.
② 연고주의는 반드시 역기능적인 면을 가지는 것은 아니다.
③ 연고주의는 인간적 온기를 느끼게 하는 삶의 활력소이다.
④ 오늘날 연고주의에 대해 부정적 의미를 부여하기 쉽다.

01 다음 제시된 단어와 같거나 유사한 의미를 가진 것은?

> 웰빙

① 잘살다   ② 참살이

③ 느리다   ④ 슬로푸드

02 다음 중 띄어쓰기가 바르지 않은 것은?

① 꽃에서부터 좋은 향기가 난다.

② 책이 나간 지 벌써 열흘이 넘었다.

③ 그때 그곳에서 만나자.

④ 네가 뜻한바를 알겠다.

03 다음 중 맞춤법에 어긋나는 것은?

① 씁쓸하다   ② 전율

③ 싹둑싹둑   ④ 남여

04 다음 중 밑줄 친 단어의 표기가 잘못된 것은?

① 어젯밤 태풍에 <u>나무가지</u>가 부러졌다.

② 우표를 봉투에 <u>붙인다</u>.

③ <u>아랫방</u>에 새로운 사람들이 이사 왔다.

④ 그 <u>갈비찜</u>은 맛있기로 유명하다.

05 다음 중 높임법의 쓰임이 바르지 않은 것은?

① 오늘 오후에 선생님께서는 수업이 있으시다.
② 나는 아버지를 모시고 병원으로 갔다.
③ (관중들을 향해) 조용히 하세요.
④ 그는 볼수록 괜찮은 사람입니다.

2015 하반기

01 다음 제시된 단어와 같거나 유사한 의미를 가진 것은?

> 등쌀

① 성화   ② 양상
③ 절박   ④ 표리

02 다음 중 띄어쓰기가 바르지 않은 것은?

① 첫 번째 강연이 시작됐다.
② 그렇게 할수가 없어.
③ 먹을 만큼 먹어라.
④ 올가을엔 연애할 거야.

03 다음 밑줄 친 단어와 의미가 가장 가까운 것은?

> 영희는 연극을 <u>보는</u> 재미에 푹 빠졌다.

① 어머니는 술상을 <u>보느라</u> 바쁘시다.
② 그는 늦게나마 손자를 <u>보게</u> 되었다.
③ 나는 텔레비전을 <u>보다가</u> 잠이 들었다.
④ 손해를 <u>보면서</u> 물건을 팔 사람은 없다.

04 다음 문장을 논리적 순서대로 알맞게 배열한 것은?

> (A) 오류가 발견된 교과서들은 편향적 내용을 검증 없이 인용하거나 부실한 통계를 일반화하는 등의 문제점을 보였다. 대표적으로 교과서 대부분이 대도시의 온도상승 평균값만을 보고 한반도의 기온 상승이 세계 평균보다 2배 높다고 과장한 것으로 나타났다.
>
> (B) 이처럼 환경 관련 교과서 대부분이 표면적으로 드러나는 사실을 검증하지 않고 그대로 싣는 문제점을 보였다. 고등학생들이 보는 교과서인 만큼 객관적 사실에 기반을 두고 균형 있는 내용을 실어야 할 것이다.
>
> (C) 고등학교 환경 관련 교과서 대부분이 특정 주장을 검증 없이 게재하는 등 많은 오류가 존재한다는 보수 환경·시민단체의 지적이 제기됐다. 환경정보평가원이 고등학교 환경 관련 교과서 23종을 분석한 결과 총 1,175개의 오류가 발견되었다.
>
> (D) 또한 우리나라 전력 생산의 상당 부분을 차지하는 원자력 발전의 경우, 단점만을 자세히 기술하고 경제성과 효율성이 낮은 신재생 에너지는 장점만 언급한 교과서도 있었다.

① (A) – (D) – (B) – (C)   ② (C) – (A) – (D) – (B)
③ (B) – (A) – (D) – (C)   ④ (C) – (D) – (B) – (A)

02 수리능력

정답 및 해설 p.007

2017 상반기

※ 다음 문제를 계산하시오[1~3].

01

$$493-24\times5$$

① 373   ② 390

③ 874   ④ 276

02

$$\frac{10}{37}\div5+2$$

① $\frac{62}{37}$ ② $\frac{69}{37}$

③ $\frac{76}{37}$ ④ $\frac{81}{37}$

03

$$14.9\times(3.56-0.24)$$

① 46.417   ② 47.427

③ 48.492   ④ 49.468

04 다음 괄호 안에 들어갈 알맞은 사칙연산 기호는?

$$114+95-27(\quad)2=155$$

① $+$ ② $-$

③ $\times$ ④ $\div$

05 팀원 5명을 한 줄로 세우려고 한다. 이 중 팀원 A와 B가 반드시 이웃해야 한다고 할 때, 한 줄로 서는 경우의 수는?

① 12개   ② 24개

③ 48개   ④ 96개

06 경림이와 소정이가 같은 지점에서 출발한 후, 서로 반대 방향으로 경림이는 시속 $x$km, 소정이는 시속 6km로 걸어갔다. 2시간 20분 후에 둘 사이의 거리가 24.5km 가 되었다고 할 때, 경림이의 걸음 속도는?

① 4km/h   ② 4.5km/h

③ 5km/h   ④ 5.5km/h

01 다음 문제를 계산하면?

$$1{,}507-710+5{,}024$$

① 5,821   ② 5,823

③ 5,825   ④ 5,827

02 주어진 식을 계산했을 때, 결괏값을 비교한 것으로 올바른 것은?

$$A : \frac{1}{7}+\frac{5}{24}\times\frac{8}{15}$$
$$B : \frac{7}{10}\times\frac{4}{9}\times\frac{1}{10}$$

① A<B   ② A>B

③ A=B   ④ 알 수 없음

03 다음 ( ) 안에 들어갈 알맞은 사칙연산 기호는?

$$5{,}024+1{,}207(\quad)608+1{,}507=7{,}130$$

① +   ② −

③ ×   ④ ÷

04 둘레가 **2km**인 호수를 같은 지점에서 민경이는 뛰어가고 민우는 걸어간다고 한다. 다른 방향으로 가면 **5분** 만에 다시 만나고, 같은 방향으로 가면 **10분** 만에 다시 만날 때, 민경이의 속력은?

① 200m/min ② 300m/min

③ 400m/min ④ 500m/min

05 $a\%$ 소금물 bg이 있다. 이때 몇 g의 물을 증발시키면 $c\%$의 소금물이 되겠는가?

① $\dfrac{a(b-c)}{b}$ ② $\dfrac{c-ab}{a}$

③ $\dfrac{b(c-a)}{c}$ ④ $\dfrac{bc-a}{c}$

06 종류가 다른 빵이 **7봉지**가 있다. 처음 오는 손님에게 **3봉지**, 두 번째 오는 손님에게는 **2봉지**, 세 번째 오는 손님에게는 **1봉지**를 주는 경우의 수는?

① 60가지 ② 120가지

③ 210가지 ④ 420가지

07 부산에서 옷 공장을 운영하는 다은이는 국내 시장에서 한 장에 만 원인 반팔 티셔츠 **300장**을 미국 시장에 수출하려고 한다. 이 때 반팔 티셔츠 **300장**을 모두 판매한 수출가격은 얼마인가?(단, 환율 **1$=1,000원**이다)

① 2,000달러 ② 2,500달러

③ 3,000달러 ④ 4,000달러

08 다음은 결혼문화에 대한 태도를 나타낸 그래프이다. 이에 대한 설명으로 적절하지 않은 것은?

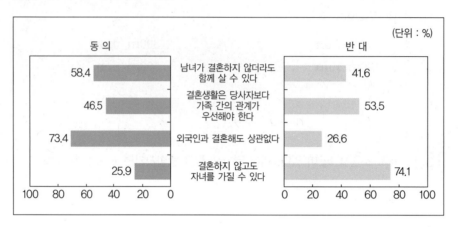

① '남녀가 결혼하지 않은 상태에서도 함께 살 수 있다.'고 응답한 비율이 이에 대해 반대한 비율보다 17.8%p 많다.

② '결혼하지 않고도 자녀를 가질 수 있다.'고 응답한 비율이 이에 대해 반대한 비율보다 48.2%p 적다.

③ '외국인과 결혼해도 상관없다.'고 응답한 비율이 이에 대해 반대한 비율보다 46.8%p 많다.

④ '결혼생활은 당사자보다 가족 간의 관계가 우선해야 한다.'고 응답한 비율이 이에 대해 반대한 비율보다 7%p 적다.

2016 상반기

01 주어진 식을 계산했을 때, 결괏값을 비교한 것으로 올바른 것은?

$$A : \frac{2}{21} + \frac{5}{6} \times \frac{3}{14}$$
$$B : \frac{1}{3} \times \frac{5}{7} \times \left(\frac{1}{2}\right)^2$$

① A>B
② A<B
③ A=B
④ 알 수 없다

02 다음 ( ) 안에 들어갈 알맞은 사칙연산 기호는?

$$127-71+36(\ \ )12=488$$

① + ② − ③ × ④ ÷

03 주어진 식을 계산했을 때, 결괏값보다 12만큼 큰 수는?

$$375÷15+5.24×1.25$$

① 44.55 ② 32.45
③ 34.55 ④ 43.55

04 민우는 형과 나이 차이가 14살 난다. 4년 후 형의 나이가 민우 나이의 2배가 된다고 한다면 현재 민우의 나이는?

① 8세 ② 10세
③ 12세 ④ 14세

05 은지가 어떤 일을 하는 데는 1시간이 걸리고, 그 일을 하는 데 민아는 30분, 유라는 20분이 걸린다. 은지가 혼자서 12분간 일을 한 후 민아와 유라가 와서 세 사람이 함께 그 일을 마쳤다면 은지가 민아, 유라와 함께 일한 시간은?

① 8분 ② 9분
③ 10분 ④ 12분

06 일정한 속력으로 달리는 기차가 500m의 터널을 통과하는 데 20초가 걸리고, 길이 350m의 터널을 통과하는 데 15초가 걸린다. 이 기차가 140m의 터널을 통과하려고 할 때, 걸리는 시간은 얼마인가?

① 4초　　　　　　　　　　② 6초

③ 7초　　　　　　　　　　④ 8초

07 다음은 총인구 및 인구성장률에 대한 그래프이다. 다음 중 바르게 해석한 것은?

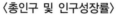

〈총인구 및 인구성장률〉

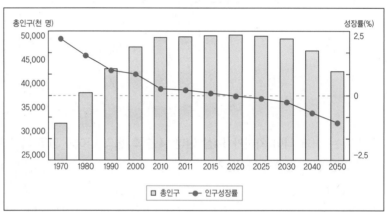

① 인구성장률은 2025년에 잠시 성장하다가 다시 감소할 것이다.

② 2011년부터 총인구는 감소한다.

③ 2000~2010년 기간보다 2025~2030년 기간의 인구증가가 덜할 것이다.

④ 2040년에 총인구는 1990년 인구보다 적을 것이다.

08 다음은 km² 당 도시공원 · 녹지 · 유원지 현황을 나타낸 표이다. 자료를 통해 얻을 수
있는 정보로 타당하지 않은 것은?

⟨도시공원 · 녹지 · 유원지 현황⟩

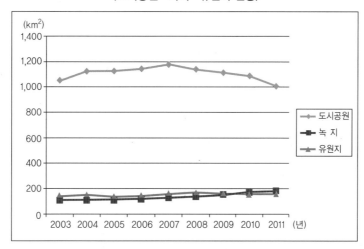

① 도시공원의 면적은 2007년까지 증가하다가 2008년부터는 감소하고 있다.
② 녹지의 면적은 꾸준히 증가하고 있다.
③ 2008년 녹지의 면적은 유원지 면적보다 작다.
④ 2010년 1월 녹지의 면적은 유원지 면적을 추월했다.

01 주어진 식을 계산했을 때, 결괏값을 비교한 것으로 올바른 것은?

> A : $0.58 \times 700 + 102.34$
> B : $0.77 \times 500 + 123.34$

① A>B ② A<B
③ A=B ④ 알 수 없다

02 주어진 식을 계산했을 때, 결괏값보다 10만큼 큰 수는?

> $2.33 \times 3.5 + 215 \div 5$

① 41.455 ② 51.555
③ 61.155 ④ 71.115

03 연속하는 세 홀수에 대하여, 가장 작은 수는 나머지 두 수의 합보다 11만큼 작다. 이때 가장 큰 수는?

① 5 ② 7 ③ 9 ④ 11

04 $a>0$일 때, x에 관한 부등식 $ax+2>0$의 해를 구하면?

① $x < -\dfrac{2}{a}$ ② $x > -\dfrac{2}{a}$ ③ $x < -2a$ ④ $x < \dfrac{2}{a}$

05 빨간 공 4개, 하얀 공 6개가 들어 있는 주머니에서 한 번에 2개를 꺼낼 때, 적어도 1개는 하얀 공일 확률은?

① $\dfrac{9}{15}$ ② $\dfrac{1}{4}$ ③ $\dfrac{5}{12}$ ④ $\dfrac{13}{15}$

06 다음 자료를 보고 이해한 것 중 옳지 않은 것은?

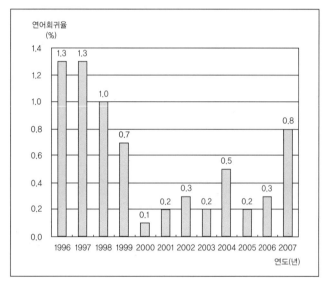

※ 연어회귀율(%) = 당해 연도 포획량 / 3년 전 방류량×100

① 2000년까지의 방류량이 매년 600만 마리였다면, 2000년의 포획량은 6천 마리이다.
② 1996년부터 1999년 회귀율 평균은 1.075%이다.
③ 2000년부터 2007년까지의 회귀율 평균은 0.32% 이상이다.
④ 1990년대보다 2000년대의 방류량이 두 배로 늘었는데도 회귀율이 위와 같은 결과라면 무분별한 개발 때문에 빚어진 것이라고 할 수 있다.

03 추리능력

정답 및 해설 p.011

2017 상반기

※ 다음 제시된 낱말의 대응 관계로 볼 때, 빈칸에 들어가기에 알맞은 것을 고르시오[1~3].

01

> 허리케인 : 등급 = 지진 : ( )

① 규모   ② 진원
③ 진앙   ④ 진도

02

> 시력 : ( ) = 청력 : ( )

① 서클렌즈, 보청기   ② 안경, 보청기
③ 라식, 귀걸이   ④ 안경, 귀걸이

03

> 문무왕 : 삼국통일 = 신문왕 : ( )

① 신라   ② 백제멸망
③ 녹읍폐지   ④ 화랑도창설

※ 일정한 규칙으로 수나 문자를 나열할 때, 괄호 안에 들어갈 알맞은 것을 고르시오[4~6].

04

$$3 \quad 3 \quad 6 \quad 12 \quad 24 \quad (\ \ )$$

① 48
② 47
③ 46
④ 45

05

$$\underline{10 \quad 1 \quad 32} \quad \underline{5 \quad 2 \quad 19} \quad \underline{1 \quad 5 \quad 13} \quad \underline{2 \quad 10 \quad (\ \ )}$$

① 8
② 14
③ 20
④ 26

06

$$\underline{A \quad B \quad A} \quad \underline{L \quad B \quad W} \quad \underline{D \quad B \quad (\ \ )}$$

① F
② G
③ H
④ I

※ 일정한 규칙으로 수나 문자를 나열할 때, 괄호 안에 들어갈 알맞은 것을 고르시오[1~4].

01

| 2 15 4 18 8 21 ( ) |

① 11　　　　　② 16　　　　　③ 24　　　　　④ 27

02

| E I G K L ( ) S |

① B　　　　　② G　　　　　③ H　　　　　④ M

03

| 3 10 −1 12 7 29 5 21 −6 9 11 ( ) |

① 12　　　　　② 14　　　　　③ 16　　　　　④ 19

04

| A B E C D Y B D ( ) |

① W　　　　　② F　　　　　③ X　　　　　④ T

※ 다음 제시된 낱말의 대응 관계로 볼 때, 빈칸에 들어가기에 알맞은 것을 고르시오[5~8].

05

아가페 : (　) = 고뿔 : 감기

① 애수　　　　② 화락　　　　③ 윤회　　　　④ 사랑

06

정몽주 : 단심가 = (　) : 하여가

① 이방원　　　② 정도전　　　③ 이성계　　　④ 이색

07

어벤져스 : (　) = 입체파 : (　)

① 해리포터, 고흐　　　　　② 모네, 울버린
③ 아이언맨, 피카소　　　　④ 로건, 르누아르

08

(　) : 자주색 = 금색 : (　)

① 감청, 금빛　　　　　② 적색, 은빛
③ 자색, 금광　　　　　④ 금빛, 홍색

※ 일정한 규칙으로 수를 나열할 때, 괄호 안에 들어갈 알맞은 수를 고르시오[1~2].

01

$$3 \quad 1 \quad 10 \quad 5 \quad 3 \quad 18 \quad 7 \quad 5 \quad 26 \quad 9 \quad 7 \quad (\quad)$$

① 32　　　　　　　② 34
③ 36　　　　　　　④ 38

02

$$2 \quad 4 \quad 11 \quad (\quad) \quad 38 \quad 64 \quad 119$$

① 16　　　　　　　② 22
③ 26　　　　　　　④ 32

※ 일정한 규칙으로 문자를 나열할 때, 괄호 안에 들어갈 알맞은 문자를 고르시오[3~4].

03

$$B \quad M \quad E \quad O \quad (\quad) \quad Q \quad K$$

① N　　　　　　　② P
③ H　　　　　　　④ R

04

$$ㄴ \quad ㄷ \quad ㅂ \quad ㅋ \quad ㄹ \quad (\quad)$$

① ㅍ　　　　　　　② ㅎ
③ ㅌ　　　　　　　④ ㄱ

2015 하반기

※ 일정한 규칙으로 수를 나열할 때, 괄호 안에 들어갈 알맞은 수를 고르시오[1~2].

01
$$2 \quad 7 \quad 5 \quad 6 \quad 4 \quad 6 \quad 8 \quad 9 \quad 9 \quad 13 \quad 3 \quad (\ )$$

① 9　　　　② 10　　　　③ 11　　　　④ 12

02
$$-1 \quad 2 \quad 1 \quad 3 \quad 4 \quad (\ ) \quad 11$$

① 5　　　　② 6　　　　③ 7　　　　④ 8

※ 일정한 규칙으로 문자를 나열할 때, 괄호 안에 들어갈 알맞은 문자를 고르시오[3~4].

03
$$ㅍ \quad ㅌ \quad ㅋ \quad ㅊ \quad ㅈ \quad (\ )$$

① ㄱ　　　　② ㄹ　　　　③ ㅂ　　　　④ ㅇ

04
$$E \quad I \quad O \quad W \quad G \quad (\ )$$

① J　　　　② M　　　　③ P　　　　④ S

04 사무지각능력

정답 및 해설 p.014

---

01 다음 제시된 좌우의 문자 중 다른 문자의 개수는?

> BETTERTHANNOTHING – BEETERTHANNOTHJNG

① 1개　　　　　　　　　　② 2개
③ 3개　　　　　　　　　　④ 4개

02 다음 제시된 좌우의 문자 중 같은 문자의 개수는?

> 讀書百遍義自見 – 讀書百遍搭日見

① 2개　　　　　　　　　　② 3개
③ 4개　　　　　　　　　　④ 5개

03 다음 중 앞의 문자열이 서로 다르면 ①, 뒤의 문자열이 서로 다르면 ②, 둘 다 같거나 다르면 ③을 고르시오.

> ☆▼▲△◇●◎□ – ☆▼▲△◇●◎□　　　rmaghdktldksk – rmeghdktidksk

①　　　　　　　　　②　　　　　　　　　③

04 다음 중 합이 17이 되는 알파벳 쌍은?

> A : 5 B : 6 C : 9 D : 4 E : 8 F : 7 G : 3

① EC
② CF
③ FG
④ CB

05 다음 제시된 기호와 같은 것은?

① ////\\\\\/
② ////\\\/
③ /\/\/\/\
④ ////\/\/

06 다음 제시된 단어와 같은 것의 개수를 찾으면?

> 스브스

스브스	스부스	스브스	소보스	스브소	스부수	소보소	스보스
스보스	스브스	시브스	스브스	스브시	스뵤스	스브스	스브스
스프스	즈브스	스브스	스므스	스포스	스브신	스그스	스브스

① 6개   ② 7개
③ 8개   ④ 9개

01 다음 제시된 좌우의 문자 중 같은 문자의 개수는?

> 문짜와로서르사맛디아니할세 – 문자와르서로싸맏띠아니할쎄

① 4개   ② 5개   ③ 6개   ④ 7개

02 다음 제시된 좌우의 문자 중 다른 문자의 개수는?

> ILOVEUFOREVER – ILOWEWFDREWER

① 3개   ② 4개   ③ 6개   ④ 7개

03 다음 제시된 좌우의 기호를 비교하여 같으면 ①, 다르면 ②를 표기하시오.

> ▽▲◎○☆◇◑♣◁♡☎☞♩♫ [　　] ▽▲◎○☆◇◑♣▷♡☎☏♩♫

04 다음 중 합이 10이 되는 알파벳 쌍은?

> A : 5　B : 7　C : 3　D : 9　E : 6　F : 0　G : 2

① BE   ② GD   ③ AD   ④ CB

05 다음 중 곱이 24가 되는 알파벳 쌍은?

> B : 8   D : 5   A : 12   Q : 3   F : 9   I : 2   Z : 7

① ID   ② AZ   ③ QB   ④ DF

06 다음 제시된 단어와 같은 것의 개수를 찾으면?

> 토르

도르	토르	도르	도ㅁ	토ㅁ	토르	도브	토ㅁ	도트	토르
토르	도트	토ㅁ	도르	토트	도트	도르	토브	토르	도르
토드	토트	도트	토르	토드	토트	토르	도트	토드	토트

① 5개   ② 7개   ③ 9개   ④ 11개

2016 상반기

01 다음 제시된 좌우의 문자 중 같은 문자의 개수는?

> ZXCVBIMNPD – ZXCYBTMWRD

① 4개   ② 6개   ③ 7개   ④ 9개

02 다음 제시된 좌우의 문자 중 다른 문자의 개수는?

> 나랏말싸미듕귁에달아 – 나랏말싸이듐귄에닫아

① 1개   ② 2개   ③ 3개   ④ 4개

03 다음 제시된 좌우의 기호 중 같은 기호의 개수는?

> ★☆◎◐☎♠♡◇♥♧♪♬ － ★☆◉☎♧♠♡◇♠♧♬♪

① 6개   ② 7개   ③ 8개   ④ 9개

04 다음 제시된 좌우의 문자 중 다른 문자의 개수는?

> 13B6DH7AV － 18E6PH9AU

① 2개   ② 3개   ③ 4개   ④ 5개

05 다음 중 합이 10이 되는 알파벳 쌍은?

> A : 3 F : 5 B : 8 D : 4 E : 7 H : 1 T : 0

① AB   ② BH   ③ AE   ④ DB

06 다음 중 합이 27이 되는 알파벳 쌍은?

> D : 18 F : 5 B : 17 E : 9 A : 11 W : 14 G : 21

① BE   ② ED   ③ AD   ④ EW

01 다음 중 좌우를 비교했을 때 같은 것은 몇 개인가?

세종대왕이순신과거북선 − 세종대와이숙신과거분석

① 5개　　　　② 6개　　　　③ 7개　　　　④ 8개

02 다음 중 좌우를 비교했을 때 다른 것은 몇 개인가?

07041329857 − 07841328957

① 1개　　　　② 2개　　　　③ 3개　　　　④ 4개

03 다음 중 좌우를 비교했을 때 같은 것은 몇 개인가?

★○◎◇■△▼→←↑↔ − ☆○◎◆■△▼→←↓↔

① 3개　　　　② 5개　　　　③ 6개　　　　④ 8개

※ 다음에 제시된 단어를 보고, 〈보기〉에서 중복되는 개수를 찾으시오[4~6].

04 피자

보기									
피쟈	피지	피자	파자	퍼자	펴자	펴지	페자	피자	페쟈
핀잔	피작	퍼작	퍽작	퍼작	피작	피자	피직	파지	파자
피자	피진	핀지	픽직	피짓	핍자	퍼저	파자	피자	퍄쟈

① 3개　　　② 5개　　　③ 7개　　　④ 9개

05 1230

보기									
1230	1238	1230	1130	1220	1233	1032	1236	1530	1230
1123	1230	1235	1231	1230	1237	1323	1322	1023	1033
1239	1003	2301	3120	3210	1231	2311	1230	1238	1230

① 3개　　　② 5개　　　③ 7개　　　④ 9개

06 coffee

보기									
ocffee	cooffe	cofefe	coffee	eofefe	ocfoef	coffee	coefef	ooeffe	cofoef
fecofe	coffee	cofeef	ccffee	oefoff	coffee	cofeff	coffea	caffea	coofef
coffee	caffee	coffaa	coffee	coeeff	cafefa	cafafe	coffaa	cofafe	cofefa

① 5개　　　② 6개　　　③ 7개　　　④ 8개

05 분석판단능력

정답 및 해설 p.017

2017 상반기

01 현정이는 동생 상애와 소희를 데리고 공원에 갔다. 입장료가 다음과 같고 2,000원을 지불했을 때 다음 중 옳은 것은?

〈공원 입장료〉

15세 미만	15세 이상
무 료	1,000원

① 상애는 3남매 중 막내이다.
② 현정이는 15세 이상이다.
③ 소희는 입장료가 무료이다.
④ 소희는 상애보다 나이가 많다.

02 G 기업은 서류전형에서 상대평가가 아닌 절대평가로 하여 G 기업에서 요구하는 자격만 가지고 있으면 통과시켰다. G 기업에 지원한 A, B, C, D의 스펙은 다음과 같고 C와 D만 서류전형에 합격했을 때 G 기업에서 요구하는 자격으로 옳지 않은 것은?

> A : 영어성적 799점, X 자격증 보유, 대외활동 한 적 있음
> B : 영어성적 850점, Y 자격증 보유, 대외활동 한 적 있음
> C : 영어성적 800점, X 자격증 보유, 대외활동 한 적 있음
> D : 영어성적 820점, X 자격증 보유, 대외활동 한 적 없음

① 영어성적은 800점 이상이어야 한다.
② X 자격증을 보유하고 있어야 한다.
③ Y 자격증을 보유하고 있어야 한다.
④ 대외활동 유무는 상관없다.

03 다음 제시된 명제를 참이라 할 때 옳은 것은?

> 아시아나 항공 특가혜택을 받으려면 인터넷으로 예약해야 한다.

① 아시아나 항공 특가혜택을 받으려면 오프라인으로 예약해도 된다.
② 인터넷으로 예약하지 않아도 아시아나 특가혜택을 받을 수 있다.
③ 아시아나 항공 특가혜택을 받지 않았으면 인터넷으로 예약하지 않은 것이다.
④ 인터넷으로 예약하지 않으면 아시아나 항공 특가혜택을 받지 못한다.

04 주어진 조건이 항상 참일 때, 다음 중 바르게 추론한 것은?

> • 정서와 애서, 희서는 같은 집에 살며 회사에 걸어 다닌다.
> • 세 명은 A, B, C 기업에 각각 한 곳씩 다닌다.
> • A 기업은 집에서 500m 떨어진 곳에 위치해 있고, B 기업은 700m, C 기업은 900m 떨어진 곳에 있다.
> • 정서는 집에서 800m보다 가까운 거리에 위치한 기업에 다닌다.
> • 애서는 C 기업에 다니지 않는다.
> • A, B, C 기업의 출근시간은 같지만 애서는 정서보다 먼저 나와야 한다.

① 희서는 B 기업에 다닌다.
② 희서는 애서보다 늦게 나와도 된다.
③ 중간에 위치한 기업에 다니는 사람은 희서이다.
④ 가장 가까운 기업에 다니는 사람은 정서이다.

※ 다음 조건을 읽고 물음에 답하시오[5~6].

- 근태는 지각(-1), 결근(-1), 야근(+1)으로 이루어져 있다.
- A, B, C의 근태 총 점수는 각각 0점, -4점, -2점이다.
- A, B, C는 지각, 결근, 야근을 각각 최소 1회, 최대 3회 하였고 각 근태는 횟수가 모두 달랐다.
- A는 지각을 1번 하였다.
- 근태 중 야근은 A가 가장 많이 했다.
- 지각은 B가 C보다 적게 했다.

05 다음 중 항상 참인 것은?

① 지각을 제일 많이 한 사람은 C이다.
② B는 결근을 2번 했다.
③ C는 야근을 1번 했다.
④ A는 결근을 3번 했다.

06 결근보다 지각을 많이 한 사람은?

① A   ② B
③ C   ④ 없음

합격의 공식 시대에듀 www.sdedu.co.kr

01 다음 제시된 명제를 참이라 할 때 옳은 것은?

> 아시아나 항공을 이용하면, 금호제주리조트 할인권을 받는다.

① 금호제주리조트 할인권을 받지 않으면, 아시아나 항공을 이용하지 않은 것이다.
② 아시아나 항공을 이용하지 않으면, 금호제주리조트 할인권을 받지 않는다.
③ 아시아나 항공을 이용하면, 금호제주리조트 할인권을 받지 않는다.
④ 금호제주리조트 할인권을 받지 않으면, 아시아나 항공을 이용한 것이다.

02 다음 세 가지 명제를 통해 얻을 수 있는 결론으로 타당한 것은?

> • 민우는 작곡 공부를 2017년 1월에 시작했다.
> • 주연이는 민우보다 작곡 공부를 2개월 늦게 시작했다.
> • 경섭이는 주연이보다 작곡 공부를 5개월 전에 시작했다.

① 주연이가 가장 먼저 작곡 공부를 시작했다.
② 경섭이는 2016년 9월에 작곡 공부를 시작했다.
③ 민우는 경섭이보다 작곡 공부를 3개월 늦게 시작했다.
④ 경섭이가 가장 늦게 작곡 공부를 시작했다.

03 주어진 〈조건〉이 항상 참일 때, 다음 중 바르게 추론한 것은?

> 〈조 건〉
> • 제니, 지수, 로제, 리사는 신당동에 새로 생긴 떡볶이 집을 갔다.
> • 떡볶이의 맵기는 총 1, 2, 3, 4단계이다.
> • 1인당 각각 다른 단계의 떡볶이를 주문했다.
> • 제니는 4명 중 제일 매운 단계를 먹었다.
> • 지수와 리사 두 명 모두 로제보다 매운 단계를 먹었다.

① 로제가 2단계의 떡볶이를 먹었다.
② 로제는 1단계의 떡볶이를 먹었다.
③ 지수는 2단계의 떡볶이를 먹었다.
④ 리사는 3단계의 떡볶이를 먹었다.

※ 다음 〈조건〉을 읽고 물음에 답하시오[4~5].

〈조 건〉
• 호동, 수근, 지원, 재현, 규현 다섯 명 중 인사평가 등급이 가장 낮은 사람은 승진 대상자에서 제외된다.
• 등급은 A, B, C, D, E로 총 다섯 등급이며, 동점자는 없다.
• 지원이는 D 등급이고, 규현이보다 높다.
• 재현이는 A 등급으로 가장 높다.

04 다음 중 항상 참인 것은?

① 수근이는 C 등급이다.
② 호동이는 B 등급이다.
③ 규현이는 승진에서 제외된다.
④ 지원이는 호동이보다 등급이 높다.

05 다음 중 항상 참이 아닌 것은?

① 호동이가 B 등급이면, 수근이는 C 등급이다.
② 재현이는 어떠한 경우에서도 승진 대상자에서 제외되지 않는다.
③ 호동이와 수근이의 등급은 주어진 조건만으로는 알 수 없다.
④ 규현이의 등급은 주어진 조건만으로는 알 수 없다.

01 다음 세 가지 명제를 통해 얻을 수 있는 결론으로 타당한 것은?

> • 어떤 사자는 카메라를 좋아한다.
> • 어떤 타조는 카메라를 좋아한다.
> • 모든 타조는 동물원에 산다.

① 어떤 사자는 카메라를 좋아하고 동물원에 산다.
② 어떤 타조는 카메라를 좋아하지 않고 동물원에 산다.
③ 어떤 사자는 동물원에 살지 않는다.
④ 어떤 타조는 동물원에 살지 않는다.

02 다음 제시된 명제를 참이라 할 때 옳은 것은?

> 문화의 날에는 영화가 할인된다.

① 문화의 날이 아니면 영화는 할인된다.
② 영화가 할인되면 문화의 날이 아니다.
③ 영화가 할인되지 않으면 문화의 날이 아니다.
④ 영화가 할인되지 않으면 문화의 날이다.

03 다음 글의 빈칸에 들어갈 알맞은 것은?

> • 민석이는 세훈이보다 연습시간이 5시간 적다.
> • 종인이는 민석이보다 연습시간이 3시간 많다.
> • 그러므로 _____

① 민석이의 연습시간이 종인이보다 많다.
② 세훈이의 연습시간이 종인이보다 적다.
③ 세훈이의 연습시간이 가장 많다.
④ 종인이의 연습시간이 가장 적다.

04 다음을 읽고 바르게 추론한 것은?

> • 1층부터 4층까지 있는 빌라의 각기 다른 층에 A, B, C, D가 살고 있다.
> • A는 B의 바로 아래층에 산다.
> • B는 4층에 살지 않는다.
> • D는 C보다 위층에 산다.

① A가 1층에 살 때 D는 3층에 산다.
② C는 3층에 산다.
③ D는 4층에 산다.
④ B가 3층에 살 때 A는 1층에 산다.

※ 다음 설명을 읽고 물음에 답하시오[5~6].

> • 월요일부터 금요일까지 5일간 세 형제가 1박 2일로 당번을 서기로 했다.
> • 아무도 당번을 서지 않는 날은 없다.
> • 첫째는 월요일부터, 둘째는 목요일부터 당번을 선다.

05 다음 중 항상 참인 것은?

① 둘째와 셋째는 당번을 서는 날이 겹칠 것이다.
② 첫째는 이틀 내내 혼자 당번을 선다.
③ 셋째는 이틀 중 하루는 형들과 같이 당번을 선다.
④ 셋째가 화요일과 수요일에 당번을 서면 화요일에 둘째와 같이 서게 된다.

06 다음 중 항상 참이 아닌 것은?

① 첫째는 월요일과 수요일 당번을 선다.
② 셋째의 당번 요일은 정확히 알 수 없다.
③ 첫째와 둘째는 겹치는 날이 없다.
④ 셋째가 둘째와 같이 당번을 서려면 수요일과 목요일에 당번을 서야 한다.

2015 하반기

01 다음 문장을 읽고, 올바르게 유추한 것은?

> • 한나는 장미를 좋아한다.
> • 노란색을 좋아하는 사람은 사과를 좋아하지 않는다.
> • 장미를 좋아하는 사람은 사과를 좋아한다.

① 사과를 싫어하는 사람은 장미를 좋아한다.
② 노란색을 좋아하지 않는 사람은 사과를 좋아하지 않는다.
③ 장미를 좋아하는 사람은 노란색을 좋아한다.
④ 한나는 노란색을 좋아하지 않는다.

02 다음 제시된 명제를 참이라 할 때 옳은 것을 고르면?

> 장미가 파란색이 아니면 해바라기는 흰색이다.

① 장미가 파란색일 수 없다.
② 해바라기가 흰색이면 장미는 파란색이다.
③ 해바라기가 흰색이 아니면 장미는 파란색이다.
④ 장미가 파란색이면 해바라기는 흰색이다.

03 다음 글의 빈칸에 들어갈 알맞은 것은?

> • 봄이 오면 강아지는 달린다.
> • 강아지가 달리면 나비가 날아온다.
> • 그러므로 _____

① 나비가 날아오면 강아지는 멈춘다.
② 강아지가 달리면 봄이 온다.
③ 나비가 날아오면 봄이 온다.
④ 봄이 오면 나비가 날아온다.

06 상황판단능력

※ 상황판단능력은 기업의 인재상 및 내부 기준에 따라 평가하는 문항으로, 별도의 정답과 해설을 제공하지 않으니 참고하시기 바랍니다.

2017 상반기

01 A 사원은 금요일에 예정된 팀 회식에 참석한다고 했다. 하지만 막상 회식 날인 금요일이 되니 이번 주 내내 한 야근으로 피로가 몰려와 회식을 다시 생각해보게 되었다. 주말인 내일도 부모님 가게 일을 도와드려야 한다는 사실이 생각나자 A 사원은 팀장님에게 이번 회식에 참석하지 못할 것 같다고 말하려 한다. 그런데 팀장님은 이번 회식에 참여하지 않는 사원들 때문에 화가 많이 나 보인다. 이 상황에서 당신이 A 사원이라면 어떻게 하겠는가?

① 팀장이 화가 많이 나 보이니 피곤해도 회식에 참석한다.
② 팀장에게 보고하지 않고 회식에 빠진다.
③ 아픈 척을 하며 회식에 못갈 것 같다고 말한다.
④ 팀장에게 자신의 상황을 솔직하게 말한다.

02 B 대리는 직원들의 근태를 관리하는 일을 한다. 어느 날 B 대리와 친한 C 사원이 지각을 하였다. D 팀장은 항상 늦게 출근을 하여 아직 C 사원이 지각을 한 사실을 모른다. 이때 C 사원이 B 대리를 찾아와 자신과 친하다는 점을 부각하며 지각한 사실을 덮어달라고 한다. 이 상황에서 당신이 B 대리라면 어떻게 하겠는가?

① D 팀장도 매일 지각을 하니 C 사원도 한번 봐준다.
② 건방진 C 사원의 군기를 잡는다.
③ C 사원의 말을 무시하고 지각한 사실을 D 팀장에게 보고한다.
④ 앞으로 이런 일이 계속될 것 같으니 근태 관리하는 것을 그만둔다.

01 입사한 지 얼마 되지 않은 J 사원은 최근 상사인 T 대리 때문에 스트레스다. T 대리는 본인의 업무를 아랫사람들에게 떠넘기는 것은 기본이며, 모두가 업무량이 많아 야근하며 열심인데 혼자서만 야근을 하지 않는다. 게다가 본인의 마음에 조금이라도 들지 않거나 기분이 좋지 않으면 업무에서 손을 떼버린다. 보다 못한 팀원들과 T 대리의 상사인 V 과장이 몇 번이고 T 대리를 타일렀지만, 상황은 나아지지 않고 팀원들에게 화풀이하는 일만 더 빈번해지고 있다. 이 상황에서 당신이 J 사원이라면 어떻게 하겠는가?

① 임원들과 사원들이 모두 모인 공개적인 회식 자리에서 T 부장의 잘못을 조목조목 따진다.

② 어차피 말이 통하지 않을 사람이기 때문에 무시하고 주어진 업무만 열심히 한다.

③ 인사과에 찾아가 상황을 설명한 뒤, 팀을 옮겨달라고 한다.

④ V 과장에게 한 번 더 면담을 신청한 후, 별다른 차도가 없으면 이직을 준비한다.

02 A 사원은 친구와 이번 주 주말여행을 위해 숙소 및 교통편을 다 예약을 해놓았다. 그런데 새롭게 진행하고 있는 팀 프로젝트를 위해 B 팀장이 토요일 출근을 지시했다. 숙소 및 교통편의 예약을 취소하면 친구가 실망하는 것은 물론 친구의 것까지 2배의 수수료를 물어야 하는 상황이다. 이 상황에서 당신이 A 사원이라면 어떻게 하겠는가?

① B 팀장에게 자신의 상황을 솔직하게 말한다.

② 팀장의 지시이므로 수수료를 물더라도 여행 및 예약을 취소한다.

③ 아픈 척 거짓말을 해서 당일 근무를 뺀다.

④ 친구에게 혼자라도 여행을 갈 것을 권유한다.

03 A 사원은 최근 들어 회사 생활의 어려움을 느끼고 있다. A 사원이 속한 팀의 B 팀장과 C 사원은 사내 연애 중이다. 그런데 업무를 배분할 때마다 B 팀장이 공과 사를 구분하지 못한 채 C 사원에게만 중요한 업무를 배분해준다. 업무의 중요도가 실적과 연결되는 상황에서, B 팀장의 이러한 업무 처리로 인해 팀 분위기 또한 좋지 않다. 이 상황에서 당신이 A 사원이라면 어떻게 하겠는가?

① 자신의 위치에서 할 수 있는 소심한 복수들을 한다.
② 인사과에 찾아가 상황을 설명하고, 팀을 옮겨 달라고 요구한다.
③ C 사원에게 현재의 행동이 잘못되었음을 B 팀장에게 대신 말해달라고 한다.
④ 팀 회의 시간에 팀원들과 함께 B 팀장의 행동이 올바르지 않음을 조목조목 따진다.

04 신입사원인 D 사원의 회사에는 사내 동아리가 있다. 회사에 들어오고 나서 처음 참석하는 동아리이지만, 어제부터 몸이 좋지 않았던 D 사원은 오늘 바로 퇴근을 하고 집에 가서 일찍 쉬고 싶다. E 팀장은 개인 사정이 있으면 참석하지 않아도 된다고 하지만 신입사원은 무조건 참석해야 하는 무언의 압박은 가하고 있다. 이 상황에서 당신이 D 사원이라면 어떻게 하겠는가?

① E 팀장이 개인 사정이 있으면 참석하지 않아도 된다고 분명하게 말을 했기 때문에 참석하지 않는다.
② E 팀장에게 자신의 상황을 설명하고 동아리에 참석하지 않는다.
③ 신입으로 처음 참석하는 동아리인 만큼 아픈 것을 참고 참석한다.
④ E 팀장에게 괜찮다고 하면서 왜 무언의 압박을 가하는지 조목조목 따진다.

01 A 사원은 입사한 이후로 가장 중요한 업무를 맡게 되었다. 업무 수행에 앞서 A 사원은 상사인 E 대리에게 업무에 관한 자세한 설명을 들었다. A 사원은 E 대리의 설명을 분명히 집중해서 들었지만, 처음 맡게 된 업무라 긴장을 한 나머지 설명의 일부분을 까먹어버렸다. A 사원은 업무를 수행하기 위해 자리에 앉았지만 당장 무엇부터 해야 하는지 기억이 나지 않는 상황이다. 당신이 A 사원이라면 어떻게 하겠는가?

① 자신이 기억하는 범위 내에서 업무를 수행한 뒤 E 대리에게 나머지 업무를 부탁한다.
② 회사 내 가이드라인을 참고하여 업무를 수행한다.
③ E 대리에게 찾아가 상황을 밝히고, 설명을 다시 한 번 듣는다.
④ G 부장에게 찾아가 업무를 바꿔 달라고 부탁한다.

02 A 사원은 B 팀장이 본인을 사적인 이유로 무시하는 느낌을 받고 있다. 당신이 A 사원이라면 어떻게 하겠는가?

① B 팀장의 말을 한 귀로 듣고 한 귀로 흘린다.
② 회사에 타 부서 전출을 강력히 요구한다.
③ 직장동료들을 자신의 편으로 만들어 B 팀장을 따돌린다.
④ B 팀장에게 개인 면담을 요청하여 본인에 대한 불만을 들어본다.

03 A 사원은 G 팀에 속해 있다. 그러나 G 팀의 팀원들은 왠지 모르게 A 사원을 따돌리는 느낌이다. 이런 상황에서 당신이 A 사원이라면 어떻게 하겠는가?

① 경찰에 신고하여 분노를 정의롭게 풀도록 한다.
② 부당한 팀 분위기에 대해 팀장에게 보고하고 조언을 구한다.
③ 익명으로 회사 게시판에 글을 올려 억울한 기분을 표현한다.
④ 팀장에게 친목 도모의 시간을 건의하여 팀원들과 인간적으로 친해지려고 노력한다.

04 전략 부서의 B 팀장은 남성 사원들에게는 모두 이름 또는 직책을 부르는데, 여성 사원들에게는 '미스 O'라 부른다. 당신이 전략 부서의 여성 신입사원이라면 어떻게 하겠는가?

① 신입사원이므로 그냥 참고 견딘다.
② 다른 여성 사원들과 의견을 모아 회사에 공식적으로 건의한다.
③ B 팀장을 개인적으로 만나 이름이나 직책으로 불러달라고 요구한다.
④ B 팀장보다 선임급 여성 상사에게 사실을 알리고 대응해 주길 건의한다.

05 2년 차 A 사원은 업무 중 작은 실수를 저질러 소속 팀과 회사에 피해를 입혔다. 이로 인해 직속상관 B에게 꾸지람을 들었고, 대화 도중 인격적 모독까지 당했다. 당신이 A 사원이라면 어떻게 하겠는가?

① 동료 직원들에게 직속상관 B에 대한 서운함을 내비친다.
② 즉시 인격적인 모욕에 항의한다.
③ 자신의 실수로 벌어진 일인 만큼 꾹 참고 자리로 돌아간다.
④ 사내 고충처리 센터에 방문하여 상담을 받는다.

06 A 사원은 같은 부서에 근무하는 G 사원과 유독 불편한 사이이다. G 사원과 개인적으로 감정이 있거나 다툼이 있던 것도 아니지만, 부서에서 업무를 진행할 때마다 계속해서 의견이 대립하고 있기 때문이다. 이런 상황에서 당신이 A 사원이라면 어떻게 할 것인가?

① 다른 사원들이 자신의 의견에 동의할 수 있도록 설득한다.
② 상호협력이 중요하므로 G 사원과 친목 도모의 시간을 갖는다.
③ 상사가 선호하는 의견을 주장하여 자신의 의견을 개진할 수 있도록 한다.
④ G 사원이 다른 의견을 내면 논리의 허점을 공격하여 자신의 의견을 관철하도록 한다.

01 신입사원인 한 사원은 부지런한 편이라 항상 출근 시간보다 30분 전에 출근한다. 한 사원이 속한 부서의 김 과장은 종종 출근 시간에 늦곤 하는데 이를 잘 아는 동료 박 사원은 출근 시간이 가까워질 때마다 김 과장의 출근 여부를 물어보고 상사인 김 과장이 출근하기 전이면 지각한다. 김 과장은 이를 전혀 알아차리지 못하고 있다면 당신이 한 사원 입장일 때 어떻게 하겠는가?

① 옆 직원에게 이러한 사항을 토로한다.
② 그러지 말라고 박 사원에게 주의를 시킨다.
③ 박 사원에게 거짓으로 알려주어 다음부터 묻지 못하게 한다.
④ 나중에 술자리에서 김 과장에게 박 사원에 대해 말을 한다.

02 정 사원이 일하고 있는 총무팀의 팀장은 박 주임이다. 새로운 프로젝트를 시작하면서 총무팀에 새로운 팀장 오 대리가 발령되어 왔다. 새 팀장은 이전 팀장의 업무방식을 모조리 바꾸어 팀 운영의 효율성을 높이고자 한다. 그러나 정 사원이 보기에는 박 팀장이나 오 팀장의 업무방식이 업무효율 면에서 별다른 차이가 없다. 당신이 정 사원이라면 어떻게 하겠는가?

① 오 팀장이 능력이 없다고 생각한다.
② 팀장이 하는 것이니 그냥 시키는 대로 해야겠다고 생각한다.
③ 업무효율에 차이가 없는 것을 오 팀장의 상관에게 보고해야겠다고 생각한다.
④ 업무효율에 별 차이가 없으므로 기존 방식을 고수한다.

03 이 과장은 종종 여자친구와 싸울 때마다 팀원들에게 화풀이를 하곤 한다. 하루는 이 과장이 신입사원 김 사원이 책상 위에 올려둔 머그컵을 깨트리고는, 사과하기는커녕 왜 컵을 책상 위에 올려놓았느냐며 도리어 화를 낸다. 당신이 김 사원이라면 어떻게 하겠는가?

① 이 과장의 잘못임을 밝히고 사과를 요구한다.
② 이 과장에게 사과한다.
③ 다른 팀원들에게 이 과장의 험담을 늘어놓는다.
④ 이 과장보다 더 직급이 높은 상사에게 이 사실을 알린다.

07 직무상식능력

정답 및 해설 p.020

2017 상반기

01 다음 중 빈칸에 들어갈 수 없는 문장은?

> A : What are you going to do this weekend?
> B : Well, I have no special plan. Why?
> A : _____
> B : That's a good idea!

① Shall we go to the theater?

② How about we go to the theater?

③ What about we go to the theater?

④ Why are we go to the theater?

02 다음은 엑셀에서 표를 만들 때의 순서이다. 다음 중 옳지 않은 것은?

> (가) 표로 만들 데이터를 입력한다.
> (나) 셀포인터를 입력된 데이터 안에 놓는다.
> (다) [삽입]에서 [표 만들기]를 누른다.
> (라) 표에 사용할 데이터를 지정하여 표를 만든다.

① (가) 　　　　　② (나)

③ (다) 　　　　　④ (라)

03 다음이 설명하는 용어는 무엇인가?

> 시스템을 잠그거나 데이터를 암호화해 사용할 수 없도록 만든 후, 이를 인질로 하여 금전을 요구하는 악성 프로그램이다.

① 애드웨어   ② 랜섬웨어

③ 트로이목마   ④ 웜

04 다음과 같은 토기를 사용하던 시대의 설명으로 옳지 않은 것은?

① 사냥과 채집을 하지 않고 농경과 목축을 하여 식량을 얻기 시작했다.

② 씨족집단을 형성하여 강이나 바다 근처에 정착 생활을 했다.

③ 밭농사와 함께 벼농사를 지었다.

④ 간석기, 갈돌, 갈판, 가락바퀴와 뼈바늘 같은 도구를 사용했다.

01   **다음 중 양식 식사예절로 옳지 않은 것은?**

① 포크와 나이프 사용법 중, 포크를 오른손에 쥐고 먹는 것은 미국식이다.

② 나이프와 포크는 바깥쪽에서부터 순서대로 사용한다.

③ 식사 중에 나이프나 포크를 놓을 때는 나이프의 칼날 쪽이 앞쪽을 향하게 해서 접시 가운데에 가로로 놓는다.

④ 물과 와인은 오른쪽, 빵과 샐러드는 왼쪽에 있는 것이 본인의 것이다.

02   **명함을 주고받을 때의 예절로 옳지 않은 것은?**

① 명함을 받은 후 자리에 합석하게 되는 경우는, 바로 지갑 등에 넣지 않고 본인 왼쪽에 바로 내려둔다.

② 명함을 건네려는 순간 상대방이 악수를 청하더라도, 우선 명함을 건넨다.

③ 직급이 다른 경우, 직급이 낮은 사람이 높은 사람에게 먼저 명함을 건넨다.

④ 명함을 전달할 때는 한 손으로 다른 손을 받치며 전달한다.

03   **기존의 관리 방법이나 분석 체계로는 처리하기 어려운 엄청난 양의 데이터를 뜻하는 말이다. 최근에는 기업이나 정부, 포털 등이 수익으로 연결하여 새로운 가치를 창출해 내는 이것은 무엇인가?**

① 사물인터넷(IoT)

② 웨어러블(Wearable)

③ 빅 데이터(Big Data)

④ 애플 페이(Apple Pay)

04 다음 글의 주제로 가장 적절한 것은?

> Water is one of the most fundamental necessities in human life. Unfortunately, some communities like South Africa have been problematic of contaminated water. All people should have the right to drink clean water. The younger population is especially affected by the water contamination issue. As children grow and develop, it is essential that they consume clean water. The ultimate reason for solving the water problem of younger population is that it affects the prosper of communities. In other words, access to clean and sanitary water can help prevent children s deaths and ultimately allow the communities to prosper.

① 물은 사람이 살아가는 데 있어 가장 기본적인 요소이다.

② 남아프리카 사람들이 깨끗한 물을 사용할 수 있도록 하기 위해 펌프를 설치해야 한다.

③ 어린아이들의 물 문제는 지역사회의 번영에 영향을 끼치기 때문에 해결되어야 한다.

④ 물 오염 문제는 세계적인 이슈이다.

05 다음 글을 요약한 것으로 알맞은 것은?

> According to Myra Smith, executive director of The College Board, half of the full-time students at public and private nonprofit four-year college should pay $10,300 or less for their tuitions. As the tuition is high, the state taxpayers also have to pay a lot of tax. It is too expensive for people that deal with, and it also seems worthless compared with benefits and importance of education. Nevertheless, a college education is important because it teaches students how to study and gives opportunities to develop relationships.

① A college education is worthless for students.

② The tuition of college is too high for students.

③ Even though the tuition is high, college education is important.

④ Taxpayers satisfy with the tuition.

06 다음 중 현재의 시간을 자동 입력하는 엑셀 단축키는 무엇인가?

① Ctrl + Shift + +
② Ctrl + Shift + ;
③ Ctrl + ;
④ Ctrl + Enter↵

07 한글 Window 7에서 Ctrl + Shift + Esc 을 눌렀을 때 실행되는 상황으로 옳은 것은?

① 직전에 닫았던 브라우저 탭을 다시 연다.
② 새로운 브라우저 탭을 닫는다.
③ 활성화된 애플리케이션을 종료한다.
④ 작업 관리자를 열어서 애플리케이션을 모니터하고 멈춘 프로그램을 강제 종료한다.

08 기존의 전력망에 정보기술(IT)를 접목하여 전력 공급자와 소비자가 양방향으로 실시간 정보를 교환함으로써 에너지 효율을 최적화하는 차세대 지능형 전력망은 무엇인가?

① 스마트그리드(Smart Grid)
② 라이파이(Li-Fi)
③ 팝콘브레인(Popcorn Brain)
④ 핑크메일(Pink Mail)

01 다음에서 설명하는 역사적 사건 이후 일어난 국내외 정세로 옳지 않은 것은?

> 1919년 3월 1일을 기점으로 일본의 식민지 지배에 저항하여 전 민족이 일어난 항일독
> 립운동으로 일제 강점기에 나타난 최대 규모의 민족운동이었으며, 제1차 세계대전 이
> 후 전승국의 식민지에서 최초로 일어난 대규모 독립운동이기도 하다.

① 상해에 임시정부가 조직되었다.
② 독립문이 건립되었다.
③ 신한촌을 중심으로 노인동맹단, 일세당 등 다수의 독립운동단체가 조직되었다.
④ 일본의 통치형태가 무단통치에서 문화통치로 전환되었다.

02 다음 중 조문예절로 옳지 않은 것은?

① 헌화를 할 경우 꽃봉오리가 영정을 향하도록 올려놓는다.
② 향불이 붙었을 경우 왼손으로 부채질을 하거나 가볍게 흔들어 꺼야 한다.
③ 단체로 조문할 경우 헌화 또는 분향은 대표자 1인만 한다.
④ 남자는 왼손, 여자는 오른손을 위로 하여 절을 한다.

03 다음 중 악수예절로 옳은 것은?

① 악수할 때는 허리를 굽혀 인사한다.
② 장갑을 끼고 있다면 예식용 장갑이라도 무조건 벗고 악수를 한다.
③ 악수할 때는 적당히 힘을 주어 잡고 2~3번 흔드는 것이 가장 좋다.
④ 악수할 때 시선의 위치는 중요하지 않다.

04 다음 중 변동환율제도에 대한 설명 중 옳지 않은 것은?

① 지표연동환율제 : 자국 통화의 환율을 상품의 가격지수에 연동시키는 환율제도
② 단일변동환율제 : 자국 통화의 가치를 다른 어떤 한 나라의 통화 가치와 묶어
  놓는 환율제도
③ 협조변동환율제 : 여러 나라가 연대하여 공통 체계에서 협조적으로 관리해나
  가는 환율제도
④ 관리변동환율제 : 순수한 고정환율제와 자유변동환율제의 중간형태 환율제도

05 다음 중 환율이 하락할 때 일어나는 경제적 변화로 옳은 것은?

① 수출이 감소한다.　　　　　② 국내 물가가 상승한다.
③ 국제 수지가 개선된다.　　　④ 외채상환부담이 증가한다.

06 다음 대화의 빈칸에 들어갈 적절한 것은?

> A : Hi, Tom. Long time no see.
> B : Hi, Haley. How are you doing these days?
> A : I'm busy studying for the mid-term exam. When is yours?
> B : The last one is on Friday.
> A : Do you have any plans after the exam?
> B : No. Nothing special.
> A : I heard that there will be a concert at downtown. _____
> B : Sure. That sounds really great!
> A : Then let's meet at the cafeteria on Saturday 6 p.m.
> B : Okay.

① I have to do my homework.

② Would you do me a favor?

③ I am planning to go to Busan for my summer vacation.

④ Will you go there with me?

07 다음 중 바이러스 예방에 관한 설명으로 옳지 않은 것은?

① 바이러스 예방 프로그램을 램(RAM)에 상주시킨다.

② 발신자가 불분명한 전자우편은 열어보지 않고 바로 삭제한다.

③ 네트워크를 통해 감염될 수 있으므로 공유 폴더의 속성은 '읽기 전용' 으로 지정한다.

④ 백신 프로그램의 버전은 바이러스 치료에 크게 영향을 끼치지 않는다.

08 다음 중 프린터 설치에 관한 설명으로 옳지 않은 것은?

① 프린터 속성 대화상자에서는 프린터 포트, 공유 설정 여부, 최대 해상도, 프린터 정보 등을 확인할 수 있다.

② 한 컴퓨터에는 한 개의 프린터만 설치할 수 있다.

③ 컴퓨터에 직접 연결되어 있는 프린터를 '로컬 프린터' 라 한다.

④ 기본 프린터는 하나만 지정할 수 있으며, 현재 기본 프린터를 해제하려면 다른 프린터를 기본 프린터로 설정하면 된다.

09 다음 중 워드프로세서의 특징으로 옳지 않은 것은?

① 수치나 공식을 입력하여 값을 계산한 후, 결과를 차트로 표시할 수 있다.

② 문서 내에 그림, 애니메이션, 소리 등 다양한 멀티미디어 정보를 포함할 수 있다.

③ 다양한 형태의 문서를 쉽고 빠르게 작성할 수 있다.

④ 동일한 자료를 다양한 프로그램에서 공유할 수 있다.

10 다음 중 엑셀에서 파일을 열 때 사용하는 단축키는?

① Ctrl+D   ② Ctrl+K

③ Ctrl+N   ④ Ctrl+O

01 다음 중 롱테일 법칙에 대한 설명으로 옳지 않은 것은?

① 80%의 '사소한 다수'가 20%의 '핵심적인 소수'보다 뛰어난 가치를 창출한다고 보는 이론이다.

② 파레토 법칙이라고도 한다.

③ 2004년 10월 미국의 인터넷 비즈니스 관련 잡지 와이어드의 편집장인 크리스 앤더슨이 처음 사용한 용어이다.

④ 롱테일 법칙의 출현계기로는 물류기술의 발달, 인터넷의 발달, 유통구조의 혁신 등이 있다.

02 다음에서 설명하는 역사서로 옳은 것은?

- 김부식 등에 의해 편찬된 우리나라 최고(最古)의 역사서
- 유교적 합리주의 사관, 신라 계승 의식, 기전체

① 삼국유사   ② 제왕운기
③ 삼국사기   ④ 동명왕편

03 다음 설명 중 잘못된 것은?

① 트로이 목마 – 프로그래머가 고의로 포함시킨 복제가 불가능한 명령어의 조합

② 스파이웨어 – 사용자 몰래 잠입하여 정보를 수집하는 소프트웨어

③ 크래커 – 악의적인 목적으로 작성된 프로그램의 집합

④ 웜 바이러스 – 스스로 복제해서 컴퓨터 시스템을 파괴하는 악성 프로그램

04 보험시장에서 고위험군에 속하는 부류의 보험가입률이 높아지는 현상과 관련된 용어는?

① 선별
② 신호발송
③ 역선택
④ 피치시장

05 다음 중 직장 내 전화 예절로 올바르지 않은 것은?

① 3번 이상 울린 후에 전화를 받을 때에는 "늦어서 죄송합니다."라며 받아야 한다.
② 회사 대표전화라면 회사명을 말하고 전화를 받는다.
③ 회사 내선전화라면 자신의 소속과 이름을 밝힌다.
④ 상사의 전화일 때는 용무를 확인한 후 바로 내선으로 돌린다.

08 한자시험

정답 및 해설 p.025

2017 상반기

01 다음 한자의 뜻으로 알맞은 것은?

> 形

① 재료　　　　　　　　　② 모양
③ 소리　　　　　　　　　④ 감각

02 다음 문장의 빈칸에 들어갈 적절한 한자어로 올바른 것은?

> 선거일로부터 며칠 후, 드디어 새로운 대통령이 □□하였다.

① 就任　　　　　　　　　② 連任
③ 進入　　　　　　　　　④ 轉入

03 다음 빈칸에 공통으로 들어갈 알맞은 한자는?

> □別, 理□, □格

① 成　　　　　　　　　② 聖
③ 姓　　　　　　　　　④ 性

※ 다음 성어(成語)에서 빈칸에 들어갈 한자로 알맞은 것을 고르시오[4~5].

04

靑出於□

① 監   ② 盡
③ 藍   ④ 血

05

抱□絶倒

① 安   ② 順
③ 對   ④ 腹

2016 하반기

01 다음 한자(漢字) 중 서로 음(音)이 다른 한자는?

① 愛 - 哀   ② 京 - 炅
③ 海 - 每   ④ 民 - 珉

02 다음의 뜻을 가장 잘 나타낸 성어(成語)는?

마음에 충동을 받아도 도용하지 않고 천연스러움

① 泰然自若   ② 汗牛充棟
③ 無爲自然   ④ 喜怒哀樂

03 다음 문장에서 빈칸에 들어갈 적절한 한자어(漢字語)는?

인사담당자는 채용설명회에서 □□에 친절하게 대답했다.

① 成功　　　　　　　② 質疑

③ 友情　　　　　　　④ 突破

※ 다음 한자성어에서 □에 들어갈 알맞은 한자를 고르시오[4~5].

04

小貪□失

① 大　　　　　　　② 良

③ 多　　　　　　　④ 無

05

□器晚成

① 太　　　　　　　② 少

③ 大　　　　　　　④ 洋

※ 다음 한자성어에서 □에 들어갈 알맞은 한자를 고르시오[1~4].

01

転禍爲□

① 福
② 服
③ 考
④ 話

02

脣亡齒□

① 冷
② 汗
③ 寒
④ 滿

03

花容□態

① 刪
② 白
③ 百
④ 月

04

漸入□境

① 家
② 佳
③ 假
④ 加

05 다음의 뜻을 가장 잘 나타낸 성어(成語)는?

> 모르는 것도 시간이 지나면 알게 된다.

① 堂狗風月   ② 山戰水戰

③ 見物生心   ④ 晩時之歎

06 다음 한자(漢字) 중 음(音)이 다른 한자를 고르면?

① 考   ② 車

③ 庫   ④ 高

※ 다음 한자(漢字)와 뜻이 반대(反對)되거나 상대(相對)되는 한자를 고르시오[7~9].

07

> 是

① 比   ② 罪

③ 早   ④ 非

08

> 敗

① 勝   ② 失

③ 得   ④ 貝

09

美

① 秋 ② 愛
③ 醜 ④ 貧

※ 다음 문장에서 빈칸에 들어갈 적절한 한자어(漢字語)를 고르시오[10~12].

10

장기 결석 학생에 대한 조사를 □□했다.

① 行動 ② 實施
③ 妨害 ④ 移徙

11

시험장에는 □□마다 번호가 붙어 있었다.

① 立席 ② 宮闕
③ 空冊 ④ 座席

12

그 장군은 □□ 작전을 세웠다.

① 成功 ② 硏究
③ 突破 ④ 失敗

2015 하반기

※ 다음 중 한자의 독음으로 알맞은 것을 고르시오[1~2].

01 ① 技術 – 기술
    ② 發見 – 식견
    ③ 進行 – 서행
    ④ 會議 – 회사

02 ① 自動 – 자연
    ② 圖書 – 도서
    ③ 計算 – 암산
    ④ 理解 – 인연

03 다음 한자성어에서 □에 들어갈 알맞은 한자는?

□代未聞

① 前   ② 月
③ 難   ④ 達

04 다음 문장에서 밑줄 친 한자어의 한자표기가 바르지 않은 것은?

우리는 ① 民族 ② 衆興의 ③ 歷史적 ④ 使命을 띠고 이 땅에 태어났다.

05 다음 문장에서 빈칸에 들어갈 가장 적절한 한자어(漢字語)는?

그는 수첩에 오늘 취재할 배우의 프로필을 □□하게 써놓았다.

① 强硬　　　　　　　　② 懇曲

③ 傲慢　　　　　　　　④ 簡略

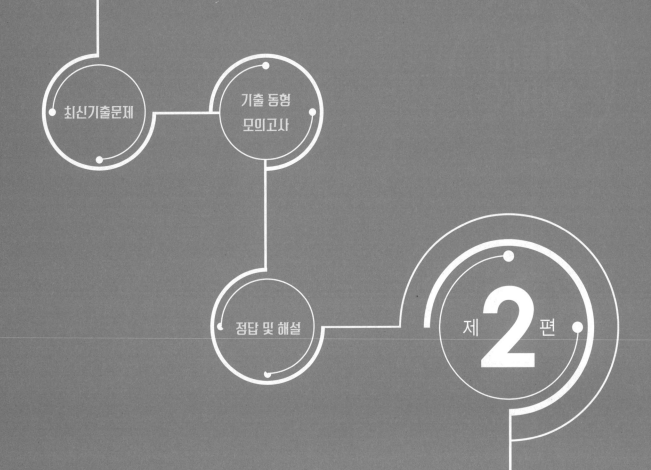

최신기출문제

기출 동형
모의고사

정답 및 해설

제 **2** 편

기출 동형 모의고사

제1회 기출 동형 모의고사

제2회 기출 동형 모의고사

☑ 제1회 Check!	1st	☐	2nd	☐	3rd	☐
☑ 제2회 Check!	1st	☐	2nd	☐	3rd	☐

기출이
답이다

시대에듀
www. **sdedu** .co.kr

자격증 · 공무원 · 취업까지
BEST 온라인 강의 제공

**(주)시대고시기획
(주)시대교육**

www. **sidaegosi** .com

시험정보 · 자료실 · 이벤트
합격을 위한 최고의 선택

I Wish you the best of luck!

기출 동형 모의고사

01 언어능력

정답 및 해설 p.029

※ 다음 제시된 단어의 유의어를 고르시오[1~5].

01

동조

☑ 확인
Check!
○
△
✕

① 찬동　　　　　　② 절용

③ 향상　　　　　　④ 진보

02

납득

☑ 확인
Check!
○
△
✕

① 사려　　　　　　② 수긍

③ 모반　　　　　　④ 반역

03

독려

☑ 확인
Check!
○
△
✕

① 달성　　　　　　② 구획

③ 낙담　　　　　　④ 고취

04

☑ 확인
Check!
○
△
✕

허름하다

① 동조하다　　　　　　② 극명하다
③ 결연하다　　　　　　④ 너절하다

05

☑ 확인
Check!
○
△
✕

좀스럽다

① 대범하다　　　　　　② 너그럽다
③ 옹졸하다　　　　　　④ 거들떠보다

※ 다음 제시된 단어의 반의어를 고르시오[6~10].

06

☑ 확인
Check!
○
△
✕

긴장

① 순연　　　　　　② 해이
③ 흥분　　　　　　④ 미연

07

☑ 확인
Check!
○
△
✕

득의

① 민의　　　　　　② 실의
③ 호의　　　　　　④ 반의

08

> 사임

① 퇴임(退任)　　　② 퇴진(退陣)
③ 취임(就任)　　　④ 사직(辭職)

09

> 태타

① 말미　　　② 소멸
③ 근면　　　④ 중후

10

> 저열하다

① 졸렬하다　　　② 고결하다
③ 고매하다　　　④ 숭고하다

※ 다음 밑줄 친 단어와 같은 의미로 사용된 것을 고르시오[11~15].

11

> 인간만이 <u>말</u>을 한다는 주장은 인간 중심적 사고이다.

① 제가 먼저 <u>말</u>을 꺼냈습니다.
② <u>말</u>은 생각을 표현하는 수단입니다.
③ 감정이 격해지니까 <u>말</u>도 거칠어지는데요.
④ 벌써 <u>말</u>이 퍼져서 이 일은 포기해야 하겠어요.

12 농악에는 우리 민족의 정서가 배어 있다.

☑ 확인
Check!
○
△
X

① 욕이 입에 배어 큰일이다.
② 그는 속이 너무 배어 큰 인물은 못 된다.
③ 갓난아이 몸에는 항상 젖내가 배어 있다.
④ 이 책에는 아이에 대한 부모의 고민과 애정이 배어 있다.

13 경찰의 손이 미치지 않는 곳으로 도망갔다.

☑ 확인
Check!
○
△
X

① 그는 장사꾼의 손에 놀아날 정도로 세상 물정에 어둡다.
② 제삿날 손을 치르고 나면 온몸이 쑤신다는 사람들이 많다.
③ 마감 일이 이제 코앞으로 다가와서 더 이상 손을 늦출 수가 없다.
④ 대기업들이 온갖 사업에 손을 뻗치자 중소기업들은 설 곳을 잃게 되었다.

14 형은 요즘 여자친구에게 정성을 쏟느라고 공부에 소홀하다.

☑ 확인
Check!
○
△
X

① 일주일 내내 야근을 한 누리는 코피를 쏟았다.
② 소유는 요즘 새로운 운동에 관심을 쏟고 있다.
③ 규환이는 와인 한잔을 입에 쏟아 부었다.
④ 갑작스런 폭우가 머리에 쏟아지기 시작했다.

15 구성원 한 명의 돌발행동은 집단 내 다른 이들에게 영향을 미친다.

☑ 확인
Check!
○
△
X

① 소라의 기록은 세계신기록에 훨씬 못 미친다.
② 사고는 제주도에 채 못 미친 채 발생하였다.
③ 재한이가 진실을 알고 있을 것이라는 데 생각이 미쳤다.
④ 한 달 내에 매출을 끌어올리라는 압력이 그에게 미쳤다.

※ 다음 괄호 안에 들어갈 말로 알맞은 것을 고르시오[16~20].

16

교내에 면학 분위기를 (   )하여 훌륭한 인재를 양성합시다.

① 주도　　　　　　　　② 조성
③ 감동　　　　　　　　④ 의도

17

팀, 리더, 개인이 (   )하는 마음을 가져야 한다.

① 공청　　　　　　　　② 공명
③ 공유　　　　　　　　④ 공생

18

그는 어제 제출했던 사표를 (   )하였다.

① 철수　　　　　　　　② 철회
③ 우회　　　　　　　　④ 철거

19

균열의 성질 여하에 따라서 일급품 바둑판이 목침(木枕)감으로 (   )해버릴 수도 있다.

① 타락　　　　　　　　② 퇴락
③ 전락　　　　　　　　④ 추락

20

☑ 확인
Check!
○
△
✕

나도 이제 (   ) 당하고만 있지 않겠다.

① 밋밋하게   ② 마뜩하게

③ 솔깃하게   ④ 녹록하게

※ 다음 밑줄 친 단어의 의미와 가장 유사한 것을 고르시오[21~23].

21

☑ 확인
Check!
○
△
✕

나는 너와의 관계의 끝을 <u>보았다</u>.

① 나는 수상한 사람을 <u>보았다</u>.
② 나는 너의 일기를 <u>보다</u> 잠이 들었다.
③ 나는 너를 <u>보기</u> 위해 그곳으로 향했다.
④ 고소를 취하하기로 서로 합의를 <u>보았다</u>.

22

☑ 확인
Check!
○
△
✕

<u>돌아오는</u> 어버이날에는 어머님을 찾아뵈어야겠다.

① 어머니 얼굴에 혈색이 <u>돌아왔다</u>.
② 그들의 비난이 나에게 <u>돌아왔다</u>.
③ 고향집에 드디어 <u>돌아간다</u>.
④ 회식이 한 달에 한 번씩 <u>돌아온다</u>.

23

☑ 확인
Check!
○
△
✕

취업을 위한 자격증을 <u>가지기</u> 위해서, 학원을 방문하는 사람들이 증가하고 있다.

① 새로운 국적을 <u>가지다</u>.
② 환송회를 <u>가지다</u>.
③ 우리 집 고양이가 새끼를 <u>가졌다</u>.
④ 너의 행동에 자부심을 <u>가져라</u>.

24 다음 밑줄 친 관용적 표현의 쓰임이 잘못된 것은?

① 너도 <u>곱살이 껴서</u> 뭐든 해 보려고 하는 모양인데, 이번에는 제발 빠져 주라.

② 수천억 원 비자금설이 <u>변죽만 울리다가</u> 사그러들었다.

③ 독립 투사였던 아버지의 <u>전철을 밟아서</u> 꼭 훌륭한 사람이 되거라.

④ 불우이웃돕기 성금을 훔치다니 저런 <u>경을 칠</u> 놈을 보았나.

25 다음 빈칸에 들어갈 관용어로 가장 옳은 것은?

> 그나마 일표를 얻지 못한 노동자들은 실망을 하고 그들을 부럽게 바라보면서 (   )
> 돌아선다.   - 강경애, 「인간문제」

① 머리가 젖어

② 머리를 싸고

③ 머리를 빠뜨리고

④ 머리가 빠지도록

26 다음 문장과 관련된 속담으로 적절한 것은?

> 그 동네에 있는 레스토랑의 음식은 보기와 달리 너무 맛이 없었어.

① 보기 좋은 떡이 먹기도 좋다.

② 볶은 콩에 싹이 날까?

③ 빛 좋은 개살구

④ 뚝배기보다 장맛이 좋다.

27 밑줄 친 부분에 들어갈 속담으로 가장 적절한 것은?

> "계정회가 세간에 이름이 나서 회원들이 많이 불편해 하는 기색일세. 이러다가는 회 자체가 깨어지는 게 아닌지 모르겠네." "깨어지기야 하겠는가. _____, 나는 이번 일을 오히려 잘된 일루 생각허네." — 홍성원, 「먼동」중에서

① 쫓아가서 벼락 맞는다고
② 곤장 메고 매품 팔러 간다고
③ 식초에 꿀 탄 맛이라고
④ 마디가 있어야 새순이 난다고

28 다음 속담의 의미와 유사한 한자성어는?

> 쇠뿔은 단김에 빼랬다.

① 오매불망(寤寐不忘)
② 일도양단(一刀兩斷)
③ 낙화유수(落花流水)
④ 대기만성(大器晚成)

29 밑줄 친 말과 뜻이 가장 잘 통하는 한자성어는?

> 만 18세에 이미 성숙한 국민으로서 여러 자격을 갖도록 허락되는데 투표권만 예외라는 것도 <u>앞뒤가 맞지 않는다.</u>

① 견마지로(犬馬之勞)
② 부화뇌동(附和雷同)
③ 어불성설(語不成說)
④ 언감생심(焉敢生心)

30 제시문의 설명과 적합한 한자성어로 바른 것은?

> 학문(學問)의 길이 여러 갈래로 나뉘어 있어 진리(眞理)를 찾기 어렵다.

① 괄목상대(刮目相對)
② 절차탁마(切磋琢磨)
③ 초지일관(初志一貫)
④ 망양지탄(亡羊之歎)

31 밑줄 친 부분에 들어갈 말로 가장 적절한 것은?

> 다분히 진화 생물학적 관점에서, 질병은 인간의 몸 안에서 일어나는 정교하고도 합리적인 자기조절 과정이다. 질병은 정상적인 기능을 할 수 없는 상태임과 동시에, 진화의 역사 속에서 획득한 자기 치료 과정이 _____ 이기도 하다. 가령, 기침을 하고, 열이 나고, 통증을 느끼고, 염증이 생기는 것 따위는 자기 조절과 방어 시스템이 작동하는 과정인 것이다.

① 문제를 일으킨 상태
② 비일상적인 특이 상태
③ 정상적으로 가동하고 있는 상태
④ 인구의 개체 변이를 도모하는 상태

32 다음 글의 중심 내용으로 가장 적절한 것은?

헤르만 헤세는 어느 책이 유명하다거나 그것을 모르면 수치스럽다는 이유만으로 그 책을 무리하게 읽으려는 것은 참으로 그릇된 일이라 했다. 그는 이어서, "그렇게 하기보다는 모든 사람은 자기에게 자연스러운 면에서 읽고, 알고, 사랑해야 할 것이다. 어느 사람은 학생 시절의 초기에 벌써 아름다운 시구의 사랑을 자기 안에서 발견할 수 있으며, 혹은 어느 사람은 역사나 자기 고향의 전설에 마음이 끌리게 되고 또는 민요에 대한 기쁨이나 우리의 감정이 정밀하게 연구되고 뛰어난 지성으로써 해석된 것에 독서의 매력 있는 행복감을 가질 수 있을 것이다."라고 말한 바 있다.

① 문학 작품을 많이 읽으면 정서 함양에 도움이 된다.
② 학생 시절에 고전과 명작을 많이 읽어 교양을 쌓아야 한다.
③ 남들이 읽어야 한다고 말하는 책보다 자신이 읽고 싶은 책을 읽는 것이 좋다.
④ 자신이 속한 사회의 역사나 전설에 관한 책을 읽으면 애향심을 기를 수 있다.

33 다음 글에 이어질 내용의 핵심어로 적절한 것은?

제1차 세계대전의 원인은 산업 혁명 이후, 제국주의 국가들의 패권주의 성향 속에서 발생하였다. 구체적으로 말하면 영국과 독일의 대립(영국의 3C 정책과 독일의 3B 정책), 프랑스와 독일의 전통적 적대관계, 범슬라브주의와 범게르만주의의 대립, 발칸 문제를 둘러싼 세르비아와 오스트리아의 대립 등을 들 수 있을 것이다. 이러한 국가와 종족 간의 대립 속에서, 1914년 6월 28일 보스니아에서 행해지던 육군 대연습에 임석차 사라예보를 방문한 오스트리아 황태자 페르디난드대공 부처가 세르비아의 반(反)오스트리아 비밀 결사 소속의 한 청년에 의해서 암살되는 사건이 발생했다. 제1차 세계대전은 제국주의 국가들의 이해관계 속에서 일어날 수밖에 없었다 하더라도, 세르비아 청년에 의해 오스트리아 황태자 부처가 암살되는 돌발적 사건이 발생하지 않았더라면, 아마도 제1차 세계대전의 발생은 또 다른 측면에서 다른 양상으로 전개되었을 가능성을 배제하기 어려울 것이다.

① 전쟁과 민족의 관계
② 역사의 필연성과 우연성
③ 제국주의와 식민지
④ 발칸 반도의 민족 구성

34 다음 글이 설명하고자 하는 것은?

구비문학에서는 기록문학과 같은 의미의 단일한 작품 내지 원본이라는 개념이 성립하기 어렵다. 윤선도의 '어부사시사'와 채만식의 '태평천하'는 엄밀하게 검증된 텍스트를 놓고 이것이 바로 그 작품이라 할 수 있지만, '오누이 장사 힘내기' 전설이라든가 '진주 낭군' 같은 민요는 서로 조금씩 다른 종류의 구연물이 다 그 나름의 개별적 작품이면서 동일 작품의 변이형으로 인정되기도 하는 것이다. 이야기꾼은 그의 개인적 취향이나 형편에 따라 설화의 어떤 내용을 좀 더 실감 나게 손질하여 구연할 수 있으며, 때로는 그 일부를 생략 혹은 변경할 수 있다. 모내기할 때 부르는 '모노래'는 전승적 가사를 많이 이용하지만, 선창자의 재간과 그때그때의 분위기에 따라 새로운 노래 토막을 끼워 넣거나 일부를 즉흥적으로 개작 또는 창착하는 일도 흔하다.

① 구비문학의 현장성
② 구비문학의 유동성
③ 구비문학의 전승성
④ 구비문학의 구연성

35 다음 글의 주된 논지는?

당신이 미국 중앙정보국의 직원인데, 어느 날 테러 용의자를 체포했다고 가정하자. 이 사람은 뉴욕 맨해튼 중심가에 대규모 시한폭탄을 설치한 혐의를 받고 있다. 시한폭탄이 터질 시각은 다가오는데 용의자는 입을 열지 않고 있다. 당신은 고문을 해서라도 폭탄이 설치된 곳을 알아내겠는가, 아니면 고문은 원칙적으로 옳지 않으므로 고문을 하지 않겠는가? 공리주의자들은 고문을 해서라도 폭탄이 설치된 곳을 알아내어, 무고한 다수 시민의 생명을 구해야 한다고 주장할 것이다. 공리주의는 최대 다수의 최대 행복을 추구하기 때문이다. 이 경우에는 이 주장이 일리가 있을 수 있다. 그러나 공리주의가 모든 경우에 항상 올바른 해답을 줄 수 있는 것은 아니다. 구명보트를 타고 바다를 표류하던 4명의 선원이 그들 중 한 사람을 죽여서 그 사람의 고기를 먹으면 나머지 세 사람이 살 수 있다. 실제로 이런 일이 일어났고, 살아남은 세 사람은 재판을 받았다. 당신은 이 경우에도 다수의 생명을 구하기 위해 한 사람의 목숨을 희생한 행위가 정당했다고 주장하겠는가? 뉴욕의 시한폭탄 문제도 그리 간단치만은 않다. 폭탄이 설치된 곳이 한적한 곳이라 희생자가 몇 명 안 될 것으로 예상되는 경우에도 당신은 고문에 찬성하겠는가? 체포된 사람이 테러리스트 자신이 아니라 그의 어린 딸이라도, 그 딸이 폭탄의 위치를 알고 있다면 당신은 고문에 찬성하겠는가?

① 다수의 행복을 위해서 소수의 희생이 필요할 때가 있다.

② 인간의 생명은 어떤 경우에도 존중되어야 한다.

③ 고문이 정당화되는 경우도 있을 수 있다.

④ 공리주의가 절대선일 수 없는 것은 소수의 이익이라 하더라도 무시할 수 없는 것도 있기 때문이다.

※ 다음 문장을 논리적 순서대로 바르게 배열한 것을 고르시오[36~37].

36

☑ 확인
Check!
○
△
X

(A) H 회사 임직원들은 '문화 도우미'가 되어 평소 이동이 불편해 문화공연 관람이 어려웠던 장애인들을 위해 이동수단을 제공하는 한편, 직접 공연을 안내하고 함께 관람할 예정이다.

(B) 이번 초청은 H 회사와 사회복지협의회가 함께 전개하는 사회공헌활동의 일환으로 이루어지며, 앞으로도 매월 무료 문화공연 관람 기회를 지속적으로 제공할 계획이다.

(C) 특히, 휠체어를 이용하는 장애인의 편리한 이동을 돕고 보다 쾌적한 공연 관람을 위해 공연장 전체를 대관했다.

(D) H 회사가 장애인의 날과 사회복지사의 날을 맞아 장애인과 사회복지사 1천 2백여 명을 초청, 문화공연 무료 관람 기회를 제공한다.

① (B) – (A) – (C) – (D)

② (D) – (B) – (C) – (A)

③ (B) – (D) – (A) – (C)

④ (D) – (C) – (A) – (B)

37

(A) 하지만 몇몇 전문가들은 유기농업이 몇 가지 결점을 안고 있다고 말한다.

(B) 유기농가들의 작물 수확량이 전통적인 농가보다 훨씬 낮으며, 유기농 경작지가 전통적인 경작지보다 잡초와 벌레로 인해 많은 피해를 입고 있다는 점이다.

(C) 최근 많은 소비자들이 지구에 도움이 되는 일을 하고 있고, 건강에 좀 더 좋은 음식을 먹고 있다고 확신하면서 유기농 식품생산이 급속도로 증가하고 있다.

(D) 또한 유기농업이 틈새시장의 부유한 소비자들에게 먹을거리를 제공하지만, 전 세계 수십억의 굶주리는 사람을 먹여 살릴 수 없다는 점이다.

① (B) – (C) – (D) – (A)
② (C) – (B) – (D) – (A)
③ (C) – (A) – (B) – (D)
④ (B) – (A) – (C) – (D)

※ 다음 중 높임법의 사용이 가장 적절하지 않은 것을 고르시오[38~39].

38

① (옛 제자에게) 우선 여기 앉아보게.
② 선생님, 아직 저를 기억하시나요?
③ (웃어른이) 그 문제는 선생님한테 물어봐.
④ (관중들을 향해) 조용히 하세요.

39

① 저는 감자를 즐겨먹습니다.
② 시청자 여러분, 안녕하십니까?
③ 그분은 할머니의 친구야.
④ 선배님께서는 댁에 계신다.

40 다음 중 중복된 언어 표현이 없는 것은?

① 빈 공간이 있어야 점포를 얻지.

② 저기 앞에 있는 넓은 광장으로 나오기 바란다.

③ 허연 백발을 한 노인이 앞장서서 천천히 걸어갔다.

④ 저의 좁은 견해로 이런 말씀을 드려도 괜찮겠습니까?

02 수리능력

정답 및 해설 p.035

※ 다음 문제를 계산하시오[1~3].

01

$$5,630 \div 5 + 2,450$$

① 3,573　　　　　　　② 3,574

③ 3,575　　　　　　　④ 3,576

02

$$2,170 + 1,430 \times 6$$

① 10,750　　　　　　② 10,751

③ 10,752　　　　　　④ 10,753

03

$$(16 + 4 \times 5) \div 4$$

① 7　　　　　　　　② 8

③ 9　　　　　　　　④ 10

※ 보기 중 계산 결과가 주어진 식과 같은 것을 구하시오[4~5].

04

$$21 \times 39 + 6$$

① $31 \times 21 + 174$　　　　② $116 \times 4 + 362$

③ $5 \times 5 \times 32$　　　　④ $19 \times 25 + 229$

05

$$41 + 42 + 43$$

① $6 \times 6 \times 6$　　　　② $5 \times 4 \times 9$

③ $7 \times 2 \times 3$　　　　④ $3 \times 2 \times 21$

※ 다음 빈칸에 들어갈 숫자를 구하시오[6~7].

06

$$\frac{16}{5} \times \frac{15}{28} + \square = \frac{33}{14}$$

① $\frac{4}{7}$　　　② $\frac{9}{14}$　　　③ $\frac{5}{7}$　　　④ $\frac{11}{14}$

07

$$66 + \square = 98$$

① 32　　　② 34　　　③ 36　　　④ 42

※ 다음 괄호 안에 들어갈 알맞은 사칙연산 기호를 고르시오[8~10].

08

$$41-12(\quad)5\times2=39$$

① ＋　　　　　　　　② －

③ ×　　　　　　　　④ ÷

09

$$9(\quad)3+14\div2=34$$

① ＋　　　　　　　　② －

③ ×　　　　　　　　④ ÷

10

$$81(\quad)2\div9+3=21$$

① ＋　　　　　　　　② －

③ ×　　　　　　　　④ ÷

11

☑ 확인
Check!
○
△
X

육상선수 갑, 을, 병이 운동장을 각각 8분에 4바퀴, 9분의 3바퀴, 4분에 1바퀴를 돈다. 세 사람이 4시 30분에 같은 방향으로 동시에 출발하였다면, 출발점에서 다시 만나는 시각은?

① 4시 39분

② 4시 40분

③ 4시 41분

④ 4시 42분

12

☑ 확인
Check!
○
△
X

오전 6시에 A 버스와 B 버스, C 버스가 동시에 서울에서 출발한다. A 버스는 18분마다, B 버스는 15분마다, C 버스는 30분마다 출발할 때, 정각에 세 버스가 동시에 출발하는 시각은 언제인가?

① 7시

② 8시

③ 9시

④ 10시

13

☑ 확인
Check!
○
△
X

가로 240m, 세로 400m인 어느 부지에 정사각형으로 구역을 나누어 경작을 하려고 한다. 구역을 최소로 나눈다고 할 때 구역은 총 몇 개가 되는가?(단, 남겨지는 땅은 없다)

① 14개

② 15개

③ 16개

④ 17개

14

☑ 확인
Check!
○
△
X

$\frac{15}{13}$, $\frac{10}{7}$, $\frac{5}{3}$의 어느 것에 곱해도 자연수가 되는 분수 중 가장 작은 분수는?

① $\frac{273}{5}$

② $\frac{273}{4}$

③ $\frac{273}{3}$

④ $\frac{273}{6}$

15 수빈이는 숙소에서 출발하여 시속 **3km**로 걷다가 목적지에 도착해서 30분을 쉰 후, 다시 시속 **2km**로 돌아왔다. 총 걸린 시간이 3시간이었다면 수빈이가 쉬기 전까지 걸었던 거리는 몇 **km**인가?(단, 수빈이는 같은 길을 왕복했다)

① $\frac{1}{3}$km ② $\frac{18}{25}$km

③ 1km ④ 3km

16 철수가 등산을 하는 데 같은 길을 왕복했다. 올라갈 때는 시속 **2km**, 내려올 때는 시속 **5km**로 걸어서 총 6시간이 걸렸다. 올라갈 때 걸린 시간은 얼마인가?

① $\frac{26}{7}$시간 ② 4시간

③ $\frac{30}{7}$시간 ④ $\frac{45}{7}$시간

17 길이가 **1km**인 터널을 기차가 25m/s의 속도로 완전히 통과하는 데 걸리는 시간을 50초라고 하면, 기차의 길이는 얼마인가?

① 250m ② 300m

③ 350m ④ 400m

18 철수는 오후 3시에 집에서 출발하여 평지를 지나 언덕 꼭대기까지 갔다가 같은 길을 되돌아와 그날 저녁 9시에 집에 도착했다. 평지에서는 시속 **4km**로 걸었고, 언덕을 올라갈 때는 시속 **3km**, 언덕을 내려올 때는 시속 **6km**로 걸었다면 철수는 총 몇 **km**를 걸었는가?

① 6km ② 12km

③ 18km ④ 24km

19 A, B 두 개의 톱니가 서로 맞물려 있다. A의 톱니수는 B의 톱니수보다 20개 더 많고, A가 6회전 할 때, B는 10회전 한다면, A의 톱니수는 몇 개인가?

☑ 확인
Check!
○
△
✕

① 35개   ② 40개

③ 45개   ④ 50개

20 원래 가격에서 40% 할인하여 판매하던 제품을 재고 정리를 위해 할인된 가격의 10%를 추가로 할인하여 판매하였다. 이 제품은 원래 가격에서 얼마나 할인된 가격에 판매되는 것인가?

☑ 확인
Check!
○
△
✕

① 42%   ② 44%

③ 46%   ④ 50%

21 9%의 소금물 xg과 18%의 소금물 yg을 섞어 12%의 소금물을 만들려고 했으나, 잘못하여 9%의 소금물 yg과 18% 소금물 xg을 섞었다. 이렇게 만들어진 소금물의 농도는?

☑ 확인
Check!
○
△
✕

① 13%   ② 14%

③ 15%   ④ 16%

22 농도 8%의 소금물 24g에 4% 소금물 몇 g을 넣으면 5% 소금물이 되겠는가?

☑ 확인
Check!
○
△
✕

① 24g   ② 48g

③ 72g   ④ 96g

23

철수가 아르바이트를 해서 원래 가지고 있던 돈의 3배를 벌었다. 그 후에 2만 원짜리 게임기를 사고 남은 돈의 70%를 저금하였는데 그 저금한 돈이 14,000원이었다. 그렇다면 철수가 원래 가지고 있던 돈은 얼마인가?

① 6,000원   ② 8,000원

③ 10,000원   ④ 12,000원

24

학생 5명과 어른 6명이 놀이공원에 가는데 어른의 입장료는 학생의 입장료보다 1.5배 더 비싸다고 한다. 11명의 입장료를 합하여 42,000원을 지불했다면 어른 1명의 입장료는 얼마인가?

① 2,500원   ② 3,000원

③ 4,500원   ④ 5,000원

25

남자 5명, 여자 3명의 후보 중에서, 회장 한 명과 남녀 부회장을 각각 한 명씩 뽑는 경우의 수는?

① 90가지   ② 124가지

③ 220가지   ④ 336가지

26

흰 구슬 4개, 검은 구슬 6개가 들어 있는 주머니에서 연속으로 2개의 구슬을 꺼낼 때, 흰 구슬, 검은 구슬을 각각 1개씩 뽑을 확률은?(단, 꺼낸 구슬은 다시 넣지 않는다)

① $\dfrac{6}{25}$ ② $\dfrac{4}{15}$

③ $\dfrac{1}{2}$ ④ $\dfrac{8}{15}$

27

어느 고등학교의 2학년과 3학년 학생수의 합이 350명이다. 2학년이 아닌 학생수가 250명이고, 3학년이 아닌 학생수가 260명이다. 1학년 학생은 총 몇 명인가?

① 80명 ② 90명
③ 100명 ④ 110명

28

예식장(결혼식장) 사업 형태에 대한 자료이다. 자료에 대한 설명으로 옳지 않은 것은?

〈예식장 사업 형태〉

(단위 : 개, 백만 원, m²)

구 분	개인경영	회사법인	회사 이외의 법인	비법인 단체	계
사업체수	1,160	44	91	9	1,304
매 출	238,789	43,099	10,128	791	292,807
비 용	124,446	26,610	5,542	431	157,029
면 적	1,253,791	155,379	54,665	3,534	1,467,369

① 예식장 사업은 대부분 개인 경영형태로 이루어지고 있다.
② 사업체당 매출액이 평균적으로 제일 큰 것은 회사법인 예식장이다.
③ 예식장 사업은 매출액의 약 50% 정도가 수익이 되는 사업이다.
④ 수익률이 가장 높은 예식장 사업 형태는 회사법인 형태이다.

29 다섯 가지 커피에 대한 소비자 선호도 조사를 정리한 자료이다. 조사는 541명의 동일한 소비자를 대상으로 1차와 2차 구매를 통해 이루어졌다. 자료에 대한 설명으로 옳은 것은?

〈커피에 대한 소비자 선호도 조사〉

1차 구매	2차 구매					총 계
	A	B	C	D	E	
A	93	17	44	7	10	171
B	9	46	11	0	9	75
C	17	11	155	9	12	204
D	6	4	9	15	2	36
E	10	4	12	2	27	55
총 계	135	82	231	33	60	541

㉠ 대부분의 소비자들이 취향에 맞는 커피를 꾸준히 선택하고 있다.
㉡ 1차에서 A를 구매한 소비자가 2차 구매에서 C를 구입하는 경우가 그 반대의 경우보다 더 적다.
㉢ 전체적으로 C를 구입하는 소비자가 제일 많다.

① ㉠　　　　　　　　　　　② ㉢
③ ㉡, ㉢　　　　　　　　　④ ㉠, ㉢

30 다음에 대한 설명으로 옳지 않은 것은?

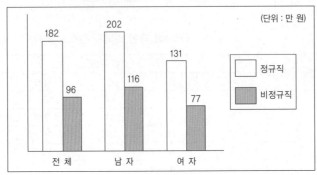

〈정규 · 비정규 노동자 임금 비교〉

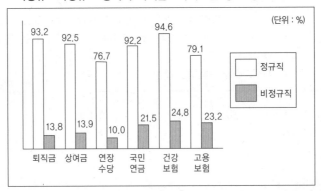

〈정규 · 비정규 노동자의 퇴직금 · 사회보험 등 적용률 비교〉

① 남자는 비정규직이 정규직 임금의 57.4%를 차지하고 있는 반면, 여자는 비정규직이 정규직 임금의 58.7%를 받고 있는 것으로 계산되므로 여자보다 남자의 임금격차가 더 큰 것으로 나타난다.

② 정규 · 비정규 노동자 사이의 퇴직금 · 사회보험 등의 적용률의 격차가 가장 큰 부문이 퇴직금이고, 가장 작은 부문이 고용보험이다.

③ 정규 노동자이건 비정규 노동자이건 가장 높은 적용률을 보이는 부문은 건강보험이고, 가장 낮은 적용률을 보이는 부문은 연장수당이다.

④ 앞으로 정규직 노동자와 비정규직 노동자 사이의 임금격차는 더 벌어질 것이다.

03 추리능력

정답 및 해설 p.038

※ 다음 공통된 규칙을 찾아 (   )에 들어갈 알맞은 답을 고르시오[1~30].

01

☑ 확인
Check!
○
△
✕

1   2   3   5   8   (   )   21

① 11   ② 12
③ 13   ④ 14

02

☑ 확인
Check!
○
△
✕

18   20   40   42   84   86   (   )

① 172   ② 182
③ 192   ④ 202

03

☑ 확인
Check!
○
△
✕

11   19   8   −14   (   )   16   −3   8   11

① 2   ② 8
③ 12   ④ 18

04

☑ 확인
Check!
○
△
✕

2   2   8   −1   3   4   2   3   10   2   4   (   )

① 10   ② 11
③ 12   ④ 13

05

☑ 확인
Check!
○
△
X

$$4 \quad 10 \quad 17 \quad 25 \quad 34 \quad 44 \quad 55 \quad (\quad)$$

① 66　　　　　　　　　② 67
③ 69　　　　　　　　　④ 70

06

☑ 확인
Check!
○
△
X

$$3 \quad 9 \quad 27 \quad 81 \quad 243 \quad (\quad)$$

① 712　　　　　　　　② 719
③ 729　　　　　　　　④ 735

07

☑ 확인
Check!
○
△
X

$$11 \quad 45 \quad 182 \quad 731 \quad 2,928 \quad (\quad)$$

① 11,727　　　　　　　② 10,757
③ 11,777　　　　　　　④ 11,717

08

☑ 확인
Check!
○
△
X

$$1 \quad -3 \quad 5 \quad -11 \quad 21 \quad -43 \quad 85 \quad (\quad)$$

① -169　　　　　　　　② -170
③ -171　　　　　　　　④ -172

09

☑ 확인
Check!
○
△
X

$$\frac{36}{2} \quad \frac{37}{4} \quad \frac{38}{8} \quad \frac{39}{16} \quad (\quad) \quad \frac{41}{64}$$

① $\dfrac{40}{32}$　　　　　　② $\dfrac{40}{36}$
③ $\dfrac{40}{48}$　　　　　　④ $\dfrac{40}{52}$

10

☑ 확인
Check!
○
△
✕

$$\frac{5}{3} \quad (\ ) \quad \frac{8}{48} \quad \frac{11}{192} \quad \frac{15}{768} \quad \frac{20}{3{,}072}$$

① $\dfrac{5}{6}$ 　　　　② $\dfrac{6}{12}$

③ $\dfrac{6}{24}$ 　　　　④ $\dfrac{7}{36}$

11

☑ 확인
Check!
○
△
✕

$$\frac{7}{11} \quad \frac{2}{22} \quad -\frac{3}{44} \quad -\frac{8}{77} \quad -\frac{13}{121} \quad (\ )$$

① $-\dfrac{13}{155}$ 　　　　② $-\dfrac{18}{166}$

③ $-\dfrac{18}{176}$ 　　　　④ $-\dfrac{13}{188}$

12

☑ 확인
Check!
○
△
✕

$$13 \quad 76 \quad 63 \quad\quad -80 \quad -110 \quad -30 \quad\quad -27 \quad (\ ) \quad 23$$

① -14 　　　　② -4

③ 4 　　　　④ 14

13

☑ 확인
Check!
○
△
✕

$$-1{,}750 \quad (\ ) \quad 2{,}400 \quad 2{,}950 \quad -5{,}900$$

① $-1{,}500$ 　　　　② $-1{,}350$

③ $-1{,}200$ 　　　　④ $-1{,}050$

14

☑ 확인
Check!
○
△
✕

$$2 \quad 5 \quad 3 \quad\quad 3 \quad 11 \quad 8 \quad\quad 8 \quad (\ ) \quad 6$$

① 34 　　　　② 24

③ 14 　　　　④ 4

15

$$1 \quad 2 \quad 3 \quad 4 \quad 9 \quad 6 \quad (\quad) \quad 8$$

☑ 확인 Check!
○
△
X

① 7 　　　　　　　　　② 17
③ 27 　　　　　　　　④ 37

16

$$1 \quad 1 \quad 0 \quad 1 \quad -1 \quad 2 \quad (\quad)$$

☑ 확인 Check!
○
△
X

① -1 　　　　　　　② -2
③ -3 　　　　　　　④ -4

17

$$-3 \quad 7 \quad 15 \quad (\quad) \quad 25 \quad 27$$

☑ 확인 Check!
○
△
X

① 20 　　　　　　　　② 21
③ 22 　　　　　　　　④ 23

18

$$-1 \quad 2 \quad -6 \quad 24 \quad (\quad)$$

☑ 확인 Check!
○
△
X

① -120 　　　　　　② -96
③ -48 　　　　　　④ -36

19

$$8,500 \quad 1,700 \quad 700 \quad 140 \quad -860 \quad (\quad)$$

☑ 확인 Check!
○
△
X

① -173 　　　　　　② -172
③ -171 　　　　　　④ -170

20

$$3 \quad 1 \quad 3 \quad 3 \quad 9 \quad 27 \quad (\quad)$$

① 243   ② 81

③ 54   ④ 45

21

$$B \quad ㄷ \quad E \quad ㅅ \quad (\quad)$$

① J   ② K

③ L   ④ M

22

$$9 \quad 14 \quad ㅇ \quad 13 \quad 7 \quad (\quad)$$

① ㅋ   ② ㅌ

③ ㅍ   ④ ㅎ

23

$$A \quad D \quad I \quad P \quad (\quad)$$

① Q   ② S

③ Y   ④ Z

24

$$A \quad A \quad B \quad C \quad E \quad H \quad M \quad (\quad)$$

① O   ② R

③ U   ④ W

25

ㄱ – A ㄴ 二 ( ) ㄷ 三 C

① 2   ② B
③ 4   ④ D

26

A ㄱ D ㄷ G ㅁ J ( )

① ㅂ   ② ㅅ
③ ㅇ   ④ ㅈ

27

F X O L X ( )

① F   ② A
③ M   ④ E

28

A ( ) C E E B

① Z   ② T
③ H   ④ D

29

ㅏ ㄷ ( ) ㅅ ㅡ ㅋ

① ㅗ   ② ㅂ
③ ㅜ   ④ ㅊ

30

C J ○ ○ M F 18 (   )

☑ 확인
Check!
○
△
✕

① 4　　　　　　　　　　② 22

③ 5　　　　　　　　　　④ 20

※ 다음 제시된 낱말의 대응 관계로 볼 때 빈칸에 들어가기에 알맞은 것을 고르시오[31~40].

31

가수 : 무대 = 기린 : (   )

☑ 확인
Check!
○
△
✕

① 초원　　　　　　　　② 풀

③ 목　　　　　　　　　④ 동물

32

냄새 : 땀 = (   ) : 밤샘

☑ 확인
Check!
○
△
✕

① 피로　　　　　　　　② 새벽

③ 수면실　　　　　　　④ 침대

33

지각 : 늦잠 = (   ) : 더위

☑ 확인
Check!
○
△
✕

① 오한　　　　　　　　② 땀

③ 두통　　　　　　　　④ 추위

34

긴장 : 이완 = (　　) : 거대

확인
Check!
○
△
X

① 거만　　　　　　　② 왜소
③ 비대　　　　　　　④ 해소

35

고집 : 집념 = (　　) : 가을

확인
Check!
○
△
X

① 겨울　　　　　　　② 낙엽
③ 계절　　　　　　　④ 추계

36

소화불량 : 과식 = (　　) : 폭우

확인
Check!
○
△
X

① 여름　　　　　　　② 홍수
③ 가뭄　　　　　　　④ 지진

37

두부 : 콩 = (　　) : 카카오

확인
Check!
○
△
X

① 사탕　　　　　　　② 가나
③ 초콜릿　　　　　　④ 열매

38

강냉이 : 옥수수 = 인연 : (　　)

확인
Check!
○
△
X

① 연분　　　　　　　② 여자
③ 남자　　　　　　　④ 학교

39

실직 : 취직 = 피상적 : (   )

① 피카소   ② 그림
③ 추상적   ④ 구체적

40

(   ) : 검색하다 = 물감 : 칠하다

① 신문   ② 도서관
③ 책   ④ 사전

04 사무지각능력

정답 및 해설 p.041

※ 다음 제시된 문자 또는 숫자를 비교하여 같으면 ①, 다르면 ②를 표시하시오[1~4].

01

양배추소고기볶음 [   ] 양배추소고기복음

☑ 확인
Check!
○
△
X

02

IXiiEAOXx [   ] IXiiEAOXx

☑ 확인
Check!
○
△
X

03

やづごしどなる [   ] やづごじどなる

☑ 확인
Check!
○
△
X

04

傑琉浴賦忍杜家 [   ] 傑瑜浴賦忍杜家

☑ 확인
Check!
○
△
X

05 다음 중 좌우를 비교했을 때 다른 것은 몇 개인가?

肛央商勝應翁盈 − 肛英商勝應翁盈

① 1개   ② 2개   ③ 3개   ④ 4개

06 다음 중 좌우를 비교했을 때 같은 것은 몇 개인가?

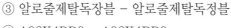

① 3개   ② 4개   ③ 5개   ④ 6개

※ 다음 중 좌우가 서로 다른 것을 고르시오[7~10].

07
① ナピパコアウヨバ − ナピパコアウヨパ
② ♣♣♥♧♣♣♡♣ − ♣♣♥♧♣♣♡♧
③ ⓞⓩⓦㄱⓥㅋㅊⓠ − ⓞⓩⓦㄱⓥㅋㅊⓠ
④ xii viiiii i v iv ix xi − xii viiiii i v iv ix xi

08
① ↗↕↔↑←⇈↘↘ − ↗↕↔↑←⇈↘↘
② てすおかきわんも − てすおかきわんも
③ 알로줄제탈독장블 − 알로줄제탈독정블
④ A98X4DD9 − A98X4DD9

09
☑ 확인
Check!
○
△
X

① 43453261 – 43453261
② 書徐恕緒矛記 – 書徐恕緒矛記
③ OQQRSOQO – OQQRSOQO
④ 앵행앵헹헹앵 – 앵행앵헹헹앵

10
☑ 확인
Check!
○
△
X

① 73893424 – 73892424
② 自家者歌嶇波 – 自家者歌嶇波
③ PBOCVUDG – PBOCVUDG
④ 뷸믈뵬몰블물 – 뷸믈뵬몰블물

※ 다음 중 앞의 문자열이 서로 다르면 ①, 뒤의 문자열이 서로 다르면 ②, 둘 다 같거나 다르면 ③을 표기하시오[11~15].

11
ㅞㅖㅒㅒㅐ—ㅜ – ㅞㅖㅒㅒㅐ—ㅜ   不白盤北膜黑子生 – 下白盤北膜黑子生

☑ 확인
Check!
○
△
X

①   ②   ③

12
◑○☎□◆☆??★ – ◑○☎□◆☆??★   漆今儉素成群壯大 – 漆今儉素成群壯大

☑ 확인
Check!
○
△
X

①   ②   ③

13
九佛絹本百旅逸岳 – 九佛絹本百旅逸岳   핑퐄풍풖퐁퐉픅 – 핑퐄풍풖퐁퐉픅

☑ 확인
Check!
○
△
X

①   ②   ③

14

☑ 확인
Check!
○
△
X

| 89487412 – 89497412 | ⅨⅧⅦⅤⅢⅠⅦⅨ – ⅨⅧⅦⅤⅢⅠⅦⅨ |

① ② ③

15

☑ 확인
Check!
○
△
X

| 맘몸임응믐음그 – 맘몸임응믐음그 | MSVAMWMY – MSVAMWMY |

① ② ③

※ 다음 제시된 문자와 같은 것의 개수를 구하시오[16~23].

16

☑ 확인
Check!
○
△
X

| r |

n	m	j	d	u	n	o	l	b	d	e	s
r	a	l	p	q	x	z	w	i	v	a	b
c	u	v	e	k	j	t	f	h	r	x	m
b	y	g	z	t	n	e	k	d	s	j	p

① 1개   ② 2개
③ 3개   ④ 4개

17

☑ 확인
Check!
○
△
X

| 정 |

정	챵	턍	켱	향	펑	턍	챵	팅	향	정	컹
컹	펑	향	펑	켱	챵	켱	펑	턍	켱	펑	팅
챵	펑	정	켱	턍	향	정	켱	챵	향	턍	펑
펑	정	향	챵	켱	펑	턍	향	켱	펑	챵	정

① 2개   ② 3개
③ 5개   ④ 6개

18

③

☑ 확인
Check!
○
△
✕

⑤	⑥	⑨	⑦	⑤	⑧	④	⑥	⑤	⑦	③	⑧
⑧	⑤	②	④	⑦	⑥	①	⑨	④	①	②	⑥
⑦	②	③	⑨	⑧	⑦	⑤	⑧	②	⑦	⑧	④
⑨	④	⑤	⑦	⑥	③	⑨	⑦	①	③	⑥	⑤

① 1개 ② 2개
③ 3개 ④ 4개

19

YOL

☑ 확인
Check!
○
△
✕

YIA	YHI	YOL	YGG	YKL	YIOL	YGG	YCO	YHI	YIOL	YGG	YHI
YGG	YIOL	YCO	YHI	YHI	YGG	YOL	YIA	YOL	YCO	YIA	YKL
YIOL	YHI	YGG	YKL	YIA	YIOL	YGG	YKL	YHI	YHI	YIOL	YCO
YIA	YKL	YIOL	YHI	YCO	YKL	YIA	YIOL	YGG	YIA	YKL	YGG

① 2개 ② 3개
③ 5개 ④ 6개

20

↓

☑ 확인
Check!
○
△
✕

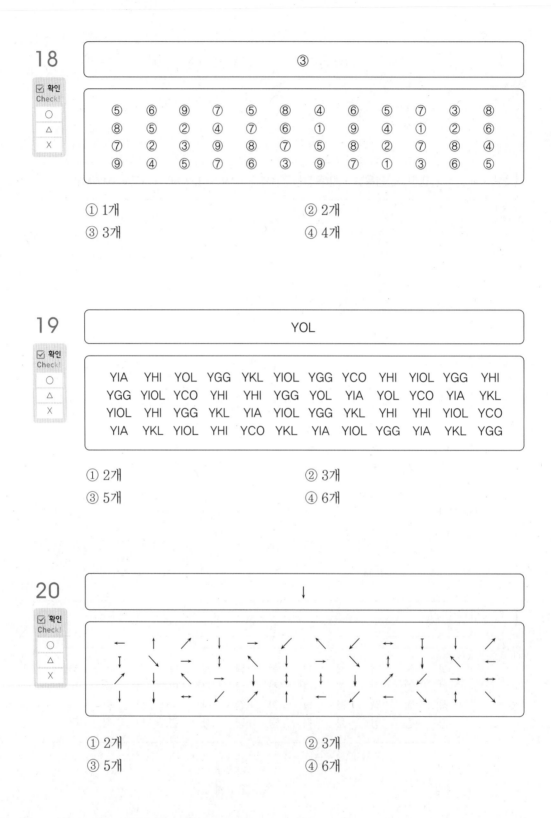

① 2개 ② 3개
③ 5개 ④ 6개

21

| 9543 |

9201	9402	9361	9672	9043	9543	9848	9904	9201	9361	9672	9543
9361	9672	9043	9904	9672	9848	9402	9043	9904	9043	9201	9672
9672	9543	9672	9402	9543	9201	9904	9361	9848	9402	9543	9361
9201	9043	9361	9543	9361	9043	9402	9543	9201	9672	9043	9201

① 2개 ② 3개
③ 5개 ④ 7개

22

| vii |

vii	Ⅲ	ii	Ⅸ	vii	ix	iv	Ⅶ	v	xii	Ⅺ	i
iv	v	Ⅵ	iii	xi	x	v	ii	vii	xi	iii	Ⅻ
Ⅲ	vii	xi	xii	iv	Ⅵ	Ⅵ	Ⅻ	ix	Ⅵ	v	vii
ii	Ⅻ	Ⅺ	Ⅶ	v	iii	vii	Ⅸ	i	Ⅸ	iv	xii

① 2개 ② 3개
③ 5개 ④ 6개

23

| ⊙ |

① 2개 ② 3개
③ 5개 ④ 6개

※ 다음 표에 제시되지 않은 문자를 고르시오[24~27].

24

UI	GN	WG	LA	GM	WI	CA	GU	LQ	MB	AL	ZJ
OK	RP	AI	NF	KW	VS	FI	EQ	FL	WJ	CA	QW
KW	CA	WJ	MB	QW	WG	CA	WI	RP	FI	FL	EQ
GN	ZJ	AI	GM	UI	OK	LQ	LA	VS	GU	NF	AL

① UI   ② FI
③ AK   ④ WG

25

한	홋	간	캄	죽	져	밴	맹	앉	예	람	푼
팽	러	탄	얌	규	먀	계	댜	훼	죽	창	튠
홋	죽	앉	람	계	러	얌	훼	튠	댜	간	규
팽	밴	캄	탄	먀	맹	빈	한	창	져	예	푼

① 캄   ② 규
③ 뱀   ④ 앉

26

보리	보유	보강	보초	보증	보고	보배	보건	보충	보기	보라	보부
보람	보드	보조	보편	보행	보풀	보훈	보험	보관	보두	보물	보루
보강	보고	보건	보부	보두	보험	보편	보루	보드	보리	보증	보기
보배	보물	보조	보관	보유	보라	보훈	보람	보초	보행	보충	보풀

① 보래   ② 보행
③ 보건   ④ 보기

27

☑ 확인
Check!
○
△
×

ㅂ	ㅒ	O	J	ㅉ	K	ㅙ	L	r	ㄲ	W	d
ㅣ	ㅑ	ㄴ	m	ㄹ	p	ㅕ	ㅐ	x	ㅌ	J	ㅋ
Q	ㅐ	ㄹ	ㅒ	r	ㅁ	ㅉ	ㅑ	ㅙ	m	ㄴ	d
J	ㅣ	K	ㅂ	v	O	W	x	L	ㅕ	p	ㄲ

① ㅉ   ② L

③ x   ④ n

28 다음 제시된 좌우의 문자를 비교하여, 같은 문자의 개수를 구하면?

☑ 확인
Check!
○
△
×

죄테나챠배더처 – 죄테냐차배다쳐

① 1개   ② 2개

③ 3개   ④ 4개

29 다음 제시된 좌우의 문자를 비교하여, 다른 문자의 개수를 구하면?

☑ 확인
Check!
○
△
×

3185716291 – 3186716201

① 0개   ② 1개

③ 2개   ④ 3개

30 다음 제시된 좌우의 문자를 비교하여, 같은 문자의 개수를 구하면?

☑ 확인
Check!
○
△
×

CVNUTQERL – CBNUKQERL

① 4개   ② 5개

③ 6개   ④ 7개

31 다음 중 제시된 문자의 배열에서 찾을 수 없는 것을 고르면?

☑ 확인
Check!
○
△
X

GVnVkOEbLUArTQyu

① b
② s
③ n
④ r

※ 다음 제시된 문자와 같은 것을 고르시오[32~34].

32

폴크루그먼노벨경제학상

☑ 확인
Check!
○
△
X

① 폴크루그만노벨경제학상
② 폴그루그먼노벨경제학상
③ 폴크루그먼노밸경제학상
④ 폴크루그먼노벨경제학상

33

QPEZ베에〈〉dosBMcba

☑ 확인
Check!
○
△
X

① QPEZ베에◇dosBMcba
② QPEZ베에◇dasBMcba
③ QPEZ베에◇bosBMcba
④ QPBZ베에◇dosBMcba

34

DPQLXPUZJWIDXUXMi

① DPQLXPUZIWIDXUXMi
② DPQLXPUZJWIDXUXMi
③ DPQLXPUZJWIDXUYMi
④ DPOLXPUZJWIDXUXMi

※ 다음 보기들 중 회전하였을 때 일치하는 것을 고르시오[35~40].

35

①
②
③
④

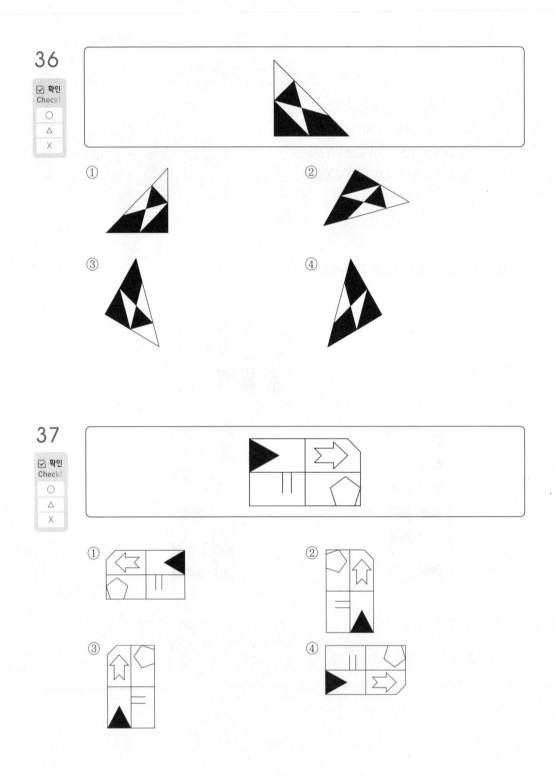

38

①

②

③

④

39

①

②

③

④

40

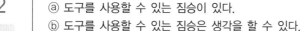

05 분석판단능력

정답 및 해설 p.045

※ 다음 ⓐ, ⓑ의 명제를 보고 ⓒ의 참, 거짓, 알 수 없음을 판단하시오[1~6].

01

> ⓐ 나무에 물을 주지 않으면 나무가 마를 것이다.
> ⓑ 나무는 마르지 않았다.
> ⓒ 나무에 물을 주었다.

① 참   ② 거짓   ③ 알 수 없음

02

> ⓐ 도구를 사용할 수 있는 짐승이 있다.
> ⓑ 도구를 사용할 수 있는 짐승은 생각을 할 수 있다.
> ⓒ 생각을 할 수 있는 짐승은 도구를 사용하지 못할 수도 있다.

① 참   ② 거짓   ③ 알 수 없음

03

> ⓐ 민수는 정현보다 나이가 많다.
> ⓑ 철수는 정현보다 나이가 많다.
> ⓒ 민수와 철수는 동갑이다.

① 참   ② 거짓   ③ 알 수 없음

04

> ⓐ 커피는 콜라보다 비싸다.
> ⓑ 주스는 콜라보다 비싸다.
> ⓒ 주스는 커피보다 비싸다.

① 참   ② 거짓   ③ 알 수 없음

05

☑ 확인
Check!
○
△
X

ⓐ 진수는 그림을 그리고 있다.
ⓑ 모든 화가는 앞치마를 두르고 있다.
ⓒ 진수는 앞치마를 두르고 있다.

① 참　　　　　　② 거짓　　　　　　③ 알 수 없음

06

☑ 확인
Check!
○
△
X

ⓐ 포유류는 동물이다.
ⓑ 인간은 포유류다.
ⓒ 인간은 동물이다.

① 참　　　　　　② 거짓　　　　　　③ 알 수 없음

07「학생은 착하다」라는 명제가 참일 때 다음 중 옳은 것은?

☑ 확인
Check!
○
△
X.

㉠ 착하면 학생이다.
㉡ 학생이 아니면, 착하지 않다.
㉢ 착하지 않으면 학생이 아니다.

① ㉠　　　　　　　　　　　② ㉡
③ ㉢　　　　　　　　　　　④ ㉠, ㉢

08「선생님은 친절하다」라는 명제가 참일 때 다음 중 옳은 것은?

☑ 확인
Check!
○
△
X

㉠ 친절하면 선생님이다.
㉡ 친절하지 않으면 선생님이 아니다.
㉢ 선생님이 아니면 친절하지 않다.

① ㉠　　　　　　　　　　　② ㉡
③ ㉢　　　　　　　　　　　④ ㉡, ㉢

09 「회사는 일하는 곳이다」라는 명제가 참일 때 다음 중 옳은 것은?

확인
Check!
○
△
✕

ㄱ 일하는 곳이 아니면 회사가 아니다.
ㄴ 일하는 곳은 회사이다.
ㄷ 회사가 아니면 일하는 곳이 아니다.

① ㄱ   ② ㄴ
③ ㄷ   ④ ㄱ, ㄷ

10 「꽃은 예쁘다」라는 명제가 참일 때 다음 중 옳은 것은?

확인
Check!
○
△
✕

ㄱ 예쁘면 꽃이다.
ㄴ 꽃이 아니면 예쁘지 않다.
ㄷ 예쁘지 않으면 꽃이 아니다.

① ㄱ   ② ㄴ
③ ㄷ   ④ 없음

※ 마지막 명제가 참일 때, 다음 빈칸에 들어갈 명제로 가장 적절한 것을 고르시오[11~15].

11

확인
Check!
○
△
✕

• 경찰에 잡히지 않으면 도둑질을 하지 않은 것이다.
• _____
• 감옥에 안 가면 도둑질을 하지 않은 것이다.

① 도둑질을 하면 감옥에 간다.   ② 감옥에 가면 도둑질을 한다.
③ 도둑질을 하면 경찰에 잡힌다.   ④ 경찰에 잡히면 감옥에 간다.

12

- 너무 많이 먹으면 살이 찐다.
- _____
- 둔하지 않다면 너무 많이 먹지 않은 것이다.

① 둔하다면 적게 먹은 것이다.　　　② 너무 많이 먹으면 둔해진다.
③ 살이 찌면 둔해진다.　　　　　　　④ 살이 찌면 많이 먹는다.

13

- 도로가 얼면 사고가 잘 난다.
- _____
- 사고가 잘 나지 않으면 도로 정비가 되어 있는 것이다.

① 사고가 나면 도로 정비가 안 되어 있는 것이다.
② 도로가 얼면 도로 정비가 되어 있는 것이다.
③ 사고가 잘 나지 않으면 도로가 얼지 않은 것이다.
④ 도로 정비가 안 되어 있으면 도로가 언다.

14

☑ 확인
Check!
○
△
X

- 오존층이 파괴되지 않으면 프레온 가스가 나오지 않는다.
- _____
- 지구 온난화가 진행되지 않으면 오존층이 파괴되지 않는다.
- 지구 온난화가 진행되지 않았다는 것은 에어컨을 쓰지 않은 것이다.

① 에어컨을 쓰지 않으면 프레온 가스가 나오지 않는다.
② 프레온 가스가 나온다고 해도 오존층은 파괴되지 않는다.
③ 오존층 파괴되면 지구 온난화가 진행된다.
④ 에어컨을 쓰면 프레온 가스가 나온다.

15

> • 아는 것이 적으면 인생에 나쁜 영향이 생긴다.
> • _____
> • 지식을 함양하지 않으면 아는 것이 적다.
> • 공부를 열심히 하지 않으면 인생에 나쁜 영향이 생긴다.

① 공부를 열심히 한다고 해서 지식이 생기지는 않는다.
② 지식을 함양했다는 것은 공부를 열심히 했다는 뜻이다.
③ 아는 것이 많으면 인생에 나쁜 영향이 생긴다.
④ 아는 것이 많으면 지식이 많다는 뜻이다.

16 다음 조건이 모두 성립할 때 반드시 참인 것은?

> • A종 공룡은 모두 가장 큰 B종 공룡보다 크다.
> • 일부의 C종 공룡은 가장 큰 B종 공룡보다 작다.
> • B종 공룡은 모두 가장 큰 D종 공룡보다 크다.

① 가장 작은 A종 공룡만한 D종 공룡이 있다.
② 가장 작은 C종 공룡만한 D종 공룡이 있다.
③ B종 공룡은 일부 D종 공룡보다 작다.
④ 어떤 C종 공룡은 가장 큰 A종 공룡보다 작다.

17 무게가 서로 다른 ⓐ~ⓕ의 6개 돌이 다음과 같은 조건을 가질 때 추론할 수 없는 것은?

> • ⓑ는 ⓐ보다 무겁고, ⓕ보다 무겁다.
> • ⓒ는 ⓑ보다 무겁고, ⓓ보다 가볍다.
> • ⓔ는 ⓒ보다 가볍다.

① ⓐ는 ⓕ보다 무겁다.　　　② ⓒ는 두 번째로 무겁다.
③ ⓔ는 ⓓ보다 가볍다.　　　④ ⓓ는 ⓐ보다 무겁다.

18 다음 조건을 보고 유추할 수 있는 것은?

- A가 B에게 이겼다.
- B가 C에게 졌다.
- A가 C에게 졌다.

① C 〉 B 〉 A
② B 〉 C 〉 A
③ C 〉 A 〉 B
④ A 〉 B 〉 C

19 다음 중 논리적 오류가 없는 것은?

① 눈이 많이 오면 길이 미끄럽다. 길이 미끄럽다. 그러므로 눈이 많이 왔다.
② 대한여대 학생들은 모두 여성이다. 대한여대 학생들은 모두 연예인에 관심이 많다. 그러므로 모든 여성은 연예인에 관심이 많다.
③ 민수는 대학생이거나 대학원생 둘 중의 하나이다. 그런데 민수는 대학생이 아니다. 그러므로 민수는 대학원생이다.
④ 어느 동물도 식물이 아니다. 어느 강아지도 식물이 아니다. 그러므로 어느 강아지도 동물이 아니다.

※ 다음 제시된 문장과 같은 오류를 범하고 있는 것을 고르시오[20~21].

20

그는 못된 사람이니 사형을 당해야 해. 사형을 당하는 걸 보면 못된 사람이야.

① 그의 말은 옳다. 왜냐하면 그가 지은 책에 그렇다고 적혀있기 때문이다.
② 병든 노모와 처자식을 부양하려면 어쩔 수 없었습니다.
③ 나를 싫어한다 말하지 않으니 나를 좋아하는 것이다.
④ 영어를 못하는 것을 보니 국어도 못할 것이다.

21

살생을 하면 안 되기 때문에 육식을 해서는 안 된다.

① 민수는 어제 시계를 샀다. 민수는 사치가 심한 게 틀림없다.
② 거짓말을 하면 안 되므로 모르는 사람이 연락처를 물어오면 정직하게 말해야 한다.
③ 서울대학교를 나온 사람이기 때문에 맞을 것이다.
④ 많은 사람이 신고 있는 것을 보니 이 신발은 좋은 게 분명하다.

※ 다음 제시된 문장이 범하고 있는 오류를 고르시오[22~23].

22

이 소설은 문학적 가치가 매우 높다. 왜냐하면 고등학교 물리 선생님이 추천했기 때문이다.

① 부적합한 권위에 호소하는 오류　② 사적 관계에 호소하는 오류
③ 잘못된 유추의 오류　④ 흑백 논리의 오류

23

옆집 할아버지는 살인범이다. 왜냐하면 전쟁 참전 당시 적군 전투기를 격추시켰기 때문이다.

① 피장파장의 오류　② 의도 확대의 오류
③ 원칙 혼동의 오류　④ 원천봉쇄의 오류

24 다음 명제를 보고 추론할 수 있는 것은?

> • 원숭이는 기린보다 키가 크다.
> • 기린은 하마보다 몸무게가 더 나간다.
> • 원숭이는 기린보다 몸무게가 더 나간다.

① 원숭이는 하마보다 키가 크다.
② 원숭이는 하마보다 몸무게가 더 나간다.
③ 기린은 하마보다 키가 크다.
④ 하마는 기린보다 몸무게가 더 나간다.

25 대학생의 취미생활에 대한 선호도를 조사한 결과 다음과 같은 결과가 나왔다. 결과를 바탕으로 올바르게 추론한 것은?

> • 등산을 좋아하는 사람은 스케이팅을 싫어한다.
> • 영화 관람을 좋아하지 않는 사람은 독서를 좋아한다.
> • 영화 관람을 좋아하지 않는 사람은 조깅 또한 좋아하지 않는다.
> • 낮잠 자기를 좋아하는 사람은 스케이팅을 좋아한다.
> • 스케이팅을 좋아하는 사람은 독서를 좋아한다.

① 영화 관람을 좋아하는 사람은 스케이팅을 좋아한다.
② 스케이팅을 좋아하는 사람은 낮잠 자기를 싫어한다.
③ 조깅을 좋아하는 사람은 독서를 좋아한다.
④ 낮잠 자기를 좋아하는 사람은 독서를 좋아한다.

26 다음의 결과를 바탕으로 올바르게 추론한 것을 고르면?

> • 설현, 보민, 석정이 서로의 가방을 들어주기로 했다.
> • 아무도 자기 가방을 든 사람은 없다.
> • 설현은 보민의 가방을 들지 않았다.
> • 석정은 설현의 가방을 들지 않았다.

① 보민은 석정의 가방을 들었다.

② 석정은 보민의 가방을 들었다.

③ 설현은 석정의 가방을 들지 않았다.

④ 보민은 설현의 가방을 들지 않았다.

27 다음의 결과를 바탕으로 올바르게 추론한 것을 고르면?

> • 민정이는 일주일에 세 번 아르바이트를 한다.
> • 민정이는 월요일과 일요일에는 아르바이트를 하지 않는다.
> • 이틀 연속 아르바이트를 하는 날은 없다.

① 화요일은 민정이가 아르바이트를 하는 날이다.

② 수요일은 민정이가 아르바이트를 하는 날이다.

③ 목요일은 민정이가 아르바이트를 하지 않는 날이다.

④ 토요일은 민정이가 아르바이트를 하지 않는 날이다.

28 네 명이 100개의 보물을 찾는 게임을 하고 있다. 현재까지 A, B, C, D가 각각 28개, 21개, 9개, 12개를 찾았다. 어떤 경우에도 A가 가장 많은 보물을 찾은 사람이 되기 위해 A가 더 찾아야 할 보물의 최소 개수는?

① 4개   ② 8개

③ 10개   ④ 12개

29 다음 진술이 모두 참이라고 할 때 항상 참이라고 볼 수 없는 것은?

- 시험기간이 되면 민환이는 도서관에 간다.
- 시험기간이 아니면 경화는 커피를 마시지 않는다.
- 경화가 커피를 마시든지 규민이가 수정과를 마신다.
- 민환이는 도서관에 가고 규민이는 수정과를 마신다.

① 경화가 커피를 마시면 민환이는 도서관에 간다.
② 시험기간이다.
③ 경화가 커피를 마시면 시험기간이다.
④ 시험기간이거나 경화가 커피를 마시지 않는다.

30 여섯 가지 색상의 유리구슬 18개를 3개씩 6개의 봉지에 담았다. 각 봉지에는 같은 색깔의 구슬은 없다. 다음 중 옳은 것은?

(가) 적, 흑, 청의 합계는 백, 황, 녹의 합계와 같다.
(나) 황색의 수는 흑색의 3배이다.
(다) 백색은 녹색보다 많고, 녹색은 흑색보다 많다.
(라) 적색은 백색과 녹색의 합계와 같다.

① 적색 유리구슬의 개수는 5개이다.
② 황색 유리구슬의 개수는 2개이다.
③ 녹색 유리구슬의 개수는 4개이다.
④ 흑색 유리구슬의 개수는 1개이다.

06 상황판단능력

※ 상황판단능력은 기업의 인재상 및 내부 기준에 따라 평가하는 문항으로, 별도의 정답과 해설을 제공하지 않으니 참고하시기 바랍니다.

01 부부싸움으로 배우자와 사이가 좋지 않은 A 사원은 오늘 갑자기 팀 친목 도모를 위한 1박 2일 등산 계획이 잡힌 사실을 알게 되었다. 당신이 A 사원이라면 어떻게 하겠는가?

① 업무의 연장이라 생각하며 등산에 참여한다.
② 상관에게 가정사를 얘기하며 등산에 빠지겠다고 말한다.
③ 배우자에게 등산 사실을 알리고 등산에 참여한다.
④ 가정사 이야기는 하지 않고 등산에 불참하겠다고 팀원들에게 알린다.

02 사원 A와 B는 함께 회사의 중요한 TF팀에서 일정 기간 일하게 되었다. 사원 A와 B는 비슷한 업무 분량을 각각 담당하고 있는데, 사원 A가 볼 때 사원 B로 인해 업무 진행 속도가 떨어지는 것 같다. 당신이 A 사원이라면 어떻게 하겠는가?

① 회사 차원의 중요한 업무인 만큼 B 사원 업무까지 한다.
② TF팀장에게 본인이 느낀 바를 솔직하게 말한다.
③ 공개적인 자리에서 B 사원의 업무태도를 지적한다.
④ 업무 분담을 한 만큼 본인 업무에만 집중한다.

03 A 사원은 같은 부서에 속한 B 대리에게 호감을 갖게 되었다. 우연히 A 사원은 B 대리와 사적인 자리를 갖게 되었고, 둘은 서로에게 호감이 있음을 확인할 수 있었다. 그러나 상사인 C 과장은 사내 연애를 금지하지 않는 회사 수칙과 달리 자신이 속한 부서 내에서는 절대 연애하지 말라는 원칙을 고수하는 사람이다. 이런 상황에서 당신이 B 대리라면 어떻게 하겠는가?

① A 사원과 뒤도 안 돌아보고 헤어진다.
② 회사 수칙에 어긋난다는 점을 들어 C 과장을 인사과에 고발한다.
③ A 사원과 몰래 사귄다.
④ A 사원과 함께 C 과장을 찾아가 논리적으로 설득한다.

04   상반기 공채로 입사한 A 사원은 B 부서에 배치받았다. 현재 B 부서원들은 작년 하반기부터 진행해 온 프로젝트로 매우 바빠 사원 A는 아직 주 업무가 확정되지 않은 상태로 출근만 하고 있는 상황이다. 당신이 A 사원이라면 어떻게 하겠는가?

① 부서장에게 본인이 할 업무에 대해 지시해줄 것을 요구한다.
② 눈치껏 다른 부서원들의 업무를 도와주며 업무지시를 기다린다.
③ 본인에게 신경을 쓰지 않는 부서로 판단하고 타 부서 전출을 요구한다.
④ 본인을 찾을 때까지 그냥 대기한다.

05   A 사원은 부서장의 지시로 지방 장거리 출장을 다녀와야 한다. 그런데 친한 동료사원 B가 본인 고향이라 오랜만에 고향을 내려가고 싶다며 출장을 본인이 대신 가면 안 되겠냐고 부탁한다. 당신이 A 사원이라면 어떻게 하겠는가?

① B 사원에게 공사 구분을 확실히 하라고 충고한다.
② 부서장에게 B 사원의 의견임을 밝히고 출장 변경을 요청한다.
③ 부서장에게 B 사원에 관한 이야기는 하지 않고 다른 핑계를 대고 출장자 변경을 요청한다.
④ 부서장에게 사원 B와 함께 가서 출장자 변경을 요청한다.

06   A 사원은 야외 활동보다는 실내에서 책을 읽거나 영화를 보는 등의 여가 생활을 선호하는 이다. A 사원이 속한 부서의 R 팀장은 등산이나 운동을 즐기는 편으로 A 사원과 정반대의 취미를 가지고 있다. 그런데 R 팀장은 부서 내 사원들 간의 친목을 도모하고 건강관리도 할 겸 사원들에게 한 달에 한 번씩 등산할 것을 강요하고 있다. 이런 상황에서 당신이 A 사원이라면 어떻게 하겠는가?

① 몸이 약한 척을 해서 등산 모임에서 빠져나온다.
② 비슷한 생각을 지닌 동료들과 함께 R 부장을 인사과에 신고한다.
③ 긍정적인 생각을 가지고 이왕 하는 김에 등산을 즐기기로 한다.
④ 업무 외의 요구에 대해서는 들어줄 수 없다며 R 부장에게 딱 잘라 말한다.

07 A 사원은 지난 업무에서 괄목할 만한 성과를 거두어 많은 칭찬과 인정을 받았다. 그러나 정작 이번 진급에서는 선배인 B 사원이 승진을 하게 되었다. 당신이 A 사원이라면 어떻게 하겠는가?

① 자신의 불만을 인사과에 토로한다.
② 자신의 감정을 소속된 부서에 솔직하게 말한다.
③ B 사원을 축하하고 다음 기회를 기약한다.
④ 다음 업무에서는 자신의 공을 더욱 드러낼 것을 결심한다.

08 A 팀은 오늘 중요한 발표가 있는데 발표 담당 사원이 결근했다. 발표 담당 사원 외에는 완벽한 발표를 진행하기 어려운 상황이다. 당신이 A 팀에 속한 B 팀장이라면 어떻게 할 것인가?

① 상사에게 오늘 발표가 불가능함을 알리고 다른 날로 연기할 수 있는지 확인한다.
② 완벽하진 않더라도 발표 담당 사원 대신 본인이 발표를 진행한다.
③ 완벽하진 않더라도 발표 담당 사원 대신 다른 팀원에게 발표를 진행하도록 지시한다.
④ 완벽하진 않더라도 발표 담당 사원을 대신할 팀 내 자원자를 모집한다.

09 대리 A는 업무를 처리하고 중요한 거래도 성사시킬 겸 지방으로 출장을 왔다. 대리 A의 출장 기간은 오늘이 마지막이며, 바이어와의 중요한 거래를 남겨두고 있는 상황이다. 그러나 기존에 만나기로 약속했던 바이어가 갑작스러운 일이 생겨서 만나지 못할 것 같다며 약속을 다음으로 연기하려고 한다. 당신이 대리 A라면 어떻게 하겠는가?

① 일단 회사에 복귀한 후 다른 방법으로 업무를 진행해야겠다고 생각한다.
② 바이어를 찾아가서라도 무조건 오늘 거래를 성사시키도록 한다.
③ 상사에게 상황의 불합리성을 설명하고 다시는 이 바이어와 거래하지 않도록 한다.
④ 어쩔 수 없으니 기다렸다가 바이어를 만나서 일을 처리해야겠다고 생각한다.

10   A 사원은 팀 회의에서 종종 좋은 아이디어를 내곤 한다. 그러나 상사인 B 과장의 고지
       식함으로 인해 아이디어가 번번이 거부된다. 당신이 A 사원이라면 어떻게 하겠는가?

① B 과장을 찾아가 열린 마음으로 자신의 아이디어를 재고해 줄 것을 부탁한다.
② 소속한 팀의 다른 동료 및 선배들에게 열린 분위기 조성을 부탁한다.
③ B 과장에 대한 좋지 않은 여론을 형성한다.
④ 자신의 아이디어를 보다 일목요연하게 정리하며 회의를 준비한다.

11   A 회사에서는 예년과 달리 아이디어 공모전을 개최하고, 공모전에서 당선된 사원에게
       는 승진에 있어 가산점을 부여하기로 했다. A 회사의 B 사원은 좋은 아이디어가 있지
       만 C 과장을 우선시하는 부서 내 분위기로 인해 공모전에 참여할지 여부를 고민 중이
       다. 당신이 B 사원이라면 어떻게 할 것인가?

① C 과장에게 자신의 아이디어를 제공하여 C 과장이 승진할 수 있도록 돕는다.
② 흔치 않은 기회이므로 자신의 아이디어를 자신의 이름으로 제출한다.
③ C 과장에게 다른 아이디어를 제공하고 자신의 이름으로 가장 좋은 아이디어
    를 제출한다.
④ C 과장에게 아이디어를 제공하되 자신의 아이디어라는 소문을 낸다.

12   A 사원은 같은 부서에 근무하는 G 사원과 유독 불편한 사이이다. G 사원과 개인적으
       로 감정이 있거나 다툼이 있던 것도 아니지만, 부서에서 업무를 진행할 때마다 계속해
       서 의견이 대립하고 있기 때문이다. 이런 상황에서 당신이 A 사원이라면 어떻게 할 것
       인가?

① G 사원이 다른 의견을 내면 논리의 허점을 공격하여 자신의 의견을 관철하도
    록 한다.
② 상호협력이 중요하므로 G 사원과 친목 도모의 시간을 갖도록 한다.
③ 상사가 선호하는 의견을 주장하여 자신의 의견을 개진할 수 있도록 한다.
④ 다른 사원들이 자신의 의견에 동의할 수 있도록 설득한다.

13 A 사원은 부서에서 오랫동안 준비해왔던 프로젝트의 발표를 맡게 되었다. 그런데 발표를 앞둔 바로 전날, 컴퓨터 고장으로 인해 준비한 프레젠테이션 파일이 사라졌다. 다른 자료를 사용하여 발표를 진행할 수 있겠지만 준비했던 프레젠테이션 파일을 사용하는 것에 비해 많이 엉성할 것이다. 당신이 A 사원이라면 어떻게 하겠는가?

① 밤을 새워서라도 프레젠테이션 파일을 다시 만들어 발표하고 만다.
② 발표를 연기한 뒤에 다시 발표 준비를 시작한다.
③ 그동안 발표를 자주 해본 선배에게 도움을 요청하여 대신 발표하도록 한다.
④ 시간이 없으니 남아있는 자료로 발표를 진행한다.

14 A 사원은 G 팀에 속해있다. 그러나 G 팀의 팀원들은 왠지 모르게 A 사원을 따돌리는 느낌이다. 이런 상황에서 당신이 A 사원이라면 어떻게 하겠는가?

① 경찰에 신고하여 분노를 정의롭게 풀도록 한다.
② 팀장에게 친목 도모의 시간을 건의하여 팀원들과 인간적으로 친해지려고 노력한다.
③ 부당한 팀 분위기에 대해 팀장에게 보고하고 조언을 구한다.
④ 익명으로 회사 게시판에 글을 올려 억울한 기분을 표현한다.

15 A 사원은 해외 지사로의 진출 제안을 받았다. 좋은 제안이지만 A 사원은 자신의 외국어 회화 실력이 부족하다 생각하여 수락 여부를 고민 중이다. 당신이 A 사원이라면 어떻게 하겠는가?

① 일단 제안을 수락한 후 외국어 회화 실력을 향상할 수 있는 방법을 모색한다.
② 아쉽지만 제안을 거절하고 다음 기회를 기다린다.
③ 학창시절 어학연수에 갈 수 없었던 가정 형편을 원망한다.
④ 제안을 수락하고 해외 지사 내에 자신을 도와줄 동료를 미리 알아본다.

16 평소에 A 대리는 남들의 부탁을 거절하지 못하는 편이다. 이 때문에 A 대리는 종종 다른 사원들의 부탁에 따라 업무를 대신 처리해주거나 야근을 해주곤 했다. 그러나 이런 상황이 반복되자 A 대리는 아내인 B 씨와 말다툼을 하기에 이르렀다. 이런 상황에서 또 다른 동료 C 대리가 A 대리에게 자기 대신 업무를 처리해 달라고 부탁하고 있는 상황이다. 당신이 A라면 어떻게 할 것인가?

① 아내인 B에게 받은 스트레스를 C 대리에게 푼다.
② C 대리에게 더 이상은 대신 업무를 처리해 줄 수 없다고 딱 잘라 말한다.
③ C 대리에게 오늘은 곤란하다고 양해를 구한다.
④ C 대리에게 아내인 B와 전화 통화를 하게 한다.

17 A 사원은 오늘 야근을 해야 주어진 업무를 모두 마칠 수 있다. 이 상황에서 만약 상사가 회식을 가자고 제안한다면 어떻게 해야 할까?

① 상사의 제안이니 회식에 간다.
② 업무가 있다고 말하고 회식 자리에 참석하지 않는다.
③ 동료에게 업무를 처리해 줄 것을 부탁하고 회식에 참석한다.
④ 회식에 참석하되 회식 이후 밤을 새워 업무를 수행한다.

18 사원 A의 팀장인 T는 항상 하나의 업무가 끝나기도 전에 새로운 업무를 또다시 벌이곤 한다. 그러나 자발적인 야근을 일삼으며 업무를 수행하는 팀원들과 달리 팀장 T는 항상 퇴근시간이 되면 바로 퇴근을 해버린다. 이런 상황에서 당신이 사원 A라면 어떻게 할 것인가?

① T 팀장을 따라 정시에 퇴근하도록 한다.
② 다른 사원들과 T 팀장에 관해 이야기하면서 스트레스를 풀도록 한다.
③ T 팀장에게 퇴근을 빨리해야 하는 개인적인 사정이 있겠거니 하며 그냥 넘어간다.
④ T 팀장에게 개인적으로 찾아가 팀의 사기를 높이기 위해서 가끔은 야근을 하는 것도 좋겠다고 조심스레 건의해본다.

19   A 팀은 오늘 오랫동안 준비해 온 중요한 발표를 앞두고 있다. 그러나 발표 담당 사원인 B가 개인적인 사정으로 결근한 상황이다. 그동안 A 팀은 각자의 역할을 나눠서 발표를 준비해왔기 때문에 발표 담당 사원인 B 외에는 완벽한 발표를 진행하기 어려운 상황이다. 만약 당신이 발표를 진행해야 하는 A 팀의 팀장이라면 어떻게 할 것인가?

① 완벽하진 않더라도 발표 담당 사원 대신 다른 팀원에게 발표를 진행하도록 지시한다.

② 상사에게 사정을 설명하고 발표를 다른 날로 연기할 수 있는지 확인한다.

③ 발표를 연기할 수는 없으므로 발표 담당 사원 대신 본인이 발표를 진행한다.

④ 상사에게 오늘 발표가 불가능하며 이는 전적으로 발표 담당 사원의 탓임을 알린다.

20   오늘은 A 사원의 부인인 B씨의 출산 예정일이다. 그런데 오늘 회장의 부친상이 겹친다면, A 사원은 어떻게 해야 하는가?

① 가장의 역할을 수행하는 것이 가장 중요하므로 부인의 곁을 지킨다.

② 회장의 부친상에 불참할 경우 회사 생활이 어려울 수 있으므로 밤새워 장례식장을 지킨다.

③ 회장의 부친상에 불참하고 부인의 곁을 지키되, 상에 대한 부조를 많이 한다.

④ 회장의 부친상에 참석하여 출산이 임박했다는 연락이 오기 전까지 장례식장을 지킨다.

21   A 사원은 매일 점심마다 자신이 좋아하지 않는 메뉴를 점심 메뉴로 선택하는 상사 때문에 고역을 치르고 있다. 당신이 A 사원이라면 어떻게 하겠는가?

① 일상적인 일일지라도 상사의 제안이므로 이를 존중하여 아무 말 하지 않는다.

② 자신과 비슷한 생각을 하는 동료들을 모아 반대 여론을 조성한다.

③ 상사에게 자신의 심정을 있는 그대로 솔직하게 토로한다.

④ 점심 메뉴를 결정할 때 자신의 선호 메뉴를 적극적으로 주장한다.

22 A 사원은 임시 팀장인 G의 지휘하에 중요한 프로젝트를 진행하고 있다. 그러던 중 정식 팀장인 V가 발령되어 왔다. 그러던 어느 날 A 사원은 진행 중인 프로젝트에 돌발 상황이 발생했음을 알아차렸다. 당신이 A 사원이라면 어떻게 하겠는가?

① 스스로 문제 상황을 해결한 뒤에 아무에게도 보고하지 않는다.
② 책임자인 정식 팀장 V에게 먼저 보고한다.
③ 실무에 밝은 임시 팀장 G에게 먼저 보고한다.
④ 현장 실무자와 상의하여 상황을 어느 정도 수습한 후에 양쪽에 보고한다.

23 A 사원은 상사에게 자신이 제출하는 보고서가 형편없다는 혹평을 받았다. 당신이 A 사원이라면 이 상황에서 어떻게 하겠는가?

① 자신의 부족한 필력을 원망하며 좌절한다.
② 무엇이 문제인지 구체적으로 물어보고 시정한다.
③ 기업 용어 및 약어에 취약한 것은 아닌지 검토해본다.
④ 좋은 평가를 받는 동료 및 선배의 보고서와 자신의 보고서를 비교해보고 시정한다.

24 업무 수행에 앞서 사원 A는 상사인 E 대리에게 업무에 관한 자세한 설명을 들었다. A 사원은 E 대리의 설명의 일부분을 까먹어버렸다. A 사원은 업무를 수행하기 위해 자리에 앉았지만 당장 무엇부터 해야 하는지 기억이 나지 않는 상황이다. 당신이 A 사원이라면 어떻게 하겠는가?

① 자신이 기억하는 범위 내에서 업무를 수행한 뒤 E 대리에게 나머지 업무를 부탁한다.
② 회사 내 가이드라인을 참고하여 업무를 수행한다.
③ E 대리에게 찾아가 상황을 밝히고, 설명을 다시 한 번 듣도록 한다.
④ G 부장에게 찾아가 업무를 바꿔 달라고 부탁한다.

25 A 사원은 동료인 B 사원에게 한 상사에 대해 좋지 않은 말들을 털어놓았다. 당신이 B 사원이라면 이 상황에서 어떻게 하겠는가?

① A 사원에게 좋지 않은 소문은 자제할 것을 요구한다.

② A 사원의 속상한 마음에 공감해준다.

③ 이러한 상황을 해당 상사에게 알린다.

④ A 사원의 이야기를 들어주되 공감의 표현은 일절 하지 않는다.

26 대리 A는 업무를 수행하는 과정에서 본의 아니게 해당 지역의 주민들과 갈등을 빚게 되었다. 개인적으로 대리 A는 해당 지역 주민들의 고충을 이해하는 바이지만, 그렇다고 해서 수행하는 업무를 중단하고 개인적으로 나설 도리도 없다. 당신이 대리 A라면 어떻게 하겠는가?

① 해당 지역 주민들에게 찾아가 상황을 설명한 뒤에 회사 측과 교섭 자리를 마련한다.

② 같은 부서의 선배에게 상황을 말하고, 조언을 구한다.

③ 승진하기 위해선 업무수행능력이 가장 중요하므로 계획한대로 밀어붙인다.

④ 지역 주민에게는 최소한의 대처만 한 뒤에 회사에는 보고하지 않는다.

27 A 사원은 D 회사를 열심히 다니고 있다. 그러던 어느 날, 노조가 없던 D 회사에 노조가 생기게 되었다. A 사원은 평소에 노조에 관심이 있거나 가입할 생각을 해 본 적이 있는 것도 아니다. 그런데 D 회사에서는 암묵적으로 사원들에게 노조에 가입하지 않겠다는 서명을 강요하는 분위기이다. 이런 상황에서 당신이 A 사원이라면 어떻게 할 것인가?

① 동료 사원들과 이야기를 나눈 뒤 노조 가입 여부를 스스로 결정한다.

② 회사의 불합리한 행동에 대해 신고한다.

③ 일단 서약을 하되, 노조에 가입할지 말지 고민해본다.

④ 더는 발전이 없는 회사라고 생각하고 이직을 고려한다.

28 A 사원은 얼마 전 직장 C에 입사하여 회사 생활에 전반적으로 만족감을 느끼고 있다. 그러나 간혹 A 사원은 업무 도중에 곤란함을 느낄 때가 있다. 직장 C에서는 업무상 필요한 문구들을 필요한 양보다 다소 부족하게 지급하기 때문이다. 이런 상황에서 당신이 A 사원이라면 어떻게 하겠는가?

① 사내 불편사항 신고함을 이용하여 시정을 요구한다.
② 문구 용품이 비싼 것도 아니니 그냥 내가 사서 사용한다.
③ 상사에게 찾아가 문구의 월별 지급량을 늘릴 것을 요구한다.
④ 옆 직원과 함께 문구 용품을 사서 나눠 쓰도록 한다.

29 A 사원은 아직 회사 일에 서툴지만, B 팀장과 함께 중요한 계약을 앞두고 미팅을 진행하게 되었다. 그러나 미팅 당일 B 팀장에게 개인적인 사정이 생겨서 미팅에 참석하기 곤란하다는 연락이 왔다. A 사원이 B 팀장에게 다시 전화를 걸어 미팅 진행에 대해 물어보니 알아서 하라고 한다. 당신이 A 사원이라면 어떻게 하겠는가?

① 미팅 일정을 미루도록 한다.
② 경험이 있는 동료와 함께 미팅에 참석한다.
③ B 팀장보다 높은 상사에게 B 팀장의 처신을 말하고, 도움을 요청한다.
④ 알아서 하라고 하니 그동안 내가 하고 싶었던 대로 한다.

30 얼마 전 회사에 입사한 A 사원은 특유의 밝은 성격으로 즐겁게 회사 생활을 하고 있다. 상사인 B 대리는 A 사원과 친하게 지내면서 많은 도움을 주고 있다. 그러나 어느 날부터인가 B 대리가 A 사원에게 장난을 거는 일이 잦아졌다. 특히 B 대리는 A 사원의 신체적인 약점을 놀림감으로 삼고 있어 A 사원은 스트레스를 받고 있다. 당신이 A 사원이라면 어떻게 하겠는가?

① B 대리가 상사이므로 그냥 참는다.
② 개인적으로 B 대리를 찾아가 놀리지 말 것을 정중하게 부탁한다.
③ 다른 사원들에게 B 대리의 놀림으로 인해 겪는 스트레스를 호소한다.
④ B 대리의 상사를 찾아가 적절한 조치를 요청한다.

07 직무상식능력

정답 및 해설 p.048

01 일본 원전사태 이후 원자력 발전소 건설계획에 대하여 국민투표를 진행한 나라는?

① 독일　　　　　　　　　② 이탈리아
③ 프랑스　　　　　　　　④ 영국

02 핵무기 보유국으로 공식 인정받은 유엔 안보리 상임이사국을 바르게 묶은 것은?

① 미국, 러시아, 프랑스, 중국, 인도
② 미국, 러시아, 독일, 중국, 영국
③ 미국, 러시아, 프랑스, 중국, 영국
④ 미국, 러시아, 독일, 이탈리아, 인도

03 다음 중 에너지에 대한 설명으로 틀린 것은?

① 메탄은 물에는 거의 용해되지 않고, 인화성의 기체로서 담청색의 불꽃이 일며 연소한다.
② 플루토늄은 은백색 금속이고 반응성이 풍부하며 공기 중에서 고온이 되면 상당히 빨리 산화가 진행된다.
③ 탄소함유 50% 이하는 갈탄이며, 무연탄은 산업연료로 가장 많이 활용된다.
④ 수소에너지는 가솔린보다 3배나 많은 에너지를 가진다.

04 다음 중 경기가 회복되는 국면에서 일시적인 어려움을 겪는 상황을 나타내는 것은?

① 스크루플레이션　　　　② 소프트패치
③ 러프패치　　　　　　　④ 그린슈트

05 담보나 신용이 없어 제도권 금융을 이용하기 어려운 저소득층을 위한 소액대출 사업인 마이크로 크레디트를 우리말로 표현한 것은?

① 담보금융   ② 저소금융

③ 미소금융   ④ 작은금융

06 단기투자에 관한 설명 중 틀린 것은?

① 헤지펀드는 주가의 장·단기 실적을 두루 고려해 장·단기 모두에 투자하는 식으로 포트폴리오를 구성, 위험은 분산시키고 수익률은 극대화한다.

② 헤지펀드는 원래 조세회피 지역에 위장거점을 설치하고 자금을 운영하는 투자 신탁으로 자금은 투자 위험을 회피하기 위해 펀드로 사용된다.

③ 스폿펀드는 3개월, 6개월 등 일정 기간 내에 정해 놓은 목표수익률이 달성되면 조기상환되는 상품이다.

④ 뮤추얼펀드가 소수의 고액투자자를 대상으로 하는 반면, 헤지펀드는 다수의 소액투자자를 대상으로 공개모집한다.

07 주식 및 사채에 대한 설명으로 옳지 않은 것은?

① 보합은 주가가 아주 조금 상승했거나 하락했을 때 사용하는 용어로 상승했을 때는 강보합, 하락했을 때는 약보합이라고 한다.

② 불마켓은 경기가 상승하면서 주가가 장기적으로 오르는 시기를 말한다.

③ 액면은 채권 1장마다 권면에 표시되어 있는 1만 원권, 10만 원권, 100만 원권 등의 금액을 지칭하며, 권면 금액 또는 원금이라고도 한다.

④ 발행이율은 액면에 대한 1개월당 이자의 월이율을 의미한다.

08 다음 중 이슬람교에 대한 설명으로 옳지 않은 것은?

① 알라는 메카에서 최고신으로 숭배되어 왔는데, 무하마드는 불교의 석가모니와 함께 알라를 신으로 숭배했다.

② 단식은 샤움이라고 하며 성년인 무슬림은 매년 라마단 주간에 음식 · 흡연 · 향료 · 성교를 금하고, 과격한 말을 삼가며 가능한 한 코란을 독송한다.

③ 자카트는 국가재정의 근간을 이루며, 비(非)이슬람 국가에서는 선교기반이 이루어지는데 필요불가결한 무슬림의 의무 중 하나이다.

④ 유대교, 그리스도교 등 유대계의 여러 종교를 완성시킨 유일신 종교임을 자처한다.

09 선거에서 본인의 의사 없이 많은 사람이 지지하는 후보나 정당을 지지하는 현상을 무엇이라 하는가?

① 언더독 효과　　　　　　　② 밴드왜건 효과

③ 레임덕 현상　　　　　　　④ 피그말리온 효과

10 다음 중 G20 회원국이 아닌 국가는?

① 나이지리아

② 남아프리카공화국

③ 인도네시아

④ 프랑스

11 최저임금제가 시행되면 나타나는 현상으로 틀린 것은?

① 불법고용이 늘어난다.
② 청소년 일자리가 늘어난다.
③ 청년실업이 늘어난다.
④ 기업의 부담이 늘어난다.

12 폼 작성기에서 작성된 컨트롤을 클릭한 후 방향키를 이용하여 이동시킬 때 사용되는 기능키(Function Key)는?

① [Alt]   ② [Alt] + [Shift]
③ [Ctrl]   ④ [Shift]

13 다음 중 파일 – 페이지 설정의 시트 탭에서 설정할 수 있는 항목으로 옳지 않은 것은?

① 인쇄 영역 설정
② 반복할 행과 열을 설정
③ 눈금선 인쇄
④ 축소/확대 배율 지정

14 다음 중 세계 3대 영화제가 아닌 것은?

① 칸 영화제
② 모스크바 영화제
③ 베니스 국제영화제
④ 베를린 국제영화제

15 다음 중 약효가 전혀 없는 가짜 약을 진짜 약으로 가장하여, 환자에게 복용토록 했을 때 환자의 병세가 호전되는 현상의 심리효과를 가리키는 용어는?

① 플라시보 효과
② 피그말리온 효과
③ 노시보 효과
④ 나비 효과

16 다음 중 교토의정서의 내용으로 틀린 것은?

① 자율이행
② 배출권 거래
③ 공동이행
④ 청정개발체제

17 다음 중 교역조건이 개선된 경우로 옳지 않은 것은?

① 환율이 상승한다.
② 수출이 줄어든다.
③ 수입품의 가격이 하락한다.
④ 달러 대비 원화가치가 상승한다.

18 다음 중 매슬로우의 욕구이론에 관한 설명으로 옳지 않은 것은?

① 하위 욕구가 충족되어야 상위 욕구를 추구한다.
② 1개 이상의 욕구가 동시 다발적으로 작용한다.
③ 최초로 인간의 욕구를 계층구조로 구분하였다.
④ 인간의 욕구는 타고난 것으로 보았다.

19 다음 중 완전경쟁시장에 대한 설명으로 옳지 않은 것은?

① 일물일가의 법칙이 성립한다.

② 자원배분의 효율성이 높다.

③ 한계수입과 시장가격이 일치한다.

④ 공급자는 주어진 가격과 수량을 받아들인다.

20 다음 중 부가가치세 신고 시 세금계산서에 반드시 포함하지 않아도 되는 것은?

① 공급일자

② 부가가치세액

③ 공급하는 사업자 등록번호

④ 공급받는 자의 등록번호

21 다음 중 과점시장에 대한 설명으로 옳지 않은 것은?

① 진입장벽이 높다.

② 카르텔이 지속된다.

③ 상호의존성이 강하다.

④ 비가격경쟁이 치열하다.

22 다음 중 살 수 있는 권리로 옳은 것은?

① 풋옵션   ② 콜옵션

③ 콘탱고   ④ 백워데이션

23 다음 중 집행유예기간에 대한 설명으로 옳은 것은?

① 유예기간이 지나도 법률적 효과는 남아있다.

② 유예기간 중에 다시 죄를 범하더라도 유지된다.

③ 유예기간이 경과한 경우 형의 선고는 효력을 잃는다.

④ 유예를 받은 날로부터 2년이 경과하면 면소된 것으로 간주한다.

24 다음 중 대리관계에 대한 설명으로 옳지 않은 것은?

① 자기계약 및 쌍방대리도 원칙적으로 금지된다.

② 대리인은 행위능력자임을 필요로 하지 않는다.

③ 대리행위가 유효하려면 대리인에게 행위능력이 있어야 한다.

④ 대리제도는 사적가치를 보충하거나 확장하기 위한 제도이다.

25 다음 중 상법의 목적으로 옳지 않은 것은?

① 기업의 유지를 위하여

② 국가의 이익을 증대하기 위해서

③ 자본의 집중과 조달의 편의를 위하여

④ 활동의 간이 · 신속과 정형화를 위하여

26 다음 중 의사표시의 효력발생시기에 대한 설명으로 옳지 않은 것은?

① 상대방이 있는 경우에는 도달주의가 적용된다.

② 무능력자는 예외적으로 발신주의가 적용된다.

③ 발신 후라도 도달하기 전에는 의사표시를 철회할 수 있다.

④ 표의자가 발신한 후에 사망하면 의사표시는 효력이 발생하지 않는다.

27 다음 중 연속된 영역의 셀들을 선택할 때와 불연속적인 셀들을 선택할 때, 마우스와 함께 사용되는 키보드의 연결이 옳은 것은?

☑ 확인
Check!
○
△
×

① 연속 - [Alt], 불연속 - [Ctrl]

② 연속 - [Shift], 불연속 - [Ctrl]

③ 연속 - [Alt], 불연속 - [Shift]

④ 연속 - [Ctrl], 불연속 - [Shift]

28 다음 중 워드프로세서에서 Shift 에 대한 설명으로 옳지 않은 것은?

☑ 확인
Check!
○
△
×

① 문단을 강제로 분리할 때 사용한다.

② 한글 입력 시 위쪽의 글자를 입력할 때 사용한다.

③ 영어 입력 시 대/소문자를 전환하여 입력할 때 사용한다.

④ 다른 키와 조합하여 특수한 기능을 수행한다.

29 한글 Windows XP에서 열려진 창을 닫거나 프로그램을 종료할 때 사용하는 바로가기키는?

☑ 확인
Check!
○
△
×

① F5

② Alt + F4

③ Alt + Tab

④ F2

30 다음 중에서 토글(Toggle)키로만 짝지어진 것은?

☑ 확인
Check!
○
△
×

① F1 , Enter

② Esc , Caps Lock

③ Caps Lock , Insert

④ Page Down , Shift

31 다음 중 법률행위로 옳지 않은 것은?

① 증여
② 채권양도
③ 부당이득
④ 재단법인 설립행위

32 다음 중 헌법상의 선거의 원칙으로 옳지 않은 것은?

① 보통선거
② 자유선거
③ 직접선거
④ 비밀선거

33 다음 중 소멸시효 중단사유로 옳지 않은 것은?

① 승인
② 취소
③ 가처분
④ 가압류

34 다음 중 사용자가 네트워크나 컴퓨터를 의식하지 않고 장소에 상관없이 자유롭게 네트워크에 접속할 수 있는 정보통신 환경을 가리키는 용어는?

① 스마트웨어
② U-커머스
③ SNS
④ 유비쿼터스

35 VDT 증후군에 대한 설명으로 올바른 것은?

① 컴퓨터 직업병으로서 해로운 전자기파에 의해 통증, 시력저하 등의 증상이 나타나는 증후군이다.

② 정보통신의 발달에 뒤처진 사람들이 경쟁에서 뒤처질 것을 우려하여 병적인 불안감, 초조함이 생기는 현상을 말한다.

③ 인간 두뇌의 기억기능을 디지털 기기에 의존하고 대체하는 과정에서 기억력이 감퇴하는 현상이다.

④ 컴퓨터의 리셋기능이 현실에서도 가능할 것이라고 착각하는 사회 병리적 현상을 일컫는 말이다.

36 다음 빈칸에 들어갈 말이 순서대로 바르게 연결된 것은?

- How did you come _____ such an expensive car?
- This custom comes _____ from our ancestors.
- She will come _____ a large fortune when her father dies.

① up − by − with

② in − by − for

③ by − down − into

④ in − with − from

37 다음 밑줄 친 부분 중 어법상 틀린 것은?

We see movies ① in ② crowding theaters ③ but it's an ④ individual experience.

38

다음 밑줄 친 부분에 들어갈 가장 적절한 것은?

> We are far less ready to contemplate our own historical aberrations. Instead, we prefer to project our repressed awareness of wrong doing on to others, as sacrificial victims or whipping boys. We are markedly reluctant to admit, and work on, our own shortcomings. We lack in _____.

① reluctance
② power
③ honesty
④ resistance

39

다음 밑줄 친 They가 가리키는 것은?

> A good writer is wise in his choice of subjects and exhaustive in his accumulation of materials. A good writer must have an irresistible confidence in himself and in his ideas. Good writers know how to excavate significant facts from masses of information. The toughest thing for a writer is to maintain the vigor and fertility of his imagination. Most writers fail simply because they lack the indispensible qualification of the genuine writer. <u>They</u> are intensely prejudiced. Their horizon, in spite of their education, is a narrow one.

① Genuine writers
② Good writers
③ Best writers
④ Failed writers

40 다음 주어진 문장에 이어질 글의 순서로 적절한 것은?

The way I which we write a language is not always exactly the same as the way in which we speak it.

ⓐ In addition to this difference, written language may differ from spoken language, more importantly, in style.

ⓑ In written language, on the other hand, the same word is always spelt in the same way, so different words are easy to distinguish in print.

ⓒ The same word spoken by people, for instance, may sound like different words, and different words may sound like the same word.

① ⓐ - ⓑ - ⓒ

② ⓑ - ⓒ - ⓐ

③ ⓒ - ⓑ - ⓐ

④ ⓒ - ⓐ - ⓑ

제2회 **기출 동형 모의고사**

01 언어능력

정답 및 해설 p.055

※ 다음 제시된 단어의 유의어를 고르시오[1~5].

01

☑ 확인
Check!
○
△
×

매진

① 단정 ② 주력

③ 폄하 ④ 교정

02

☑ 확인
Check!
○
△
×

여염

① 견지 ② 기여

③ 시정 ④ 허두

03

☑ 확인
Check!
○
△
×

인간

① 홍진 ② 천단

③ 산발 ④ 수유

04

곧추다

☑ 확인
Check!
○
△
✕

① 두껍다   ② 아리다

③ 바로잡다   ④ 우회하다

05

정리하다

☑ 확인
Check!
○
△
✕

① 청렴하다   ② 청산하다

③ 청유하다   ④ 파산하다

※ 다음 제시된 단어의 반의어를 고르시오[6~10].

06

첨가

☑ 확인
Check!
○
△
✕

① 삭제   ② 간념

③ 수락   ④ 시정

07

만성

☑ 확인
Check!
○
△
✕

① 급성   ② 상성

③ 항성   ④ 고성

08

☑ 확인
Check!
○
△
X

방임

① 방치   ② 방기
③ 강제   ④ 통제

09

☑ 확인
Check!
○
△
X

반박하다

① 부정하다   ② 수긍하다
③ 거부하다   ④ 때리다

10

☑ 확인
Check!
○
△
X

가지런하다

① 나란하다   ② 똑바르다
③ 고르다   ④ 들쭉날쭉하다

※ 다음 밑줄 친 단어와 같은 의미로 사용된 것을 고르시오[11~15].

11

☑ 확인
Check!
○
△
X

갈수록 성적이 <u>떨어져서</u> 큰일이다.

① 종착점이 가까워지자 달리는 속도가 급격하게 <u>떨어졌다</u>.
② 쌀이 <u>떨어져</u> 두 끼를 라면으로 해결했다.
③ 면접시험에서 아깝게 <u>떨어졌다</u>.
④ 타락의 길로 <u>떨어졌다</u>.

12

지훈의 말소리는 그의 마음을 의심하리만큼 평온하였으나, 자세히 보면 그의 눈에서는 눈물방울이 여전히 <u>듣고</u> 있는 것이었다.

① 영희의 연주는 <u>듣기에</u> 매우 괴로웠다.
② 소나기 <u>듣는</u> 소리에 나도 모르게 잠이 깼다.
③ 이 약은 다른 약보다 나에게 잘 <u>듣는다</u>.
④ 그는 농담도 진담으로 <u>듣는다</u>.

13

<u>말</u>은 우리의 사고를 반영한다.

① 경종이가 <u>말할</u> 차례이다.
② 우리 서로 <u>말로</u> 합시다.
③ 은영이에 대해서 <u>말</u>이 많다.
④ 동물은 <u>말</u>을 사용할 수 없다.

14

네비게이션이 안내한 <u>길</u>로 이동하니 빨리 도착했다.

① 준용이는 극단에 들어가면서 배우의 <u>길</u>을 걷기 시작했다.
② 잃어버린 돈을 찾을 <u>길</u>이 없다.
③ PC방에서 돌아오는 <u>길</u>에 선생님과 마주쳤다.
④ 기차<u>길</u> 옆에는 예쁜 코스모스가 있다.

15

업무 마감 계획을 주말까지로 <u>잡아</u> 실행에 옮겼다.

① 그가 어떤 이유로 화를 내는지 감 <u>잡기</u>가 어렵다.
② 기회를 <u>잡았을</u> 때 성과를 내야한다.
③ 그는 아름다운 풍경을 카메라로 잘 <u>잡았다</u>.
④ 그녀는 자신의 입장을 반대로 <u>잡고</u> 상대를 설득하려고 노력했다.

※ 다음 괄호 안에 들어갈 말로 알맞은 것을 고르시오[16~20].

16

그는 현재 (   )일 할 나이다.

① 한참　　　　　　　　② 한철
③ 한창　　　　　　　　④ 한물

17

일의 능률을 높이기 위해 퇴근 시간을 (   )하였다.

① 교체　　　　　　　　② 투시
③ 조정　　　　　　　　④ 고수

18

물질에 섞인 불순물을 없애 그 물질을 더 순수하게 하는 것을 (   )(이)라 한다.

① 정정　　　　　　　　② 정제
③ 정진　　　　　　　　④ 정수

19

나라, 공공단체, 지주 등이 돈, 곡식, 물품 따위를 거두어들이는 것을 (   )(이)라 한다.

① 징벌　　　　　　　　② 징수
③ 징표　　　　　　　　④ 수집

20

법률의 (　)은(는) 법률안의 제안, 의결, 공포의 절차를 밟아서 이루어진다.

① 제시 ② 제정

③ 재직 ④ 재고

21 밑줄 친 단어의 쓰임이 바르지 않은 것은?

① 바지를 <u>늘인다</u>.

② 백성들은 왕에게 공물을 <u>받쳤다</u>.

③ 자동차가 기차에 <u>부딪혔다</u>.

④ 그 병원을 <u>가리켰다</u>.

22 밑줄 친 단어의 사용이 적절하지 않은 것은?

① 그는 <u>시답지</u> 않은 농담으로 분위기를 환기시키려 했다.

② 그 다리는 <u>부숴진</u> 지 오래됐다.

③ 그녀는 <u>여섯 살배기</u> 아들이 있다.

④ 방문객들을 위해 준비한 음식들이 <u>금세</u> 소진되었다.

23 밑줄 친 부분의 쓰임이 나머지와 다른 것은?

① 어머니<u>께서</u> 집에 오셨다.

② 여기 의자<u>가</u> 있다.

③ 회사<u>에서</u> 선물이 지급됐다.

④ 그 물건은 광주<u>에서</u> 가져왔다.

24 다음 관용구의 뜻을 잘못 설명한 것은?

① 손에 붙다 – 능숙해져서 의욕과 능률이 오르다.
② 우박을 맞다 – 타인에게 심한 꾸중을 듣다.
③ 가슴을 틀어쥐다 – 오직 하나의 생각으로 꽉 들어차다.
④ 가슴에 불붙다 – 화가 나다.

25 다음 글의 상황을 표현하는 관용구로 적절한 것은?

> 사춘기때 자녀들은 부모의 말을 듣는 체 마는 체 하는 경향이 있다.

① 귀를 뜨다
② 귀에 거칠다
③ 귀 밖으로 듣다
④ 귀가 절벽이다.

26 다음 빈칸에 들어갈 속담으로 가장 적절한 것은?

> 제주도에 갑작스런 한파와 폭설로 인해서 여행객들은 공항에 발이 묶였다. 주말을 보내고 돌아가려던 여행객 입장에서는 한파로 발을 묶인 상황이 (   )일 것이다.

① 마른논에 물 대기
② 마른하늘에 날벼락
③ 밥 위에 떡
④ 비 오는 날 소꼬리 같다

27 다음 속담의 뜻으로 바른 것은?

> 객주가 망하려니 짚단만 들어온다.

① 아무리 미천한 집에서 태어나도 자기만 잘나면 훌륭하게 될 수 있다.
② 일이 안되려면 해롭고 귀찮은 일만 생긴다.
③ 오랫동안 벼르고 벼르던 일을 하려 할 때 장애물이 생겨서 하지 못하고 만다.
④ 일이 공교롭게도 서로 어긋나며 틀어진다.

28 다음 속담과 어울리는 한자성어는?

> 빈대 잡으려다 초가삼간 태운다.

① 교각살우(矯角殺牛)
② 권토중래(捲土重來)
③ 금성탕지(金城湯池)
④ 기호지세(騎虎之勢)

29 다음 글과 관련 있는 한자성어는?

> 그는 책을 제대로 읽기보단 대충 보는 편이다.

① 지록위마(指鹿爲馬)
② 각자무치(角者無齒)
③ 주마가편(走馬加鞭)
④ 주마간산(走馬看山)

30 다음 밑줄 친 부분과 뜻이 가장 잘 통하는 한자성어는?

> 현대인은 너무 약다. 전체를 위하여 약은 것이 아니라 자기 중심, 자기 본위로만 약다. 백년 대계를 위하여 영리한 것이 아니라 당장 눈앞의 일, 코앞의 일에만 아름아름하는 고식지계(姑息之計)에 현명하다. 염결(廉潔)에 밝은 것이 아니라 극단의 이기주의에 밝다. 이것은 실상은 현명한 것이 아니요 우매하기 짝이 없는 일이다. 제꾀에 제가 빠져서 속아 넘어갈 현명이라고나 할까.

① 자아도취(自我陶醉)

② 자강불식(自強不息)

③ 자승자박(自繩自縛)

④ 자가당착(自家撞着)

31 다음 글에 대한 비판 중 가장 부적절한 것은?

> 안락사가 갖는 윤리적 성격과 사회적 파급효과를 고려해 볼 때, 안락사의 윤리적 정당성을 진지하게 고찰할 필요성이 있다. 회복될 가능성 없이 의미 없는 삶을 연장하는 환자를 고통으로부터 해방시키고, 치료 과정에서 가족들이 부담하게 될 경제적·심적 부담으로부터 해방시키는 차원에서 본다면 안락사는 윤리적으로 정당화될 수도 있다.

① 가족들의 경제적·심적 부담의 해방은 안락사에 대한 윤리적 정당성을 주지 못한다.

② 안락사가 환자의 삶의 질을 보장하지는 못한다.

③ 환자의 삶을 연장하는 것이 고통으로부터의 해방보다 윤리적으로 더 중요하다.

④ 안락사를 허용하면 이를 악용한 범죄가 일어날 수 있다.

32 다음 중 밑줄 친 부분의 의미와 가장 가까운 것은?

> 과거의 지식인은 미래를 내다보는 견자였다. 그러나 지금의 지식인은 사방에 발을 뻗치며 주목을 받지만 <u>어둠에 어둠을 더하는 사람</u>이다.

① 미래를 다양한 가능성으로 해석하는 사람
② 미래를 어둠 속에서 잘 보지 못하는 사람
③ 미래를 이해하는 데 방해가 되는 사람
④ 미래를 비관적으로 만드는 사람

33 다음 글을 읽은 독자의 반응으로 적절하지 않은 것은?

> 봄바람이 문득 불어 청명이 가까우니,
> 이슬비는 소리 없이 내려 저물도록 개지 않네.
> 집 모서리 살구꽃은 활짝 피려하여,
> 두어 가지 이슬 머금은 채 사람을 향해 기울이다.

① '봄바람'은 계절적 배경을 드러내는 소재야.
② '두어 가지'와 '사람'은 상반된 의미를 지니고 있어.
③ '이슬비'는 정적인 분위기를 조성하고 있는 시어야.
④ '기울이다'에는 '살구꽃'에 관심을 보이는 화자의 태도가 드러나고 있어.

34 다음 글의 내용과 일치하지 않는 것은?

우리나라 재벌들은 경제 성과와 자선 활동에 있어서 훌륭한 역할을 수행해 왔다. 그러나 높은 경제 성과와 왕성한 자선 활동에도 불구하고, 이들이 연구된 수많은 불법행위나 비윤리적 행동은 강한 반기업 정서를 갖게 하였다. 그런데 경제 성과나 자선활동은 반기업 정서를 해소하는 데 미치는 영향이 미약한 반면, 불법행위나 비윤리적 행동은 반기업 정서를 생성하는 데 직접적이고도 강력한 영향을 미친다.

① 우리나라에서는 재벌에 대한 반기업 정서가 강하다.
② 반기업 정서는 긍정적인 측면보다 부정적인 측면에서 생성된다.
③ 경제 성과를 높이고 자선 활동을 많이 하는 것만으로 반기업 정서가 해소될 수 있다.
④ 우리나라 재벌은 긍정적인 측면과 부정적인 측면을 동시에 갖고 있다.

35 다음 글에서 유추할 수 없는 것은?

같은 중학교에서 교편을 잡고 있는 국어선생님들끼리 얼마 전 새터민들이 운영하고 있는 식당에 다녀왔다. 종업원과 주인 모두 친절했으며 음식의 맛도 깔끔했다. 하지만 음식을 먹고 나온 뒤 손님 중 몇 명이 새터민들과 북한에 대한 부정적인 이야기를 하고 있는 것을 들었다. 그들 중 일부는 새터민들과 동남아시아에서 온 노동자들을 노골적으로 비난하고 있었다. 모두 생각이 짧고, 범죄를 저지를 확률이 높으며 손버릇이 나쁘다는 것이 그 비난의 요지였다. 사람들의 말은 배부르게 먹은 음식의 맛마저 떨어트릴 정도로 저열하고 근본 없는 비난이었다. 편견과 선입견을 맹목적으로 주워섬기는 사람들이 어이가 없게 느껴졌다.

① 화자는 중학교 교사이다.
② 손님 중 일부는 북한 사람과 동남아 사람을 비슷하게 생각하고 있다.
③ 화자는 일부 손님들이 북한 사람과 동남아 사람을 보는 시각에 대해 부정적으로 보고 있다.
④ 화자는 일부 손님들이 북한 사람과 동남아 사람을 보는 시각이 오랜 고찰 후에 형성된 것이라 생각하고 있다.

※ 다음 문장을 논리적 순서대로 바르게 배열한 것을 고르시오[36~37].

36

(A) 역사 연구가는 대상을 마음대로 조립할 수 있다. 프랑스 대혁명을 예로 들더라도 그는 그것을 그의 관점에 따라 다르게 조립할 수 있다.
(B) 문학과 역사의 차이는 문학 연구가와 역사 연구가를 비교할 때 더욱 뚜렷하게 드러난다.
(C) 그것은 수정 불가능한, 완전히 결정되어 있는 우주이다.
(D) 그러나 문학 연구가의 경우 그러한 조립은 불가능하다. 이광수의 「무정」은 그것이 처음으로 발표된 1917년이나 1973년이나 마찬가지 형태로 제시된다.

① (A) - (B) - (D) - (C)
② (B) - (A) - (D) - (C)
③ (C) - (B) - (A) - (D)
④ (D) - (B) - (C) - (A)

37

(A) 또한 실천적 측면 가운데 내적 측면으로 나타나는 것이 선(善), 외적 측면으로 나타나는 것이 정의(正義)이다.
(B) 인간이라면 누구나 이념과 가치를 소중히 여기기 마련이다.
(C) 흔히들 숭고한 이념이나 가치로 진리·선·정의를 언급하기도 한다.
(D) 진리는 인간 생활의 이론적 측면으로 나타나고, 선·정의는 인간 생활의 실천적 측면으로 나타난다.

① (B) - (C) - (D) - (A)
② (B) - (D) - (A) - (C)
③ (C) - (B) - (A) - (D)
④ (C) - (D) - (A) - (B)

※ 다음 중 사이시옷이 잘못 쓰인 것을 고르시오[38~39].

38

① 윗쪽   ② 나룻배   ③ 횟가루   ④ 귓밥

39

① 아랫니   ② 나뭇잎   ③ 햇님   ④ 장밋빛

40 다음 중 띄어쓰기가 올바르지 않은 것은?

① 나는 책을 읽어도 보고 했으나 머릿속에 들어오지 않았다.
② "어디, 나한테 덤벼들어 봐라!"
③ 신발이 그만 물에 떠내려가 버렸다.
④ 하늘을 보니 비가 올듯도 하다.

02 수리능력

정답 및 해설 p.060

※ 다음 문제를 계산하시오[1~3].

01

$$8,510 \div 2 + 1,048$$

☑ 확인
Check!
○
△
✕

① 5,301   ② 5,303
③ 5,205   ④ 5,403

02

$$\{85 - (10 + 15) \div 5\} \times 30$$

☑ 확인
Check!
○
△
✕

① 2,400   ② 2,402
③ 2,800   ④ 2,140

03

$$2,852 + 1,005 \times 30$$

☑ 확인
Check!
○
△
✕

① 32,002   ② 33,580
③ 33,460   ④ 33,002

※ 보기 중 계산 결과가 주어진 식과 같은 것을 구하시오[4~5].

04

$$70.668 \div 151 + 6.51$$

① $3.79 \times 10 - 30.922$ ② $6.1 \times 1.2 - 1.163$

③ $89.1 \div 33 + 5.112$ ④ $9.123 - 1.5 \times 1.3$

05

$$\frac{5}{6} \times \frac{3}{4} - \frac{7}{16}$$

① $\dfrac{8}{3} - \dfrac{4}{7} \times \dfrac{2}{5}$ ② $\dfrac{4}{5} \times \dfrac{2}{3} - \left(\dfrac{3}{7} - \dfrac{1}{6}\right)$

③ $\dfrac{5}{6} \div \dfrac{5}{12} - \dfrac{3}{5}$ ④ $\left(\dfrac{1}{4} - \dfrac{2}{9}\right) \times \dfrac{9}{4} + \dfrac{1}{8}$

※ 다음 □에 들어갈 알맞은 수를 고르시오[6~7].

06

$$66 - \square \div 6 + 16 = 78$$

① 24   ② 30

③ 36   ④ 42

07

$$\square + 7 \times (7 - 14) + 98 = 4 \times 15$$

① 7

② 9

③ 11

④ 113

※ 다음 괄호 안에 들어갈 알맞은 사칙연산 기호를 고르시오[8~10].

08

$$6.7 - 3(\quad)0.9 = 4$$

① +

② −

③ ×

④ ÷

09

$$0.4 \times 125(\quad)5 + 10 = 20$$

① +

② −

③ ×

④ ÷

10

$$6 - 9(\quad)2 \times 11 = 19$$

① +

② −

③ ×

④ ÷

11 어떤 두 자리의 자연수를 4, 8, 12로 나누면 나머지가 모두 3이다. 이를 만족하는 자연수 중 가장 작은 것은?

① 20

② 24

③ 27

④ 33

12 서로 맞물려 도는 두 톱니바퀴 A, B가 있다. A의 톱니 수는 54개, B의 톱니 수는 78개이다. 두 톱니바퀴가 같은 톱니에서 출발하여 다시 처음으로 같은 톱니끼리 맞물리는 것은 톱니바퀴 B가 몇 바퀴 회전한 후인가?

① 8바퀴

② 9바퀴

③ 10바퀴

④ 11바퀴

13 연속하는 세 홀수에 대하여, 가장 작은 수는 나머지 두 수의 합보다 11만큼 작다. 이때 가장 큰 수는?

① 5

② 7

③ 9

④ 11

14 지혜가 혼자하면 4일, 윤호가 혼자하면 6일 걸리는 일이 있다. 지혜가 먼저 2일을 하고, 남은 양을 윤호가 끝내려고 한다. 윤호는 며칠 동안 일을 해야 하는가?

① 2일

② 3일

③ 4일

④ 5일

15 현재 동생은 통장에 10,000원이 있고 형은 0원이 있다. 형은 한 달에 2,000원씩을 저금하고, 동생은 1,500원을 저금한다고 한다. 몇 개월 후에 형의 통장 잔액이 동생보다 많아지는가?

① 21개월   ② 26개월

③ 31개월   ④ 32개월

16 등산을 하는 데 올라갈 때는 시속 3km로 걷고, 내려올 때는 올라갈 때보다 5km 더 먼 길을 시속 4km로 걷는다. 올라갔다가 내려올 때 총 3시간이 걸렸다면, 올라갈 때 걸은 거리는 몇 km인가?

① 3km   ② 4km

③ 5km   ④ 6km

17 경필이네 집에서 1,500m 떨어진 곳에 전철역이 있다. 경필이는 매분 50m의 속력으로 걷다가 친구와의 약속시간이 다가오자 매분 150m의 속력으로 뛰어 25분 만에 도착하였다. 경필이가 뛴 거리는 몇 m인가?

① 270m   ② 375m

③ 430m   ④ 560m

18 강물이 A 지점에서 3km 떨어진 B 지점으로 흐르고 있을 때, 물의 속력이 1m/s이다. 준호가 A 지점에서 B 지점까지 갔다가 다시 돌아오는 데 1시간 6분 40초가 걸렸다고 할 때, 준호의 속력은 몇 m/s인가?

① 2m/s   ② 4m/s

③ 6m/s   ④ 12m/s

19

☑ 확인
Check!

○
△
×

할아버지와 손녀의 나이차는 55세이고, 아버지와 딸의 나이차는 20세이다. 딸의 나이가 11세이면 할아버지와 아버지의 나이의 합은 몇 세인가?

① 96세   ② 97세

③ 98세   ④ 99세

20

☑ 확인
Check!

○
△
×

150가구를 대상으로 A, B 두 카페의 선호도를 조사하였다. A 카페를 선호하는 가구 수는 45, B 카페를 선호하는 수는 70, 둘 다 선호하지 않는 수는 50이었다. B 카페만 선호하는 가구의 수는?

① 30   ② 35

③ 50   ④ 55

21

☑ 확인
Check!

○
△
×

어느 가정의 1월과 6월의 난방요금 비율이 7 : 3이다. 1월의 난방요금에서 2만 원을 뺄 경우에 그 비율이 2 : 1이면, 1월의 난방요금은?

① 10만 원   ② 12만 원

③ 14만 원   ④ 16만 원

22

☑ 확인
Check!

○
△
×

은행 계좌에 100,000원이 들어 있는데, 먼저 그중 10%를 인출한 뒤 계좌에 남은 돈의 10%를 다시 입금한다면, 은행 계좌에 남아 있는 돈은 얼마가 되겠는가?

① 98,000원   ② 99,000원

③ 100,000원   ④ 101,000원

23 똑같은 방법으로 집을 지어 완성시킬 때, A는 10일, B는 8일이 걸린다. A가 집을 4일 동안 지은 후 B가 그 집을 마저 완성하였다. B가 집을 완성시키는 데 소요된 기간은?

☑ 확인
Check!
○
△
×

① 5일   ② 6일
③ 7일   ④ 8일

24 1부터 9까지의 자연수가 하나씩 적힌 9장의 카드가 있다. 갑은 숫자 2, 5, 9가 적힌 카드를, 을은 숫자 1, 7, 8이 적힌 카드를, 병은 숫자 3, 4, 6이 적힌 카드를 각각 가지고 있다. 갑, 을, 병 세 사람이 동시에 카드를 한 장씩 꺼낼 때, 카드에 적힌 숫자가 가장 큰 사람이 갑이 되는 경우의 수는?

☑ 확인
Check!
○
△
×

① 8가지   ② 9가지
③ 10가지   ④ 11가지

25 한 인터넷 쇼핑몰의 등록 고객 중 여성이 75%, 남성이 25%라고 한다. 여성 등록 고객 중 우수고객의 비율은 40%, 일반고객의 비율은 60%이다. 그리고 남성 등록 고객의 경우 우수고객이 30%, 일반고객이 70%이다. 등록 고객 중 한 명을 임의로 뽑았더니 우수고객이었다. 이 고객이 여성일 확률은?

☑ 확인
Check!
○
△
×

① 75%   ② 80%
③ 85%   ④ 90%

26

다음은 전년 동월 대비 특허 심사건수 증감 및 등록률 증감 추이를 나타낸 것이다. 옳지 않은 것을 모두 고르면?

〈특허 심사건수 증감 및 등록률 증감 추이(전년 동월 대비)〉

(단위 : 건, %)

구 분	2017. 1	2017. 2	2017. 3	2017. 4	2017. 5	2017. 6
심사건수 증감	125	100	130	145	190	325
등록률 증감	1.3	-1.2	-0.5	1.6	3.3	4.2

ㄱ 2017년 3월에 전년 동월 대비 등록률이 가장 많이 낮아졌다.
ㄴ 2017년 6월의 심사건수는 325건이다.
ㄷ 2017년 5월의 등록률은 3.3%이다.
ㄹ 2016년 1월 심사건수가 100건이라면, 2017년 1월 심사건수는 225건이다.

① ㄱ
② ㄴ, ㄷ
③ ㄱ, ㄷ
④ ㄱ, ㄴ, ㄷ

27

다음은 2011년부터 2016년까지 자원봉사 참여 현황에 대한 표이다. 6년 동안 참여율이 4번째로 높은 해의 전년 대비 참여 증가율을 구하면?

〈자원봉사 참여 현황〉

(단위 : 천 명, %)

구 분	2011	2012	2013	2014	2015	2016
총 성인 인구수	35,744	36,786	37,188	37,618	38,038	38,931
자원봉사 참여 성인 인구수	1,621	2,103	2,548	3,294	3,879	4,634
참여율	4.5	5.7	6.9	8.7	10.2	11.9

① 약 17%
② 약 19%
③ 약 21%
④ 약 23%

28 다음은 어느 대학의 모집단위별 지원자 수 및 합격자 수를 나타낸 표이다. 표에 대한 설명 중 옳지 않은 것은?

〈모집단위별 지원자 수 및 합격자 수〉

(단위 : 명)

모집단위	남 성		여 성		계	
	합격자 수	지원자 수	합격자 수	지원자 수	모집정원	지원자 수
A	512	825	89	108	601	933
B	353	560	17	25	370	585
C	138	417	131	375	269	792
계	1,003	1,802	237	508	1,240	2,310

※ 경쟁률 $= \dfrac{\text{지원자 수}}{\text{모집정원}}$

① 세 개의 모집단위 중, 총 지원자 수가 가장 많은 집단은 A이다.

② 세 개의 모집단위 중, 합격자 수가 가장 적은 집단은 C이다.

③ 이 대학의 남자 합격자 수는 여자 합격자 수의 5배 이상이다.

④ B 집단의 경쟁률은 $\dfrac{117}{74}$ 이다.

29 다음은 어느 회사의 연도별 매출액을 나타낸 그래프이다. 전년도에 비해 매출액 증가율이 가장 컸던 해는?

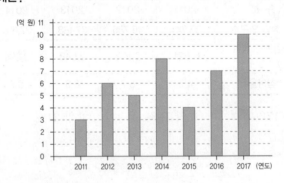

① 2012년　　　　　　　② 2014년

③ 2016년　　　　　　　④ 2017년

30

다음은 연령별 인구에 대한 표이다. 다음 표에 대한 해석으로 옳지 않은 것은?

〈연령별 인구〉

(단위 : 천 명, %)

구 분		2000	2010	2016	2020	2030	2040	2050
인구수	0~14세	9,911	7,907	7,643	6,118	5,525	4,777	3,763
	15~64세	33,702	35,611	35,808	35,506	31,299	26,525	22,424
	65세 이상	3,395	5,357	5,537	7,701	11,811	15,041	16,156
구성비	0~14세	21.1	16.1	15.6	12.4	11.4	10.3	8.9
	15~64세	71.7	72.9	73.1	72.0	64.3	57.2	53.0
	65세 이상	7.2	11.0	11.3	15.6	24.3	32.5	38.1
	계	100.0	100.0	100.0	100.0	100.0	100.0	100.0

① 저출산으로 인해, 14세 이하의 인구는 점점 감소하고 있다.

② 15~64세 인구는 2000년 이후 계속 감소하고 있다.

③ 65세 이상 인구의 구성비는 2000년과 비교했을 때, 2050년에는 5배 이상이 될 것이다.

④ 자료상에서 65세 이상 인구의 구성비가 14세 이하 인구의 구성비보다 높아지는 시기는 2020년이다.

03 추리능력

정답 및 해설 p.064

※ 다음 공통된 규칙을 찾아 (   )에 들어갈 알맞은 답을 고르시오[1~30].

01

$$-8 \quad -2 \quad 10 \quad 34 \quad 82 \quad 178 \quad (\quad)$$

☑ 확인
Check!
○
△
X

① 297
② −356
③ 360
④ 370

02

$$5 \quad 1 \quad (\quad) \quad 2 \quad -1 \quad 3 \quad -4$$

☑ 확인
Check!
○
△
X

① 1
② −1
③ 2
④ −2

03

$$5 \quad 7 \quad 10 \quad 14 \quad 19 \quad 25 \quad (\quad)$$

☑ 확인
Check!
○
△
X

① 27
② 30
③ 32
④ 35

04

$$11 \quad 3 \quad -5 \quad (\quad) \quad -21 \quad -29$$

☑ 확인
Check!
○
△
X

① −7
② −9
③ −11
④ −13

05

① $\dfrac{20}{128}$

② $\dfrac{21}{256}$

③ $\dfrac{21}{512}$

④ $\dfrac{22}{1,024}$

$$\dfrac{1}{2} \quad \dfrac{6}{8} \quad \dfrac{11}{32} \quad \dfrac{16}{128} \quad (\quad)$$

06

$$-8 \quad -10 \quad -14 \quad -22 \quad -38 \quad -70 \quad (\quad)$$

① 64

② -128

③ 256

④ -134

07

$$3 \quad -4 \quad 10 \quad -18 \quad 38 \quad -74 \quad 150 \quad (\quad)$$

① -298

② -300

③ -302

④ 304

08

$$2 \quad 1 \quad 5 \quad -2 \quad 17 \quad -23 \quad 74 \quad (\quad)$$

① -85

② -143

③ -151

④ -215

09

$$\underline{6 \quad 4 \quad 4} \quad \underline{21 \quad 5 \quad 32} \quad \underline{19 \quad (\quad) \quad 10}$$

① 18

② 16

③ 14

④ 12

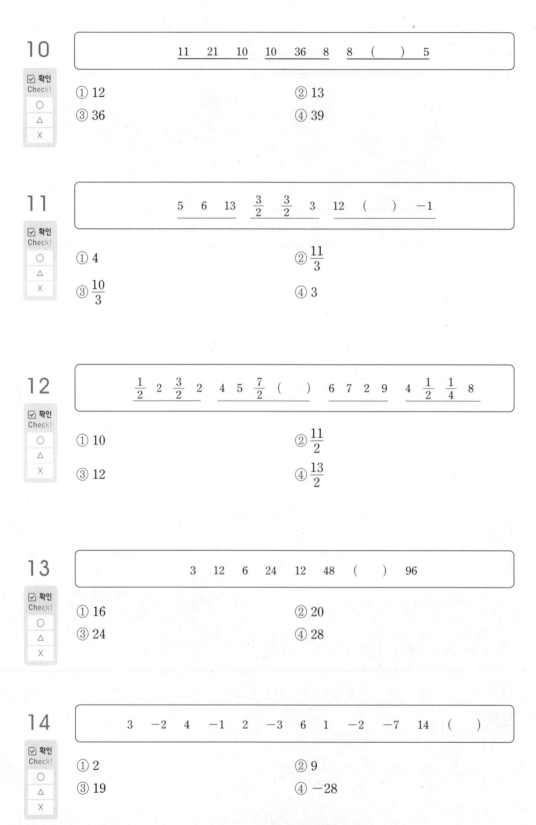

10

11 21 10   10 36 8   8 (   ) 5

① 12 　　　　　　　② 13
③ 36 　　　　　　　④ 39

11

5 6 13 $\frac{3}{2}$ $\frac{3}{2}$ 3   12 (   ) −1

① 4 　　　　　　② $\frac{11}{3}$
③ $\frac{10}{3}$ 　　　　　④ 3

12

$\frac{1}{2}$ 2 $\frac{3}{2}$ 2   4 5 $\frac{7}{2}$ (   )   6 7 2 9   4 $\frac{1}{2}$ $\frac{1}{4}$ 8

① 10 　　　　　　② $\frac{11}{2}$
③ 12 　　　　　　④ $\frac{13}{2}$

13

3 12 6 24 12 48 (   ) 96

① 16 　　　　　　② 20
③ 24 　　　　　　④ 28

14

3 −2 4 −1 2 −3 6 1 −2 −7 14 (   )

① 2 　　　　　　② 9
③ 19 　　　　　　④ −28

15

<u>28 4 91 13</u>   <u>64 8 ( ) 7</u>   <u>56 7 24 3</u>   <u>49 7 −14 −2</u>

① 56   ② 42

③ 35   ④ 24

16

( )   187   252   327   412   507

① 131   ② 132

③ 128   ④ 87

17

−6   6   18   36   180   ( )

① 360   ② 720

③ 1,260   ④ 1,620

18

( )   81   8   27   −32   9   128   3

① −11   ② −7

③ −4   ④ −2

19

<u>3 3 8</u>   <u>7 9 18</u>   <u>11 ( ) 36</u>

① 22   ② 23

③ 24   ④ 25

20

$$2.5 \quad 3.5 \quad 5 \quad 7 \quad 9 \quad 14 \quad 14.5 \quad (\ ) \quad 21.5$$

① 17.5 ② 21

③ 24 ④ 28

21

$$D \quad C \quad E \quad F \quad F \quad L \quad (\ ) \quad X$$

① C ② G

③ J ④ Q

22

$$A \quad (\ ) \quad G \quad J \quad M \quad P$$

① C ② D

③ E ④ F

23

$$Z \quad (\ ) \quad P \quad K \quad F \quad A$$

① W ② X

③ V ④ U

24

$$c \quad A \quad (\ ) \quad D \quad g \quad P$$

① b ② c

③ d ④ e

25

( ) L O R U X

① I   ② Q
③ S   ④ X

26

G H J N V L ( )

① K   ② O
③ Q   ④ R

27

F K P U ( )

① L   ② T
③ X   ④ Z

28

A B C E ( ) M U

① E   ② F
③ G   ④ H

29

B D H N ( )

① T   ② U
③ V   ④ W

30

☑ 확인
Check!
○
△
X

$$(\quad) \quad I \quad R \quad F \quad X$$

① I   ② L
③ N   ④ P

※ 다음 제시된 낱말의 대응 관계로 볼 때 빈칸에 들어가기에 알맞은 것을 고르시오[31~40].

31

☑ 확인
Check!
○
△
X

그림 : 초상화 = 스포츠 : (　　)

① 물감   ② 축구
③ 축구공   ④ 국가대표

32

☑ 확인
Check!
○
△
X

친구 : 벗 = 배타 : (　　)

① 동의   ② 배척
③ 의타   ④ 포용

33

☑ 확인
Check!
○
△
X

(　　) : 후진 = 좌회전 : 우회전

① 직진   ② 공회전
③ 전진   ④ 퇴진

34

교수 : (　　) = 의사 : 간호사

① 회사원　　　　　　　② 변호사
③ 조교　　　　　　　　④ 작가

35

수증기 : (　　) = 꽃 : 만개하다

① 답답하다　　　　　　② 자욱하다
③ 승화하다　　　　　　④ 을씨년스럽다

36

(　　) : 대중교통 = 아파트 : (　　)

① 택시, 빌라　　　　　② 출근, 단독주택
③ 버스, 전세　　　　　④ 전철, 주거공간

37

나태 : 근면 = 부정 : (　　)

① 투정　　　　　　　　② 실패
③ 수긍　　　　　　　　④ 자만

38

라이터 : 성냥 = 에어컨 : (　　)

① 가습기　　　　　　　② 난로
③ 공기청정기　　　　　④ 선풍기

39

가공 : 실재 = 가결 : (　　)

① 의결 　　　　　　② 부결
③ 통과 　　　　　　④ 각하

40

(　　) : 빵 = 카페라떼 : (　　)

① 음식, 자판기 　　　② 도넛, 커피
③ 물, 주스 　　　　　④ 밀가루, 과자

04 사무지각능력

정답 및 해설 p.067

01 다음 중 좌우를 비교했을 때 다른 것은 몇 개인가?

> Ⅴ Ⅶ Ⅸ Ⅻ Ⅲ Ⅷ Ⅹ Ⅲ － Ⅴ Ⅵ Ⅺ ⅩⅢ Ⅱ Ⅵ Ⅸ Ⅲ

① 2개　　　　② 3개　　　　③ 4개　　　　④ 5개

02 다음 중 좌우를 비교했을 때 같은 것은 몇 개인가?

> ＼ ＼／ ↔ ↓ ↑ ⇌ ↓ － ＼ ＼／ → ↓ ↑ ⇌ ↑

① 2개　　　　② 3개　　　　③ 4개　　　　④ 5개

03 다음 중 좌우를 비교했을 때 다른 것은 몇 개인가?

> AiioXTVcp － AlloxTvcb

① 2개　　　　② 3개　　　　③ 4개　　　　④ 5개

04 다음 중 좌우를 비교했을 때 같은 것은 몇 개인가?

> いゆびてねぽみ － りゆよぴでぬぽみ

① 2개　　　　② 3개　　　　③ 4개　　　　④ 5개

05 다음 중 좌우를 비교했을 때 다른 것은 몇 개인가?

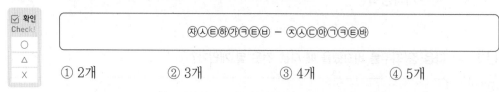

① 2개　　　　② 3개　　　　③ 4개　　　　④ 5개

06 다음 중 좌우를 비교했을 때 같은 것은 몇 개인가?

① 1개　　　　② 2개　　　　③ 3개　　　　④ 4개

07 다음 중 좌우를 비교했을 때 다른 것은 몇 개인가?

五十一萬二千七百 - 五十一萬三千七白

① 2개　　　　② 3개　　　　③ 4개　　　　④ 5개

08 다음 중 좌우를 비교했을 때 같은 것은 몇 개인가?

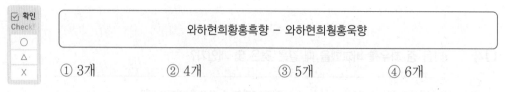

와하현희황홍흑향 - 와하현희훵홍욱향

① 3개　　　　② 4개　　　　③ 5개　　　　④ 6개

09 다음 그림을 시계 반대 방향으로 90° 회전한 후, 좌우 대칭한 것은?

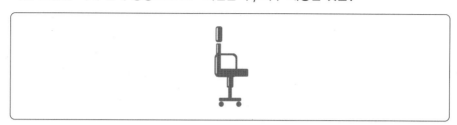

①  ② ③ ④

10 다음 그림을 시계 반대 방향으로 90° 회전하고, 상하 대칭 후, 시계 방향으로 45° 회전한 것은?

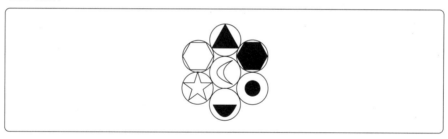

①  ② ③ ④

제2회_ 기출 동형 모의고사 181

11 다음 도형을 시계 방향으로 90° 회전하고, 상하 대칭 후, 오른쪽에서 거울에 비추었을 때의 모양은?

☑ 확인
Check!
○
△
X

※ 다음 중 앞의 문자열이 서로 다르면 ①, 뒤의 문자열이 서로 다르면 ②, 둘 다 같거나 다르면 ③을 표기하시오[12~15].

12

DPOEYYBN – DPOEYYBN   tewnozks – tewmozks

☑ 확인
Check!
○
△
X

①   ②   ③

13

27856657 – 27856657   ■★◎○◇◇□▲ – ■★◎○◇◇▨▲

☑ 확인
Check!
○
△
X

①   ②   ③

14

有備無患有備無患 – 有備無患有備無患   KNOTEIDK – KNOTEIDK

☑ 확인
Check!
○
△
X

①   ②   ③

15

| 88857762 – 88857762 | 궂숮듲뭊붏윳훛늧 – 궂숮듲뭊붏윳훛늦 |

①   ②   ③

※ 다음 제시된 문자와 같은 것의 개수를 구하시오[16~23].

16

| 1908 |

8190	7732	8190	1188	0616	1908	2957	1188	6112	8190	1890	2554
0616	8190	9081	1188	1908	9081	2957	1891	5468	1908	0616	2544
9081	9081	8190	1606	1188	2957	7732	1908	6112	1908	0616	9081
1908	9180	1890	1188	7732	1890	6111	2957	2544	7732	0616	2554

① 5개   ② 6개
③ 7개   ④ 8개

17

| 四 |

司	四	田	同	口	册	丘	勾	田	四	旦	丹
丘	四	匹	口	月	丘	册	勾	田	四	口	册
司	四	旦	丘	勾	丹	匹	司	田	月	四	旦
旦	田	丹	四	口	丘	册	田	口	丘	勾	丹

① 5개   ② 6개
③ 7개   ④ 8개

18

☑ 확인
Check!
○
△
✕

GO

EA	BY	GS	YI	BS	GE	QW	GO	PP	TT	JK	NO
TT	GO	JK	GE	QW	GO	GS	EY	EA	LV	YS	BN
QW	GO	PP	TT	JK	NO	GE	QW	EY	EA	TT	JK
EA	BY	GS	YI	BS	GS	EY	EA	LV	YS	BN	GO

① 3개   ② 4개
③ 5개   ④ 6개

19

☑ 확인
Check!
○
△
✕

잔

간	던	펀	반	잔	단	뎐	젼	쟌	잔	칸	탄
쟌	젼	잔	던	단	뎐	탄	칸	간	간	반	쟌
잔	던	펀	쟌	칸	탄	뎐	단	젼	잔	젼	간
펀	탄	젼	젼	잔	간	반	던	던	잔	젼	젼

① 7개   ② 8개
③ 9개   ④ 10개

20

☑ 확인
Check!
○
△
✕

◈

◈	⊙	▣	●	◇	◇	◆	◎	○	◉	◈	◇
◇	◆	◎	◉	◈	◇	◈	◉	◎	◇	◆	◈
◇	◈	◉	▣	●	◇	◇	○	◉	◈	▣	◎
◉	◈	◇	○	○	◉	▣	◉	▣	○	●	◎

① 8개   ② 9개
③ 10개   ④ 11개

21

あ

か	さ	お	あ	ふ	ひ	は	お	あ	か	せ	せ
あ	お	ふ	ひ	は	せ	ふ	か	お	ひ	は	あ
ふ	は	お	せ	あ	は	ふ	か	さ	お	せ	ふ	ひ
お	ふ	か	あ	さ	お	せ	あ	ひ	は	お	せ

① 4개   ② 5개
③ 6개   ④ 7개

22

3877

3279	3197	3877	3677	3674	3021	3347	3877	5146	6645	1040	5521
6645	1040	5521	3877	3674	3347	3021	6645	1040	3279	3197	3021
3877	6645	1040	5521	3279	3674	3674	3877	3279	3197	5146	3877
5146	6645	1040	5521	3877	3677	3347	3677	3279	3877	1040	6645

① 7개   ② 8개
③ 9개   ④ 10개

23

WE

WE	WW	WN	WB	WF	WE	WL	WP	QE	QQ	FE	×C
QE	FE	WB	QQ	×C	WE	WF	WN	WL	WP	WE	QE
WP	QE	QQ	FE	×C	WF	WE	WN	WB	WP	QQ	WE
QE	FE	WN	WB	FE	×C	WW	WE	WN	QQ	QE	×C

① 5개   ② 6개
③ 7개   ④ 8개

※ 다음 표에 제시되지 않은 문자를 고르시오[24~27].

24

복면	복기	복사	복도	복습	복식	복지	복제	복원	복수	복무	복학
복종	복구	복싱	복직	복안	복용	복장	복권	복개	복부	복색	복통
복창	복음	복날	복황	복마	복희	복린	복막	복만	복망	복질	복후
복집	복찜	복차	복착	복참	복심	복골	복공	복과	복점	복업	복역

① 복황　　　　　　　　② 복용
③ 복통　　　　　　　　④ 복염

25

伎	珍	修	移	修	收	侈	伎	診	攸	侈	修
珍	移	攸	參	修	侈	珍	診	移	伎	攸	參
參	診	珍	攸	修	伎	珍	修	參	診	移	攸
修	診	珍	診	參	珍	修	侈	攸	伎	攸	伎

① 珍　　　　　　　　② 修
③ 形　　　　　　　　④ 移

26

태	인	연	대	금	에	그	텐	호	기	아	블
정	성	황	소	일	온	라	구	보	압	월	강
세	고	복	시	만	리	젠	륜	경	충	쿤	철
태	종	상	카	요	게	모	회	나	최	토	사

① 카　　　　　　　　② 건
③ 월　　　　　　　　④ 에

27

IK	NL	GH	RF	JH	RI	EK	KK	CE	CQ	SA	SV
PG	MO	SG	TJ	TM	XX	VK	LS	HE	SB	RR	YY
ZK	FD	PT	ZG	TR	SF	CW	OW	WH	QX	BB	MK
BK	PL	IU	ZJ	JZ	BY	KS	BN	EA	FF	DA	CF

① TK   ② RR
③ BB   ④ DA

28 다음 제시된 좌우의 문자를 비교하여, 같은 문자의 개수를 구하면?

라넵튠퓨떠션챱 – 라넵튠퓨떠션챱

① 1개   ② 2개
③ 3개   ④ 4개

29 다음 제시된 좌우의 문자를 비교하여, 다른 문자의 개수를 구하면?

gbjkikqer – gdjkikper

① 1개   ② 2개
③ 3개   ④ 4개

※ 다음 중 제시된 문자의 배열에서 찾을 수 없는 것을 고르시오[30~31].

30

돌렌캬셸쿠힉폭촨퓨

✅ 확인
Check!
○
△
X

① 퐉　　　　　　　　② 셸

③ 큐　　　　　　　　④ 퓨

31

5486あほ欄鐵 t9967ak

✅ 확인
Check!
○
△
X

① t　　　　　　　　② 錦

③ 欄　　　　　　　　④ a

※ 다음 제시된 문자와 같은 것을 고르시오[32~34].

32

羅舶指鮮捍羃軸具蘇獸垮距殭

✅ 확인
Check!
○
△
X

① 羅舶指鮮捍羃軸具黃苓發距殭
② 羅舶指鮮松茸軸具蘇獸垮距殭
③ 羅舶指鮮捍羃軸具蘇闔垮距殭
④ 羅舶指鮮捍羃軸具蘇獸垮距殭

33

p嘶sg87k槃n6l馬茜1俞3波

① p嘶sg87k槃n6l馬茜1俞3波
② p莘sg87k槃n6l馬茜1俞3波
③ p嘶sg87k槃n6l魔天1俞3波
④ p嘶sg87k槃n6l馬茜1伋3派

34

75136412258422

① 75136412258433
② 75136412146422
③ 75136412258422
④ 75158412258422

※ 다음 중 회전하였을 때 제시된 그림과 일치하는 것을 고르시오[35~40].

35

① 　②

③ 　④

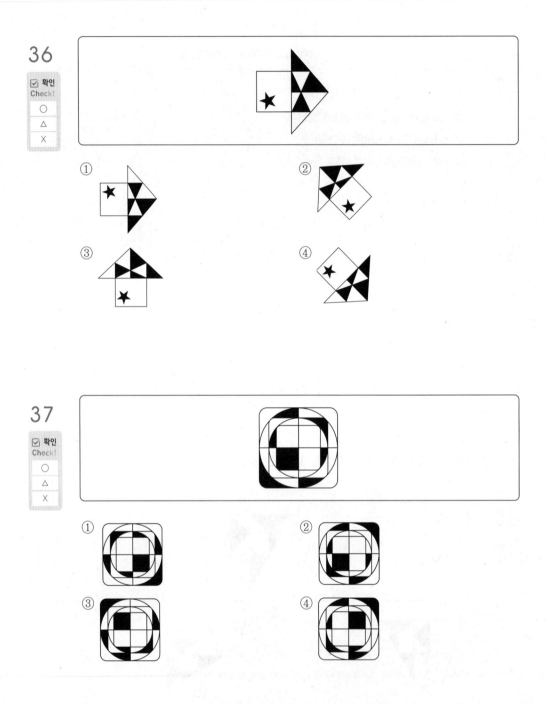

38

①

②

③

④

39

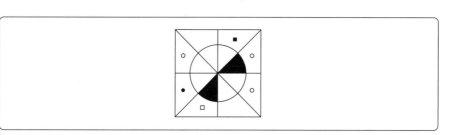

①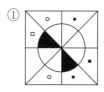

②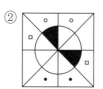

③

④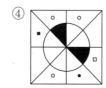

40

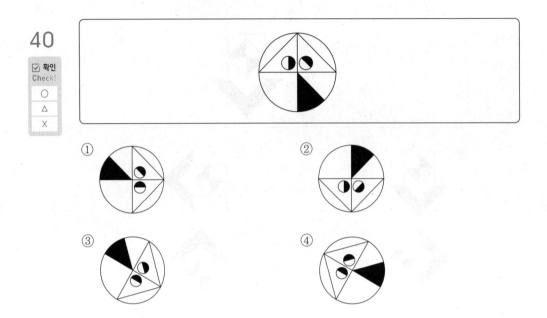

① ②

③ ④

05 분석판단능력

정답 및 해설 p.071

※ 다음 제시문을 읽고 각 문제가 항상 참이면 ①, 거짓이면 ②, 알 수 없으면 ③을 고르시오[1~3].

- A, B, C 세 사람이 가위바위보를 했고, 승패가 결정되지 않았다.
- A와 B는 가위바위보에서 같은 것을 내지 않았다.
- C는 보를 내지 않았다.

01   A가 보를 내지 않았다면 B가 보를 냈다.

① 참   ② 거짓   ③ 알 수 없음

02   B가 바위를 냈다면 C는 가위를 냈다.

① 참   ② 거짓   ③ 알 수 없음

03   C가 가위를 냈다면 A는 보를 냈다.

① 참   ② 거짓   ③ 알 수 없음

※ 다음 제시문을 읽고 각 문제가 항상 참이면 ①, 거짓이면 ②, 알 수 없으면 ③을 고르시오[4~6].

- 시계, 귀걸이, 목걸이, 반지 4가지 물건의 가격은 자연수이다.
- 시계의 가격은 귀걸이와 5,000원 차이가 난다.
- 반지는 귀걸이보다 3,000원 싸다.
- 목걸이의 가격은 반지 가격의 두 배다.

04 시계가 8,000원이라면 귀걸이는 3,000원이다.

① 참   ② 거짓   ③ 알 수 없음

05 목걸이가 12,000원일 때 시계는 14,000원이다.

① 참   ② 거짓   ③ 알 수 없음

06 반지가 3,000원일 때 귀걸이와 목걸이의 가격은 서로 같다.

① 참   ② 거짓   ③ 알 수 없음

※ 다음 제시문을 읽고 각 문제가 항상 참이면 ①, 거짓이면 ②, 알 수 없으면 ③을 고르시오[7~9].

- 총 20명의 남학생과 여학생이 있다.
- 체육복을 입지 않은 학생은 교복을 입었다.
- 체육복을 입은 학생은 9명이다.
- 교복을 입은 남학생은 4명이다.
- 체육복을 입은 남학생의 수와 체육복을 입은 여학생의 수는 3명 차이가 난다.

07 교복을 입은 여학생은 7명이다.

① 참 　　　　　② 거짓 　　　　　③ 알 수 없음

08 여학생은 교복을 입은 학생보다 체육복을 입은 학생이 더 많다.

① 참 　　　　　② 거짓 　　　　　③ 알 수 없음

09 여학생의 수가 남학생의 수보다 많다.

① 참 　　　　　② 거짓 　　　　　③ 알 수 없음

10 「현진이는 남자형제는 있지만 여자형제는 없고, 막내이다」라는 명제가 참일 때 다음 중 옳은 것은?

㉠ 현진이는 여동생이 있다.
㉡ 현진이는 남동생이 없다.
㉢ 현진이는 형이 있다.

① ㉠ 　　　　　　　　　② ㉡
③ ㉢ 　　　　　　　　　④ 없음

※ 다음 제시된 명제를 참으로 할 때 옳은 것을 고르시오[11~12].

11

- K대학의 평균 입학점수는 95점이다.
- K대학의 평균 입학점수는 L대학보다 15점 높다.
- Y대학의 평균 입학점수는 K대학보다 낮고 L대학보다 높다.
- A대학의 평균 입학점수는 89점이다.

① K대학의 평균 입학점수가 가장 높다.
② Y대학의 평균 입학점수가 위 4개 대학 중 가장 낮다.
③ L대학의 평균 입학점수는 위 4개 대학 중 가장 낮지는 않다.
④ 평균 입학점수가 높은 순서는 K-Y-A-L 대학이다.

12

- 커피를 좋아하는 사람은 홍차를 좋아하지 않는다.
- 탄산수를 좋아하지 않는 사람은 우유를 좋아한다.
- 녹차를 좋아하는 사람은 홍차를 좋아한다.
- 녹차를 좋아하지 않는 사람은 탄산수를 좋아한다.

① 커피를 좋아하는 사람은 녹차를 좋아한다.
② 탄산수를 좋아하지 않는 사람은 홍차를 좋아하지 않는다.
③ 커피를 좋아하는 사람은 탄산수를 좋아하지 않는다.
④ 탄산수를 좋아하지 않는 사람은 홍차를 좋아한다.

13 다음 세 진술 간의 관계에 대한 설명으로 옳지 않은 것은?

- A : 18세 이상은 구입할 수 있다.
- B : 18세 이하는 구입할 수 없다.
- C : 18세 미만은 구입할 수 없다.

① B가 참이면, A만 반드시 참이 된다.
② B와 C는 동시에 참이 될 수 있다.
③ A와 C는 동시에 참이 될 수 있다.
④ A와 B는 동시에 참이 될 수 없다.

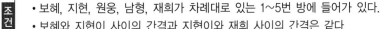

14 다음 〈조건〉을 이용하여, 〈보기〉에 가장 알맞은 것을 고르면?

조건
- 보혜, 지현, 원웅, 남형, 재희가 차례대로 있는 1~5번 방에 들어가 있다.
- 보혜와 지현이 사이의 간격과 지현이와 재희 사이의 간격은 같다.
- 남형이는 재희보다 오른쪽 방에 있다.
- 보혜는 1번 방에 있다.

보기
재희는 원웅이보다 왼쪽 방에 있다.

① 확실히 아니다.
② 확실하지 않지만 틀릴 확률이 높다.
③ 확실하지 않지만 맞을 확률이 높다.
④ 확실히 맞다.

15 다음 명제가 성립할 때 확실하게 알 수 있는 것은?

- 명제1 : 야구를 좋아하는 사람은 배구를 좋아한다.
- 명제2 : 농구를 좋아하는 사람은 배구를 좋아한다.
- 명제3 : 소프트볼을 좋아하는 사람은 야구를 좋아한다.

① 소프트볼을 좋아하는 사람은 농구를 좋아한다.
③ 야구를 좋아하는 사람은 농구를 좋아한다.
③ 농구를 좋아하는 사람은 야구를 좋아한다.
④ 소프트볼을 좋아하는 사람은 배구를 좋아한다.

16 8명의 학생 A, B, C, D, E, F, G, H 중 5명이 여름 캠프에 참가할 예정이다. 다음 조건에 따라 반드시 캠프에 참가하는 사람은?

- B, C, F 중에서 두 명만이 참가한다.
- C, E, G 중에서 두 명만이 참가한다.
- D, E, F 중에서 두 명만이 참가한다.
- H가 참가하지 않으면 A도 참가하지 않는다.

① A
② B
③ D
④ H

※ 다음 제시문을 바탕으로 추론할 수 있는 것을 고르시오[17~22].

17

- 푸코를 좋아하는 사람은 데리다를 좋아한다.
- 라캉을 좋아하는 사람은 데리다를 좋아하지 않는다.
- 라캉을 좋아하지 않는 사람은 하이데거를 좋아한다.

① 푸코를 좋아하는 사람은 하이데거를 좋아하지 않는다.
② 라캉을 좋아하는 사람은 하이데거를 좋아한다.
③ 푸코를 좋아하는 사람은 하이데거를 좋아한다.
④ 라캉을 좋아하지 않는 사람은 데리다를 좋아한다.

18

- 만일 여우가 늑대보다 키가 크다면 나는 도토리여야 한다.
- 그러나 나는 도토리가 아니다.

① 여우는 도토리이다.
② 여우는 늑대보다 키가 크지 않아야 한다.
③ 여우는 늑대보다 키가 크다.
④ 도토리는 늑대이다.

19

- 경철이는 윤호보다 바둑을 못 둔다.
- 윤호는 정래보다 바둑을 못 둔다.
- 혜미는 윤호보다 바둑을 잘 둔다.

① 정래는 혜미보다 바둑을 잘 둔다.
② 바둑을 가장 잘 두는 사람은 혜미다.
③ 혜미는 경철이보다 바둑을 잘 둔다.
④ 경철이가 정래보다 바둑을 잘 둔다.

20

- 토익을 잘하는 사람은 고시도 잘한다.
- 고시를 잘하는 사람은 토플은 잘하지 못한다.
- 토플을 잘하지 못하는 사람은 텝스를 잘한다.
- 토익을 잘하지 못하는 사람은 텝스를 잘하지 못한다.

① 토익을 잘하는 사람은 토플을 잘한다.
② 텝스를 잘하는 사람은 고시를 잘한다.
③ 토익을 잘하는 사람은 텝스를 잘하지 못한다.
④ 텝스를 잘하는 사람은 토익과는 상관이 없다.

21

- 시를 좋아하는 사람은 수필을 좋아한다.
- 수필을 좋아하는 사람은 희곡을 좋아한다.
- 소설을 좋아하는 사람은 희곡을 좋아하지 않는다.
- 시를 좋아하지 않는 사람은 소설을 좋아한다.

① 시를 좋아하는 사람은 소설을 좋아하지 않는다.
② 희곡을 좋아하지 않는 사람은 수필을 좋아한다.
③ 수필을 좋아하는 사람은 소설을 좋아한다.
④ 희곡을 좋아하는 사람은 시를 좋아하지 않는다.

22

- A는 B에게 실적에서 앞섰다.
- C는 D에게 실적에서 뒤졌다.
- E는 F에게 실적에서 뒤졌지만, A에게는 실적에서 앞섰다.
- B는 D에게 실적에서 앞섰지만, E에게는 실적에서 뒤졌다.

① 실적에서 가장 좋은 외판원은 F이다.
② 외판원 C의 실적은 꼴지가 아니다.
③ B의 실적보다 안 좋은 외판원은 3명이다.
④ 외판원 E의 실적이 가장 좋다.

※ 다음 제시된 문장이 범하고 있는 오류를 고르시오[23~26].

23

도깨비는 있다. 왜냐하면 지금까지 도깨비가 없다는 것을 증명한 사람은 없기 때문이다.

① 논점 일탈의 오류
② 무지에 호소하는 오류
③ 흑백 논리의 오류
④ 잘못된 유추의 오류

24

배운 사람은 그렇게 상스러운 말을 쓰지 않는다. 왜냐하면 상스러운 말을 사용하는 사람은 제대로 교육받았다고 할 수 없기 때문이다.

① 정황에 호소하는 오류
② 무지에 호소하는 오류
③ 논점 일탈의 오류
④ 순환 논증의 오류

25

이 논문은 학술적 가치가 매우 높다. 왜냐하면 우리회사 대표님이 추천했기 때문이다.

① 부적합한 권위에 호소하는 오류
② 사적 관계에 호소하는 오류
③ 잘못된 유추의 오류
④ 흑백 논리의 오류

26

모든 사람에게는 표현의 자유가 있다. 따라서 길거리에서 크게 소리지르는 것도 표현이므로 상관없다.

① 피장파장의 오류
② 의도 확대의 오류
③ 원칙 혼동의 오류
④ 원천 봉쇄의 오류

27 다음 중 논리적 오류의 성격이 다른 것은?

① 택시가 교통사고가 난 걸 보니 택시기사들은 운전을 험하게 하나봐.
② 중국인들은 몸을 잘 안 씻어. 내가 중국인 친구가 한 명 있는데 몸을 잘 안 씻거든.
③ 본 사람이 아무도 없는데 어떻게 제가 한 짓이라고 생각하세요? 저는 무죄에요!
④ 일주일 동안 한 번도 비가 안 오는 걸 보니 올해는 가뭄인가 봐.

28 다음 글을 읽고 유추한 내용으로 옳지 않은 것은?

> • 한 연구 결과에 따르면, 아동기에 타인과 많은 대화를 할수록 정서적 안정감을 느낄 가능성이 높다고 한다.
> • 일반 가정의 아동은 빈곤 가정의 아동이 대화하는 시간에 비해 5배나 더 많이 대화를 한다고 한다.

① 일반 가정의 아동들이 빈곤 가정의 아동들보다 말을 많이 하면서 자란다.

② 빈곤 가정에 복지지원을 해야 한다.

③ 말을 많이 할수록 바르게 자란다.

④ 일반 가정 아동들은 빈곤 가정 아동들보다 더 큰 정서적 안정감을 느낄 가능성이 높다.

※ 제시문 A를 읽고, 제시문 B가 참인지 거짓인지 혹은 알 수 없는지 고르시오[29~30].

29

> [제시문 A]
> 스페인의 수도 마드리드에서는 매년 세계 최고의 요리행사인 '마드리드 퓨전'이 열린다. 2010년 마드리드 퓨전의 주빈국은 호주, 2012년의 주빈국은 대한민국이다.
>
> [제시문 B]
> 마드리드 퓨전의 주빈국은 격년으로 바뀐다.

① 참 　　　　　　② 거짓 　　　　　　③ 알 수 없음

30

> [제시문 A]
> 바실리카는 로마시대 법정과 같이 쓰인 장방형의 3개의 통로가 있는 건물이다. 바실리카의 중앙통로나 회중석은 측랑보다 높았고 측랑의 지붕 위에는 창문이 설치된다.
>
> [제시문 B]
> 바실리카의 측랑과 창문은 회중석보다 높은 곳에 설치된다.

① 참 　　　　　　② 거짓 　　　　　　③ 알 수 없음

06 상황판단능력

※ 상황판단능력은 기업의 인재상 및 내부 기준에 따라 평가하는 문항으로, 별도의 정답과 해설을 제공하지 않으니 참고하시기 바랍니다.

01 어느 날 A 사원은 상사인 B 부장에게 업무와는 관련이 없는 심부름을 부탁받았다. B 부장이 부탁한 물건을 사기 위해 A 사원은 가게를 몇 군데나 돌아다녀야 했다. 게다가 회사에서 한참이나 떨어진 가게에서 비로소 물건을 발견했지만, B 부장이 말했던 가격보다 훨씬 비싸서 B 부장이 준 돈 이외에도 자신의 돈을 보태서 물건을 사야 할 상황이다. 당신이 A 사원이라면 어떻게 할 것인가?

① B 부장에게 불만을 토로하며 다시는 잔심부름을 시키지 않을 것임을 약속하도록 한다.

② B 부장의 책상 위에 영수증과 물건을 덩그러니 놓아둔다.

③ 있었던 일을 사실대로 말하고, 자신이 보탠 만큼의 돈을 다시 받도록 한다.

④ 물건을 사지 말고 그대로 돌아와 B 부장에게 물건이 없었다고 거짓말한다.

02 대리 A는 평소에 입사 후배인 사원 B와 점심을 자주 먹곤 한다. 사원 B는 대리 A를 잘 따르며 업무 성과도 높아서, 대리 A는 사원 B에게 자주 점심을 사주었다. 그러나 이러한 상황이 반복되자 매번 점심을 먹을 때마다 사원 B는 절대 돈을 낼 생각이 없어 보인다. 대리 A가 후배에게 밥을 사주는 것이 싫은 것은 아니지만 매일 사원 B의 몫까지 점심값을 내려니 곤란한 것은 사실이다. 당신이 A라면 어떻게 하겠는가?

① 사원 B에게 솔직한 심정을 말하여 문제를 해결해보고자 한다.

② 선배가 후배에게 밥을 얻어먹기는 부끄러우므로 앞으로도 계속해서 밥을 산다.

③ 앞으로는 입사 선배이자 상사인 과장 G에게 밥을 얻어먹기로 한다.

④ 사원 B를 개인적으로 불러 혼을 내고 다시는 밥을 같이 먹지 않는다.

03 W 사원은 팀에서 아이디어 뱅크로 불릴 정도로 팀 업무와 직결된 수많은 아이디어를 제안하는 편이다. 그러나 상사인 B 팀장은 C 부장에게 팀 업무를 보고하는 과정에 있어 W 사원을 포함한 다른 사원들이 낸 아이디어를 자신이 낸 아이디어처럼 보고하는 경향이 있다. 이런 일이 반복되자 B 팀장을 제외한 팀 내의 사원들은 불만이 쌓인 상황이다. 이런 상황에서 당신이 W 사원이라면 어떻게 하겠는가?

① 다른 사원들과 따로 자리를 만들어 B 팀장의 욕을 한다.
② B 팀장이 보는 앞에서 C 부장에게 B 팀장에 대해 이야기한다.
③ 다른 사원들과 이야기한 뒤에 B 팀장에게 조심스레 이야기를 꺼내본다.
④ 회식 자리를 빌어 C 부장에게 B 팀장에 대해 속상한 점을 고백한다.

04 신입사원인 A는 팀장인 B가 본인을 사적인 이유로 무시하는 느낌을 받고 있다. 당신이 A 사원이라면 어떻게 하겠는가?

① B 팀장의 말을 한 귀로 듣고 한 귀로 흘린다.
② 회사에 타 부서 전출을 강력히 요구한다.
③ 직장동료들을 자신의 편으로 만들어 B 팀장을 따돌린다.
④ B 팀장에게 개인 면담을 요청하여 본인에 대한 불만을 들어본다.

05 대리 V에게는 직속 후배인 사원 W가 있다. 사원 W는 명문대 출신으로 업무 능력이 상당히 뛰어나다. 그러나 자신의 뛰어난 업무 능력만을 믿고 상사의 주의를 제대로 듣지 않은 채 제멋대로 업무를 해석하여 처리하는 경우가 있어 문제를 일으킬 때가 종종 있다. 상사로서 대리 V는 사원 W에 대해 적절히 주의하라고 경고하고 싶은 상황이다. 당신이 대리 V라면 어떻게 할 것인가?

① 부장 G를 모셔와 사원 W가 따끔하게 혼날 수 있도록 한다.
② 개인적인 자리를 빌어 사원 W에게 주의하라고 엄격하게 경고한다.
③ 사원 W가 어디까지 막가는지 지켜보도록 한다.
④ 사원 W에게 커피 심부름을 계속 시켜서 소심하게 복수한다.

06 2년 차 회사원인 A는 업무 중 작은 실수를 저질러 소속 팀과 회사에 피해를 입혔다. 이로 인해 직속상관 B에게 꾸지람을 들었고, 대화 도중 인격적 모독까지 당했다. 당신이 A 사원이라면 어떻게 하겠는가?

① 동료직원들에게 직속상관 B에 대한 서운함을 내비친다.
② 즉시 인격적인 모욕에 항의한다.
③ 자신의 실수로 벌어진 일인 만큼 꾹 참고 자리로 돌아간다.
④ 사내 고충처리 센터에 방문하여 상담을 받는다.

07 평소 타 부서와 교류가 적었던 G 사원은 새로운 프로젝트에 참여하게 되었다. 그런데 그 프로젝트는 타 부서의 도움이 반드시 필요하다. 당신이 사원 G라면 어떻게 하겠는가?

① 타 부서의 도움 없이 할 수 있는 업무를 먼저 수행한다.
② 타 부서원과 친한 소속 부서원을 수소문한다.
③ 타 부서 팀장을 찾아간다.
④ 본인의 상황을 상관에게 말하고 다른 프로젝트에 참여하고 있다고 요청한다.

08 2년차 사원인 A는 자신의 능력에 비해 직무능력이 떨어지는 부서 상관들에게 불만이 쌓여가고 있다. 회식 자리에서 부서 상관 B가 사원 A에게 회사에 대한 불만을 솔직하게 말해보라고 할 때 당신이 A 사원이라면 어떻게 하겠는가?

① 상관 B가 물어온 만큼 솔직하게 직무능력에 대해 얘기해본다.
② 회식 자리인 만큼 가벼운 농담으로 응수한다.
③ 먼저 본인에 대한 불만이 무엇인가 되물어본다.
④ 술자리에서 할 얘기가 아닌 것 같다고 하며 얼버무린다.

09 사원 A의 직속상관 B는 최근 업무상 실수를 저질렀다. B는 이 사실을 알고 있는 사원 A에게 자신의 실수를 본인의 실수처럼 덮어쓰면 추후 승진심사에 보답을 하겠다고 제안했다. 당신이 A 사원이라면 어떻게 하겠는가?

① B의 제안을 못 이기는 척 수용한다.
② 즉시 거절한다.
③ 가장 친한 동료와 상의한다.
④ 추후 보답을 바라지 않고 덮어쓴다.

10 S 대리는 최근 들어 회사 생활의 어려움을 느끼고 있다. S 대리가 속한 팀의 팀장인 R이 팀원들을 편애하기 때문이다. 이에 따라 팀별로 회의를 진행할 때마다 S 대리가 아무리 좋은 아이디어를 내더라도 R 팀장은 듣는 둥 마는 둥 하지만 R 팀장이 아끼는 O 대리가 내는 아이디어라면 R 팀장은 칭찬부터 하고 본다. R 팀장의 편애로 인해 팀 성과 또한 형편없는 상황이다. 이런 상황에서 당신이 S 대리라면 어떻게 할 것인가?

① R 팀장의 부당함을 인사과에 신고하도록 한다.
② O 대리를 찾아가 절대 아이디어를 내지 못하도록 한다.
③ 팀 회의 자리에서 R 팀장의 태도를 시정할 것을 요구한다.
④ O 대리에게 R 팀장의 태도 시정을 건의해 달라고 요청한다.

11 사원 H는 최근에 다른 부서 F로 이동하게 되었다. 그러나 새로운 부서 F는 이전 부서 S와 달리 업무 분위기가 지나치게 경직되어 있다. 가령 부서 F에서 회의를 진행할 때면 U 부장의 입김이 너무 세서 사원들은 아이디어를 내기조차 어려운 상황이며 대리들도 사원과 다를 바 없이 U 부장의 비위를 맞추기에만 혈안이다. 이런 상황에서 당신이 사원 H라면 어떻게 할 것인가?

① 다른 대리들처럼 U 부장의 비위를 맞추기 위해 열심히 아부한다.
② 기존에 일했던 부서 S로의 이동을 요청한다.
③ U 부장과 친한 기존 부서 S의 E 부장을 찾아가 조심스레 건의해 달라고 요청한다.
④ F 부서의 다른 사원들과 합세하여 U 부장을 찾아가 건의해본다.

12 사원 A는 새로운 경력도 쌓고 색다른 경험도 해볼 겸 해외 지사 파견을 고대해왔다. 이를 위해 사원 A는 평소에 어학 공부도 열심히 하고, 회사 업무도 최선을 다했다. 그러나 해외 지사 파견자 선정을 앞두고 입사 동기인 사원 B가 인사과에 속 보이는 아부를 하는 것이 눈에 거슬린다. A가 알기에는 B는 자신처럼 해외 지사 파견을 위해 어학 공부를 열심히 하거나 별도의 준비를 하지 않은 상황이다. 이런 상황에서 당신이 A라면 어떻게 할 것인가?

① 사원 B를 따로 불러 단단히 경고한다.
② 회사 업무를 더욱 열심히 해서 경쟁력을 기르도록 한다.
③ 아무도 알아주지 않을 것이기 때문에 어학 공부를 중단한다.
④ 사원 B처럼 인사과에 찾아가 갖은 아부 작전을 펼친다.

13 회사에 대한 자부심이 상당한 M 대리는 회사에 만족하며 회사 생활에 별다른 어려움 없이 승승장구하고 있다. 그러던 어느 날 M 대리는 상사인 N 부장과 식사를 함께하게 되었다. 상사인 N 부장은 회사의 복지 혜택이나 보수에 대한 불만을 늘어놓기 시작했다. 그러나 N 부장은 얼마 후에 있을 인사이동에 대한 권한을 가지고 있는 상사이다. 이런 상황에서 당신이 M이라면 어떻게 할 것인가?

① N 부장이 인사이동 권한을 가지고 있기 때문에 무조건 동의한다.
② 회사를 모욕했으므로 N 부장의 말을 정면으로 반박한다.
③ N 부장의 기분이 상하지 않을 정도로만 말을 경청하되 지나치게 동의하진 않는다.
④ N 부장보다 상사인 K 이사를 몰래 찾아가 말한다.

14 사원 A는 거래처 직원 Y와의 저녁 약속을 앞둔 상황이다. 그러나 부장인 R이 계속해서 사원 A를 포함한 같은 부서의 모든 사원에게 추가 업무 지시를 내리고 있어 거래처 직원 Y와의 약속 이전에 맡은 업무를 다 끝낼 수 있을지 불확실한 상황이다. 이런 상황에서 당신이 사원 A라면 어떻게 할 것인가?

① 거래처 직원 Y에게 전화를 걸어 약속을 일단 미루도록 한다.
② 퇴근 시간이 되면 부장 R에게 거래처 약속을 들어 퇴근해버린다.
③ 동료에게 양해를 구하고 다음에 동료의 업무를 도와주기로 한다.
④ 거래처 직원 Y와의 약속에 조금 늦더라도 맡은 업무는 모두 끝내도록 한다.

15 인사팀에서 일하고 있는 A는 이번 신입사원 공개 채용에서 면접관으로 참여하게 되었다. 면접에 응시한 지원자 S에 대해 채점을 하는 도중 A는 인사팀 상사인 P가 특정 지원자와 잘 아는 사이라며 부당하게 점수를 매기는 것을 목격했다. 그 결과 능력도 뛰어나고 업무에도 적합해 보이는 지원자 X가 아닌 S가 근소한 차이로 최종 합격을 하게 되었다. 이런 상황에서 당신이 A라면 어떻게 할 것인가?

① 상사인 P를 찾아가 위 사실을 말하고 협박한다.
② P보다 상사인 T를 찾아가 P에 대해 말하고 적절한 조치를 취하도록 요구한다.
③ 상사인 P의 뜻이므로 모르는 척 넘어가도록 한다.
④ 지원자 S의 점수를 몰래 바꾸어 놓는다.

16 사원 A의 팀장인 T는 매우 열정적인 사람으로 하나의 업무가 끝나기도 전에 새로운 업무를 또다시 벌이곤 한다. T의 지시에 따라 팀원들은 모두 일사불란하게 움직이며 성과를 높이고 있다. 그러나 자발적인 야근을 일삼으며 업무를 수행하는 팀원들과 달리 팀장 T는 항상 퇴근 시간이 되면 바로 퇴근을 해버린다. 이런 상황에서 당신이 사원 A라면 어떻게 할 것인가?

① 상사의 퇴근 시간에 대해서 절대 언급하지 않는 것이 좋다.
② 다른 사원들과 T 팀장에 대해 이야기하면서 스트레스를 풀도록 한다.
③ T 팀장에게 더는 새로운 업무를 벌이지 말라고 단단히 주의를 준다.
④ T 팀장을 따라 정시에 퇴근하도록 한다.

17 P가 속한 회사 Q는 관행상 리베이트가 자주 이루어지는 회사이다. 그러나 얼마 전 정부에서 대대적인 리베이트 단속을 선포함에 따라 당분가 P의 회사 Q는 리베이트를 금지하는 등 회사 방침을 수정한 상황이다. 그런데 P가 오랫동안 담당해온 중요한 거래처에서 정부 발표나 회사 방침을 모두 무시한 채 리베이트를 요구하고 있다. 이런 상황에서 당신이 P라면 어떻게 할 것인가?

① 회사의 방침을 들어 리베이트 요구를 정중하게 거절한다.
② 상사인 B에게 전화를 걸어 도움을 요청한다.
③ 리베이트 요구를 거절하는 대신 거래처에 유리한 조건을 제시한다.
④ 정부 발표를 자세히 말하여 자발적으로 리베이트를 포기하도록 한다.

18 H 사원은 평소에 동료들로부터 결벽증이 있다는 핀잔을 들을 정도로 깔끔한 편이다. 그런 H 사원이 회사에서 겪는 어려움이 있다면 상사인 G 팀장이 말을 할 때마다 지나치게 침이 튄다는 점이다. 팀 회의를 할 때마다 G 팀장에게서 멀리 떨어져서 앉으면 되지만, 다른 사원들 역시 G 팀장 옆에 앉길 꺼리기 때문에 팀 내 가장 막내인 H 사원이 G 팀장의 옆자리에 앉을 수밖에 없는 상황이다. 당신이 H 사원이라면 어떻게 할 것인가?

① T 대리에게 G 팀장의 옆자리에 앉아 달라고 부탁한다.
② G 팀장을 개인적으로 찾아가 조금만 주의해 달라고 요청한다.
③ 다른 사원들과 이야기한 뒤에 영원히 참기로 한다.
④ 침이 튀기면 기분이 나쁘므로 퇴사한다.

19 동물 털 알레르기가 있는 A 사원의 옆자리에 애완 고양이를 기르는 신입사원 B가 새로이 배치되었다. 당신이 A 사원이라면 어떻게 하겠는가?

① 부서장에게 부서 자리 전면 재배치를 요구한다.
② 친한 동료에게 B 사원과 자리를 바꾸는 것을 부탁한다.
③ 친한 동료에게 본인과 자리를 바꾸는 것을 부탁한다.
④ B 사원에게 본인의 알레르기에 대해 얘기하고 다른 자리를 알아보라고 한다.

20 A 사원은 타 부서원들과 중요한 회의를 하는 중이다. 그런데 어제 과음한 탓인지 컨디션도 좋지 않고 자주 화장실을 왔다 갔다 하고 있다. 당신이 A 사원이라면 어떻게 하겠는가?

① 출입문 쪽으로 자리를 이동한다.
② 좋지 않은 컨디션이므로 상관에게 회의에서 빠져있겠다고 요청한다.
③ 추후 다시 회의를 하자는 식으로 분위기를 조성한다.
④ 전혀 내색하지 않고 참을 수 있는 데까지 참는다.

21 T 사원은 급한 업무가 있어 집중이 필요한데 옆자리에 근무하는 동료 B가 자꾸 잡담을 걸어서 업무 진행에 방해되고 있다. 당신이 T라면 어떻게 하겠는가?

① B 사원에게 그러지 말라고 주의를 시킨다.
② B 사원에게 나중에 조용히 그러지 말라고 말한다.
③ 그냥 모른척하고 일을 진행한다.
④ 상사 C에게 말을 하여 바로잡게 한다.

22 사원 D가 근무하는 회사에는 그동안 노조가 없었지만, 최근에 노조가 생겼다. 회사에서는 노조에 가입하지 않을 것을 서약하라고 한다. 당신이 D라면 어떻게 하겠는가?

① 노동 3권은 헌법상 보장되는 국민의 권리이므로 서약하지 않는다.
② 일단 서약은 하되, 노조에 가입할지는 주변 상황을 지켜본 다음 판단한다.
③ 동료들과 노조 가입 여부를 상의한다.
④ 회사의 요구대로 서약하고 노조에 가입하지 않는다.

23 서울에서 태어난 사원 J는 한 번도 서울을 벗어나 본 적이 없는 서울 토박이다. 그런데 회사에서 지방으로 발령을 내려 지방에서 근무할 상황이다. 이런 상황에서 배우자는 지방에 내려가지 않겠다고 버티는데 당신이 J라면 어떻게 하겠는가?

① 서울에서 근무할 수 있는 다른 회사를 알아본다.
② 혼자 지방으로 내려가서 주말 부부생활을 한다.
③ 인맥을 통해서 지방 발령을 철회하게끔 청탁을 한다.
④ 어쩔 수 없이 배우자를 설득해서 지방에 함께 내려간다.

24 일을 마치고 집에 와 TV를 시청하던 K는 우연히 홈쇼핑 채널에서 지금은 필요는 없지만, 구매를 해두면 나중에 필요할 물품을 방영하고 있었다. 과연 당신이 K라면 어떻게 행동하겠는가?

① 당장 필요하지 않다면 절대로 구매하지 않는다.
② 기분에 따라 구매 여부를 판단한다.
③ 나중에 쓸 일이 있으므로 구매를 한다.
④ 재정 상황에 맞춰서 구매 여부를 판단한다.

25 사원 P는 회식 때 과음을 해서 다음 날 평소 일어나는 시간에 맞춰서 일어나긴 했지만 제대로 된 업무수행이 어려운 몸 상태이다. 당신이 P라면 어떻게 행동하겠는가?

① 우선 정시에 출근한 다음에 상사에게 얘기하고 조퇴한다.
② 상사에게 자신의 상황을 정확히 설명하고 오후에 출근한다.
③ 몸이 좋지 않다고 말한 후 하루 쉰다.
④ 몸 상태가 좋지 않아도 끝까지 자리를 지킨다.

26 직속상사 C는 사원 A와 B 중 유독 사원 B에게 쉬운 일을 맡기고 사원 A에게는 어려운 일을 맡긴다. 당신이 A 사원이라면 어떻게 하겠는가?

① 부서회의 시간에 공개적으로 C에게 공정한 업무 분담을 요구한다.

② 사원 B와 C의 사적인 관계를 파악해본다.

③ 본인의 능력이 더 나아서 그런 것이라 생각한다.

④ 회식 자리에서 가볍게 왜 사원 B와 차별하느냐고 따진다.

27 A 사원과 입사 동기인 B 사원은 평소 생각하는 바를 직설적이고 노골적으로 말해 상대를 불쾌하게 할 때가 있다. 다수가 모여 식사하는 자리에서 옆자리에 앉게 된 입사 후배인 C 사원이 B 사원이 한 말에 상처를 받은 사실을 조용히 A 사원에게 털어놓았다. 당신이 A 사원이라면 어떻게 하겠는가?

① C 사원의 기분이 풀릴 수 있도록 맞장구를 쳐 준다.

② B 사원을 따로 불러 나무란다.

③ 못 들은 척한다.

④ B 사원과 비슷한 어투로 B 사원의 감정을 건드려 입사 후배인 C의 복수를 해 준다.

28 B 과장이 오늘까지 마치라고 지시한 업무를 하는 도중 B 과장이 없는 사이 C 부장이 찾아와 다른 일을 신속히 해달라고 지시했다. 당신이 A 대리라면 어떻게 하겠는가?

① 업무를 도와줄 동기나 후임을 찾는다.

② 업무의 경중을 따져 중요한 순서대로 처리한다.

③ 처음 지시받은 업무를 먼저 끝낸다.

④ 더 높은 직급인 C 부장이 지시한 일을 먼저 끝낸다.

29 J 사원은 최근 회사생활에 불편함을 느끼고 있다. 상사인 K 대리가 불필요한 신체 접
촉을 시도하고, 업무 시간 외에도 사적으로 연락을 하기 때문이다. J 사원은 K 대리에
게 이성으로서의 감정이 없고, K 대리와 불편한 관계가 되고 싶지 않은 상황이다. 당
신이 J 사원이라면 어떻게 할 것인가?

① Y 부장을 찾아가 사실대로 이야기 한다.
② 인사과에 K 대리를 신고한다.
③ 회사 생활에 불편함을 느끼고 있으므로 퇴사한다.
④ K 대리와 직접 만나서 단단히 주의를 준다.

30 느리지만 정확하게 일을 처리하는 F 사원과 달리 B 대리는 빠른 일처리를 중요하게
생각하는 스타일이다. 이와 관련하여 최근 B 대리는 F 사원을 여러 번 꾸짖은 적이 있
었다. 어느 날 F 사원은 B 대리의 보고서를 우연히 보게 되었고 B 대리가 보고서를
잘못 작성한 것을 목격하였다. 당신이 F 사원이라면 어떻게 하겠는가?

① B 대리가 능력이 없다고 생각한다.
② B 대리가 자존심 상할 수도 있으므로 모른 척한다.
③ B 대리에게 보고서가 잘못되었음을 말한다.
④ B 대리에게 일부러 보고하지 않는다.

07 직무상식능력

정답 및 해설 p.075

01

☑ 확인
Check!
○
△
X

그리스의 유로 탈퇴 논란때 등장한 것을 변형한 용어로 영국의 EU 탈퇴를 일컫는 용어는 무엇인가?

① 디폴트
② 그렉시트
③ 브렉시트
④ 서브프라임 모기지

02

☑ 확인
Check!
○
△
X

제품의 가격이 인하하면 수요가 줄어들고 오히려 가격이 비싼 제품의 수요가 늘어나는 것을 무엇이라고 하는가?

① 세이의 법칙
② 파레토 법칙
③ 쿠즈의 U자 가설
④ 기펜의 역설

03

☑ 확인
Check!
○
△
X

휴대전화, 카메라, MP3, DMB 등 다양한 기능들이 통합되어 있는 휴대 가능한 통신 기기는 무엇인가?

① 유비쿼터스
② 모바일 컨버전스
③ 디지로그
④ 텔넷

04

☑ 확인
Check!
○
△
X

네트워크를 전송하기 쉽도록 데이터를 일정 단위로 나눠서 전송하는 것을 무엇이라 하는가?

① 패킷
② 프로토콜
③ TCP/IP
④ 인터넷

05 돈을 풀고 금리를 낮춰도 투자와 소비가 늘지 않는 현상을 무엇이라 하는가?

① 유동성 함정
② 스태그플레이션
③ 수요 견인 인플레이션
④ 애그플레이션

06 리엔지니어링과 관련이 없는 것은?

① 직원 감원이 필수적이다.
② 마이클 해머가 주창한 경영이론이다.
③ 기술의 변화에 더욱 민감하게 된다.
④ 작업공정을 검토 후 필요 없는 부분은 제거한다.

07 다음 중 베토벤의 교향곡으로 옳은 것은?

① 비창교향곡
② 영웅교향곡
③ 환상교향곡
④ 군대교향곡

08 정치인이 정당의 이익을 위해 경쟁세력과 암묵적으로 동의·결탁하는 것은 무엇인가?

① 미란다
② 플리바게닝
③ 로그롤링
④ 아그레망

09 국제앰네스티가 규정하는 사실상의 사형제 폐지국으로 분류되기 위해 필요한 사형 미

집행 기간은?

① 10년
② 15년
③ 20년
④ 30년

10 하나의 디지털 통신망에서 문자, 영상, 음성 등 각종 서비스를 일원화해 통신 · 방송서비스의 통합, 효율성 극대화, 저렴화를 추구하는 종합통신 네트워크는 무엇인가?

① VAN
② UTP케이블
③ ISDN
④ RAM

11 시장의 빈틈을 공략하는 새로운 상품을 잇따라 시장에 내놓음으로써 다른 특별한 제품 없이도 셰어(Share)를 유지해나가는 판매전략은?

① Purple Cow(보랏빛 소)
② 니치마케팅
③ 디마케팅
④ 풀마케팅

12 스마트TV와 인터넷TV 각각의 기기는 서버에 연결되는 방식이 서로 달라 인터넷망 사용의 과부하가 발생할 수밖에 없다. 이와 관련해 통신사와 기기회사 사이에 갈등이 빚어진 바 있는데, 무엇 때문인가?

① 프로그램편성
② 요금징수체계
③ 수익모델
④ 망중립성

13 기업이나 조직의 모든 정보가 컴퓨터에 저장되면서, 컴퓨터의 정보 보안을 위해 외부에서 내부 또는 내부에서 외부의 정보통신망에 불법으로 접근하는 것을 차단하는 시스템은?

① 쿠키
② DNS
③ 방화벽
④ 아이핀

14 다음에서 설명하는 장르에 해당하는 작품이 아닌 것은?

ㄱ. 미국에서 발달한 현대 음악극의 한 형식이다.
ㄴ. 음악, 노래, 무용을 토대로 레뷰(Revue), 쇼(Show), 스펙터클(Spectacle) 따위의 요소를 가미하여, 큰 무대에서 상연하는 종합 무대예술이다.

① 오페라의 유령   ② 나비부인
③ 미스 사이공   ④ 명성황후

15 컴퓨터 전원을 끊어도 데이터가 없어지지 않고 기억되며 정보의 입출력도 자유로운 기억장치는?

① 램   ② 캐시 메모리
③ 플래시 메모리   ④ 롬

16 일과 여가의 조화를 추구하는 노동자를 지칭하는 용어는 무엇인가?

① 골드칼라   ② 화이트칼라
③ 퍼플칼라   ④ 논칼라

17 도시에서 생활하던 노동자가 고향과 가까운 지방도시로 취직하려는 현상은?

① U턴 현상   ② J턴 현상
③ T턴 현상   ④ Y턴 현상

18 국제기구 간의 연결이 서로 잘못된 것은?

① 세계기상기구 – WMO ② 세계관세기구 – WCO
③ 국제노동기구 – IMO ④ 국제연합식량농업기구 – FAO

19 2018년 시간당 최저임금은 얼마인가?

① 8,580원 ② 7,880원
③ 7,530원 ④ 7,130원

20 미국의 대중문화상 중 연극의 아카데미상이라고 불리는 상은?

① 토니상 ② 그래미상
③ 오스카상 ④ 퓰리처상

21 엘니뇨(El Niño)현상으로 맞는 설명은?

① 도심 지역의 온도가 다른 지역보다 높게 나타나는 현상
② 예년과 비교할 때 강한 무역풍이 지속돼 일어나는 기후변동현상
③ 고층 빌딩들 사이에서 일어나는 풍해현상
④ 남미의 페루 연안에서 적도에 이르는 태평양 상의 기온이 상승해 세계 각지에
　서 홍수 또는 가뭄 등이 발생하는 기상이변현상

22 공연이 끝나고 연기자나 연주자가 무대 뒤로 들어간 후에, 청중들이 박수로 다시 이들을 청하는 것을 무엇이라 하는가?

① 서비스콜 ② 오픈콜
③ 리콜 ④ 커튼콜

23 노벨 문학상은 "이상적(理想的)인 방향으로 문학 분야에서 가장 눈에 띄는 기여를 한 사람에게 수여하라."는 '알프레드 노벨'의 유언에 따라 1901년부터 해마다 전 세계의 작가 중 한 사람에게 주는 상이다. 다음 중 노벨 문학상 수상자가 아닌 사람은?

① 레프 니콜라예비치 톨스토이   ② 윈스턴 처칠

③ 라빈드라나트 타고르   ④ 헤르만 헤세

24 우리나라 근로기준법상 근로가 가능한 최저 근로나이는 몇 세인가?

① 13세   ② 15세

③ 16세   ④ 18세

25 '남북기본합의서'가 채택된 시기의 대통령은?

① 박정희   ② 전두환

③ 노태우   ④ 김대중

26 항일의병운동에 대하여 잘못 설명한 것은?

① 을사늑약 직후 이인영과 허위가 주도한 서울진공작전이 있었다.

② 을사늑약 때 활약한 의병장으로는 민종식, 신돌석 등이 있다.

③ 고종의 강제퇴위로 의병전쟁화 현상이 나타났다.

④ 을미의병은 유생이 주도하였다.

27 우리나라의 기초의원 선거에 대한 설명으로 틀린 것은?

① 지방의회의원 선거의 경우 소선거구제이다.

② 선거권은 19세 이상의 국민에게 주어진다.

③ 정당추천제와 선거권자 추천제를 병행하고 있다.

④ 기초의원 선거의 기탁금은 200만 원이다.

28 자료를 통해 알 수 있는 당시의 경제생활 모습으로 옳은 것을 〈보기〉에서 고른 것은?

우리나라는 동·서·남의 3면이 모두 바다이므로, 배가 통하지 않는 곳이 거의 없다. 배에 물건을 싣고 오가면서 장사하는 장사꾼은 반드시 강과 바다가 이어지는 곳에서 이득을 얻는다. 전라도 나주의 영산포, 영광의 법성포, 흥덕의 사진포, 전주의 사탄은 비록 작은 강이나, 모두 바닷물이 통하므로 장삿배가 모인다. 충청도 은진의 강경포는 육지와 바다 사이에 위치하여 바닷가 사람과 내륙 사람이 모두 여기에서 서로의 물건을 교역한다.

– 이중환, 「택리지」

보기
ㄱ. 포구의 과도한 성장으로 지방의 장시가 위축되었다.
ㄴ. 선상, 객주, 여각 등이 활발한 상행위를 하였다.
ㄷ. 경제력의 발달로 수공업품의 수요가 많아짐에 따라 관영 수공업이 활성화되었다.
ㄹ. 대량의 물건 운송에는 육로보다는 수로를 많이 이용하였다.

① ㄱ, ㄴ　　　　　　　　　② ㄴ, ㄷ

③ ㄴ, ㄹ　　　　　　　　　④ ㄴ, ㄷ, ㄹ

29 비행기 이착륙 시에 지켜야 할 것으로 바르지 않은 것은?

① 휴대폰 등 전자기기의 전원을 끈다.

② 안전벨트를 착용한다.

③ 간이 테이블은 접어놓는다.

④ 창문은 모두 닫는다.

30 경제 활동이 (가)에서 (나)로 변화한 결과로 옳은 것은?

> (가) 개항 초기에는 일본 상인의 활동 범위가 개항장에서 10리 이내로 제한되어, 조선 상인을 매개로 하는 거류지 무역의 형태를 띠었다. 개항 초기에는 외국 상인이 활동하였으며, 이때의 거류지 제한으로 인해 객주·여각·보부상 등의 활동이 활발하였고, 이윤도 남겼다.
>
> (나) 청은 조선에 대한 종주권을 확인하였고 개항장을 비롯하여 서울과 양화진에서 상점 개설, 연안 무역, 내지 통상, 영사 재판권을 인정받았다.

① 일본 상인의 조선 상권 독점이 심화되었다.
② 당시 러시아에게도 거류지 제한이 설정되었다.
③ 한성 은행, 천일 은행 등 민간 은행이 몰락하였다.
④ 객주, 여각, 보부상 등이 상회사를 설립하기 시작하였다.

31 경기부양을 위해 어떤 정책을 내놓아도 경제주체들의 반응이 거의 없는 불안한 경제상황을 일컫는 용어는?

① 버블경제
② 구축경제
③ 좀비경제
④ 풍선경제

32 다음 중 비정규직 관련법이 규정하고 있는 비정규직 노동자에 해당하지 않는 것은?

① 기간제 근로자
② 단시간 근로자
③ 파견 근로자
④ 무기계약직 근로자

33 인터넷 사용자가 접속한 웹사이트 정보를 저장하는 정보 기록 파일을 의미하며 웹사이트에서 사용자의 하드디스크에 저장되는 특별한 텍스트 파일을 무엇이라 하는가?

① 쿠키
② 피싱
③ 캐시
④ 텔넷

34 의회 안에서 합법적 · 계획적으로 수행되는 의사진행 방해 행위를 무엇이라 하는가?

① 필리버스터 ② 캐스팅 보드

③ 코아비타시옹 ④ 핌투현상

35 다음 중 천식에 대한 설명으로 옳지 않은 것은?

① 알레르기성 질환으로 기관지가 예민해져 발작적 기침과 호흡곤란이 일어난다.

② 적은 양으로도 빠르게 효과를 거두고 부작용이 적은 흡입제 투여법이 일반적이다.

③ 기관지 천식은 급성적이고 재발률이 낮아 단기간에 완치가 가능하다.

④ 대표적인 증상으로는 호흡곤란, 기침, 천명이 있다.

36 원본이 프랑스 파리의 국립도서관 동양문헌실에 보관되어 있는 세계에서 가장 오래된 금속활자본은?

① 무구정관대다라니경 ② 팔만대장경

③ 직지심체요절 ④ 외규장각 의궤

37 다음 밑줄 친 부분 중 올바르지 않은 것은?

Every year millions of people try to <u>quit smoking,</u> <u>since</u> <u>only about</u> three
①　　　　② ③
percent <u>do.</u>
④

※ 다음 글을 읽고 물음에 답하시오[38~39].

Muscles are needed not only for a good appearance. Each one of us has over 600 muscles that all have a purpose. Particular muscles allow us (A) breathe / to breathe , digest food, and keep our blood flowing. Strong muscles in our back are good for lifting and pushing. Muscles in the neck let us (B) turn / turning our head in different directions. There are muscles in our face too, which are used to talk and to make tiny movements that (C) give / gives us different facial expressions.

38 (A), (B), (C)의 각 네모 안에서 어법에 맞는 것은?

	(A)	(B)	(C)
①	breathe	turning	give
②	to breathe	turn	give
③	to breathe	turning	gives
④	breathe	turn	gives

39 글의 주제로 가장 알맞은 것은?

① The Function of Muscles
② The Connection among Muscles
③ The Similarities among Muscles
④ How to Strengthen Existing Muscles

40 다음 빈칸에 들어갈 수 없는 것은?

A : Would you mind opening the window?
B : _____. It's hot in here.

① Yes, I would   ② No, not at all
③ Certainly not   ④ Of course not

여기서 멈출 거예요? 고지가 바로 눈앞에 있어요.
마지막 한 걸음까지 시대에듀가 함께할게요!

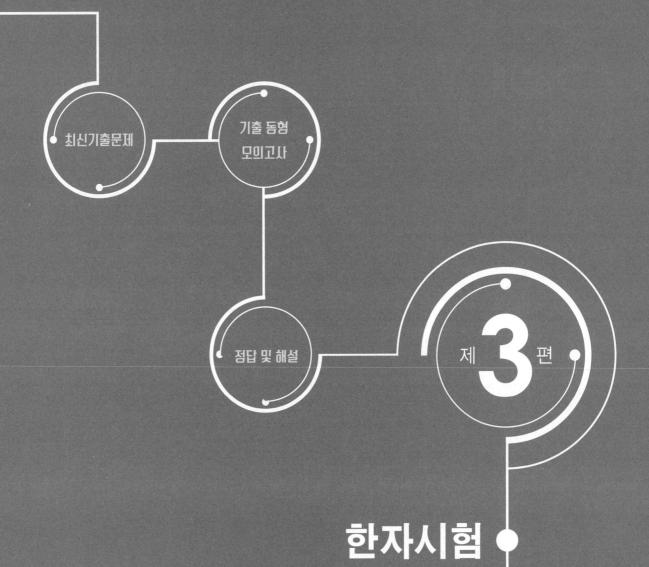

최신기출문제

기출 동형
모의고사

정답 및 해설

제 **3** 편

한자시험

기출이
답이다

시대에듀
www.**sdedu**.co.kr

자격증 · 공무원 · 취업까지
BEST 온라인 강의 제공

(주)시대고시기획
(주)시대교육
www.**sidaegosi**.com

시험정보 · 자료실 · 이벤트
합격을 위한 최고의 선택

I Wish you the best of luck!

정답 및 해설 081p

※ 다음 한자와 조자(造字) 방식이 같은 것을 고르시오[1~2].

01

斷

☑ 확인
Check!
○
△
×

① 蝶   ② 廷

③ 專   ④ 占

02

旦

☑ 확인
Check!
○
△
×

① 鬼   ② 琴

③ 豈   ④ 企

※ 다음 한자의 음(音)을 고르시오[3~6].

03

卵

☑ 확인
Check!
○
△
×

① 란   ② 문

③ 묘   ④ 각

04

勢

① 노   ② 세
③ 권   ④ 성

05

飾

① 식   ② 신
③ 아   ④ 태

06

泥

① 니   ② 담
③ 노   ④ 뇌

※ 다음 음(音)을 가진 한자를 고르시오[7~10].

07

매

① 妹   ② 姉
③ 卯   ④ 尾

08

<table>
<tr><td colspan="2" align="center">돌파</td></tr>
</table>

☑ 확인
Check!
○
△
✕

① 突破　　　　　　② 打破

③ 革罷　　　　　　④ 走破

09

<table>
<tr><td colspan="2" align="center">단</td></tr>
</table>

☑ 확인
Check!
○
△
✕

① 且　　　　　　② 殳

③ 肝　　　　　　④ 旦

10

<table>
<tr><td colspan="2" align="center">탄</td></tr>
</table>

☑ 확인
Check!
○
△
✕

① 浸　　　　　　② 殆

③ 歎　　　　　　④ 趣

※ 다음 한자와 음(音)이 같은 것을 고르시오[11~12].

11

<table>
<tr><td colspan="2" align="center">遵</td></tr>
</table>

☑ 확인
Check!
○
△
✕

① 亭　　　　　　② 俊

③ 組　　　　　　④ 珠

12

| 私 |

☑ 확인
Check!
○
△
X

① 證　　　　② 稱

③ 霜　　　　④ 舍

※ 다음의 뜻을 가진 한자를 고르시오[13~14].

13

| 바꾸다 |

☑ 확인
Check!
○
△
X

① 聰　　　　② 替

③ 慰　　　　④ 潤

14

| 엎드리다 |

☑ 확인
Check!
○
△
X

① 朴　　　　② 伏

③ 伐　　　　④ 佛

15 다음 한자와 뜻이 비슷한 한자는?

☑ 확인
Check!
○
△
X

| 還 |

① 叛　　　　② 邊

③ 返　　　　④ 蓮

※ 다음 한자어와 발음이 같은 것을 고르시오[16~17].

16

乾燥

① 健康　　　　　　　② 建造

③ 件數　　　　　　　④ 肝腸

17

施肥

① 施設　　　　　　　② 對備

③ 詩碑　　　　　　　④ 視線

※ 다음 괄호 안의 음이 다르게 발음되는 것을 고르시오[18~19].

18　① 檢(索)　　　　　　② (索)引

③ (索)寞　　　　　　④ 搜(索)

19　① 開(拓)　　　　　　② (拓)本

③ 干(拓)　　　　　　④ (拓)植

※ 다음 단어들의 '□'에 공통으로 들어갈 알맞은 한자를 고르시오[20~23].

20

☑ 확인
Check!
○
△
✕

□福, 感□, □歌

① 幸　　　　　　　② 或
③ 知　　　　　　　④ 祝

21

☑ 확인
Check!
○
△
✕

物□, □心, 貪□

① 慾　　　　　　　② 理
③ 初　　　　　　　④ 官

22

☑ 확인
Check!
○
△
✕

□中, □計, □合

① 貴　　　　　　　② 家
③ 同　　　　　　　④ 集

23

☑ 확인
Check!
○
△
✕

音□, □問, 人□

① 樂　　　　　　　② 訪
③ 道　　　　　　　④ 質

※ 다음 한자어와 뜻이 반대이거나 상대되는 한자어를 고르시오[24~26].

24 　　　　　　　　　　　　　　輕薄

☑ 확인
Check!
○
△
✕

① 拙作　　　　　　　　② 愼重
③ 放任　　　　　　　　④ 高調

25 　　　　　　　　　　　　　　容易

☑ 확인
Check!
○
△
✕

① 解弛　　　　　　　　② 難理
③ 難海　　　　　　　　④ 難解

26 　　　　　　　　　　　　　　充實

☑ 확인
Check!
○
△
✕

① 空虛　　　　　　　　② 公許
③ 空許　　　　　　　　④ 公虛

※ 다음 성어(成語)에서 '□'에 들어갈 알맞은 한자어를 고르시오[27~29].

27

養虎遺□

☑ 확인
Check!
○
△
X

① 皮　　　　　　　　② 名
③ 患　　　　　　　　④ 限

28

三尺□頭

☑ 확인
Check!
○
△
X

① 暢　　　　　　　　② 案
③ 債　　　　　　　　④ 搖

29

□火可親

☑ 확인
Check!
○
△
X

① 燈　　　　　　　　② 母
③ 證　　　　　　　　④ 食

※ 다음 성어(成語)의 뜻풀이로 적절한 것을 고르시오[30~32].

30

博覽强記

☑ 확인
Check!
○
△
X

① 잠깐 본 것을 잘 기억하다.
② 박학하여 기록할 필요가 없다.
③ 널리 여러 책을 읽고 잘 기억하다.
④ 대충 훑어보고 세밀하게 본 것처럼 기록하다.

31

黍離之歎

① 떠나간 연인을 그리워함

② 세월의 무상함을 탄식함

③ 고향에 두고 온 부모님을 그리워함

④ 가난한 살림을 탄식함

32

塗炭之苦

① 자신의 신분을 숨기고 은신하여 사는 괴로움

② 자신의 세력을 넓히기 위해 서로 싸워 난장판이다.

③ 생활이 몹시 곤궁하거나 고통스럽다.

④ 목적을 이루기 위하여 괴로움을 참고 견디다.

※ 다음의 뜻을 가장 잘 나타낸 성어(成語)를 고르시오[33~35].

33

윗사람이 하는 짓을 아랫사람이 본받는다.

① 克己復禮　　　　　② 上通下達

③ 上行下效　　　　　④ 先公後私

34

호화롭고 사치스런 의식

① 錦衣還鄕　　　　　② 錦衣夜行

③ 錦衣玉食　　　　　④ 金枝玉葉

35 소수의 군대가 적과 용감히 싸우다.

① 苦盡甘來　　　　　② 孤掌難鳴

③ 束手無策　　　　　④ 孤軍奮鬪

※ 다음 문장에서 빈칸에 들어갈 가장 적절한 한자어를 고르시오[36~38].

36 요즘 대학생들을 정신적으로 힘들게 하는 최대 고민거리는 □□과(와) 불확실한 미래에 대한 불안감을 꼽을 수 있다.

① 宗敎　　　　　② 純潔

③ 結婚　　　　　④ 就業

37 얘기가 나온 김에 □□이지만 꼭 한마디 덧붙일 말이 있다.

① 壯談　　　　　② 餘談

③ 對話　　　　　④ 演說

38 이번 홍수로 피해를 입은 수재민들을 돕기 위한 성금이 □□되었다.

① 公募　　　　　② 賃金

③ 募金　　　　　④ 模倣

※ 다음 문장에서 한자어의 한자표기가 바르지 않은 것을 고르시오[39~41].

39

① 成長과 분배를 ② 助和시키는 것이 ③ 經濟정책에서 가장 ④ 重要한 과제라 할 수 있다.

40

① 今日 뉴스에 ② 交通事故의 ③ 悽慘한 ④ 廣景이 방송되었다.

41

① 至誠이면 ② 感天이라는 말이 있듯이 어떤 일이든 ③ 精誠을 다하는 ④ 勞力이 필요하다.

※ 다음 문장에서 밑줄 친 단어(單語)를 한자(漢字)로 바르게 쓴 것을 고르시오[42~44].

42

이 기구는 농촌에서 논밭을 <u>경작</u>할 때 사용하는 농기구이다.

① 輕作　　　　　　　② 耕作
③ 驚作　　　　　　　④ 境作

43

개나리는 적응력이 강해 <u>척박</u>한 곳에서도 잘 자란다.

① 拓剝　　　　　　　② 剔樸
③ 瘠薄　　　　　　　④ 陟膊

44

인권 <u>유린</u>은 어떠한 명분으로도 용납될 수 없는 범죄 행위이다.

☑ 확인
Check!
○
△
X

① 諭璘　　　　　② 類燐

③ 劉隣　　　　　④ 蹂躪

※ 다음 문장에서 밑줄 친 단어나 어구의 뜻을 가장 잘 나타낸 한자 또는 한자어를 고르시오 [45~47].

45

순천만 갈대 축제에 가면 <u>크고 넓은</u> 황금벌판을 볼 수 있다.

☑ 확인
Check!
○
△
X

① 最大　　　　　② 廣大

③ 充滿　　　　　④ 太平

46

<u>많은 사람들의 의견</u>에 따라 관련 법이 개정되었다.

☑ 확인
Check!
○
△
X

① 輿圖　　　　　② 輿梁

③ 輿望　　　　　④ 輿論

47

<u>마침내</u> 그녀가 결혼 승낙을 했다.

☑ 확인
Check!
○
△
X

① 匹頃　　　　　② 畢頃

③ 畢竟　　　　　④ 必是

※ 다음 글을 읽고 물음에 답하시오[48~50].

당시 유의태는 의술이 ㉠ 뛰어나 귀신처럼 병을 잘 고친다고 널리 알려져 있었다. 그는 의술이 뛰어날 뿐 아니라 학식이 깊고 성품이 호탕하여 모든 사람이 존경하고 있었다. 유의태는 늘 해어진 옷을 입고 헌 갓을 쓰고 산천을 ㉡ 유람하면서 자신의 의술을 널리 펼쳤다. 가난하고 무지한 ㉢ 백성들에게는 유의태야말로 구세주가 아닐 수 없었다.
그동안 자기의 뜻을 이루게 할 수 있는 사람을 구하던 유의태는 허준을 보자 곧 그가 적당한 인물임을 알아챘다. 그는 허준을 마치 자기의 분신인 것처럼 아껴주었다. 허준은 유의태를 스승으로 받들게 되자 스승을 통해 의술을 배워 더 큰 이상을 실현시키리라 마음속으로 다짐했다.

48 ㉠ '뛰어나' 를 뜻하는 것은?

① 歸   ② 秀

③ 協   ④ 朋

49 ㉡ '유람' 의 '유' 와 같은 한자를 사용한 것은?

① 遺族   ② 由來

③ 遊說   ④ 油然

50 ㉢ '백성' 의 '성' 의 한자 표기가 바른 것은?

① 盛   ② 聖

③ 姓   ④ 性

여기서 멈출 거예요? 고지가 바로 눈앞에 있어요.
마지막 한 걸음까지 시대에듀가 함께할게요!

합격을 위한 최고의 선택!
2019 대기업 인적성검사 합격 대표도서

이 시대의 모든 합격 시대에듀

win 시대로
AI면접 **무료쿠폰** 제공

2019 하반기 채용대비
『최신기출문제+기출 동형 모의고사』로 완벽대비!

금호
아시아나 그룹

직무적성검사 및 한자시험

모의고사 2회 → 상세한 해설 → 5개년 기출문제 → 2019 최신기출

기출이 답이다

정답 및 해설

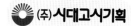

(주)시대고시기획

시대북 통합서비스 앱 안내

연간 1,500여 종의 수험서와 실용서를 출간하는 시대고시기획, 시대교육, 시대인에서
출간 도서 구매 고객에 대하여 도서와 관련한 "실시간 푸시 알림" 앱 서비스를 개시합니다.

이제 시험정보와 함께 도서와 관련한 다양한 서비스를
스마트폰에서 실시간으로 받을 수 있습니다.

❓ 사용방법 안내

1. 메인 및 설정화면

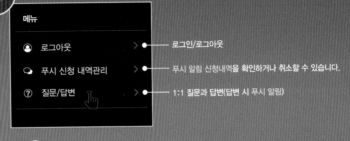

메뉴		
👤 로그아웃	>	로그인/로그아웃
💬 푸시 신청 내역관리	>	푸시 알림 신청내역을 확인하거나 취소할 수 있습니다.
❓ 질문/답변	>	1:1 질문과 답변(답변 시 푸시 알림)

2. 도서별 세부 서비스 신청화면

메인의 "도서명으로 찾기" 또는 "ISBN으로 찾기"로 도서를 검색, 선택하면
원하는 서비스를 신청할 수 있습니다.

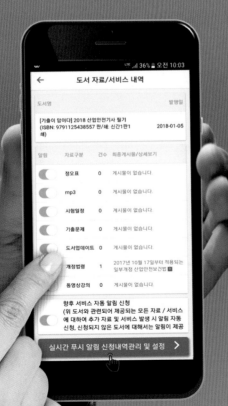

| 제공 서비스 |

- 최신 이슈&상식 : 최신 이슈와 상식(주 1회)
- 뉴스로 배우는 필수 한자성어 : 시사 뉴스로 배우기 쉬운 한자성어(주 1회)
- 정오표 : 수험서 관련 정오 자료 업로드 시
- MP3 파일 : 어학 및 강의 관련 MP3 파일 업로드 시
- 시험일정 : 수험서 관련 시험 일정이 공고되고 게시될 때
- 기출문제 : 수험서 관련 기출문제가 게시될 때
- 도서업데이트 : 도서 부가 자료가 파일로 제공되어 게시될 때
- 개정법령 : 수험서 관련 법령이 개정되어 게시될 때
- 동영상강의 : 도서와 관련한 동영상강의 제공, 변경 정보가 발생한 경우

* 향후 서비스 자동 알림 신청 : 추가된 서비스에 대한 알림을 자동으로
　　　　　　　　　　　　　　　　　발송해 드립니다.

* 질문과 답변 서비스 : 도서와 동영상강의 등에 대한 1:1 고객상담

❓ **앱 설치방법**　▶ Google Play　 Available on the App Store

← 　　시대에듀로 검색　　🎤

🎧 [고객센터]

1:1문의 http://www.sdedu.co.kr/cs

대표전화 1600-3600

본 앱 및 제공 서비스는 사전 예고 없이 수정, 변경되거나 제외될 수 있고, 푸시 알림 발송의 경우 기기변경이나 앱 권한 설정,
네트워크 및 서비스 상황에 따라 지연, 누락될 수 있으므로 참고하여 주시기 바랍니다.

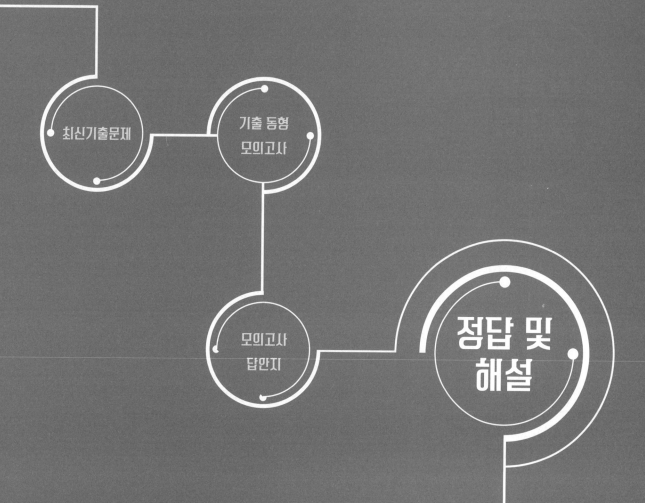

시대에듀

www. **sdedu**.co.kr

자격증 · 공무원 · 취업까지
BEST 온라인 강의 제공

**(주)시대고시기획
(주)시대교육**

www. **sidaegosi**.com

시험정보 · 자료실 · 이벤트
합격을 위한 최고의 선택

I Wish you the best of luck!

01 언어능력

문제 p.003

2017 상반기

01	02	03	04	05	06	07	08	09	10
②	①	④	③	②					

01 '저속(低俗)'은 '품위가 낮고 속됨'을 뜻하며, '저급(低級)'의 유의어이다.

02 '포용(包容)'은 '남을 너그럽게 감싸거나 받아들임'을 뜻하며, '따돌리거나 거부하여 내침'을 뜻하는 '배척(排斥)'의 반의어이다.

03 ④ '-하다'가 붙는 어근에 '-히'나 '-이'가 붙어 부사가 되는 경우 그 어근이나 부사의 원형을 밝히어 적는다(한글맞춤법 제25항).
　　① 한 단어 안에서 같은 음절이나 비슷한 음절이 겹쳐 나는 부분은 같은 글자로 적는다(한글맞춤법 제13항).
　　② 어원이 분명하지 아니한 것은 원형을 밝히어 적지 아니한다(한글맞춤법 제27항 붙임2).
　　③ 바래 → 바라 : 기본형이 '바라다'이기 때문에 어근 '바라-'에 어/아가 붙으면 '바라'가 된다.

다른 풀이

['몇일'이 아닌 '며칠'인 이유]
만약에 몇+일(日)이라면 실질형태소+실질형태소의 결합이기 때문에, ㄴ첨가+비음화 규칙에 따라 '몇일 → 면 일 → 면 닐 → 면닐'이 되어 [면닐]로 소리가 나야 한다(예 잡일[잠닐]). 그러나 [며칠]로 발음하고 있기 때문에, 실질형태소 일(日)로 보기 어려우며, 실제로 며칠의 옛말 '며츨'은 과거에 존재했던 접미사 '-을'이 붙어서 만들어진 파생어였다는 설도 있다. 따라서 어원이 분명하다고 볼 수 없으므로 소리나는 대로 '며칠'로 적는다.

04 (E)에서 시집이나 철학책이 다른 글보다 이해하기 어렵다는 내용을 통해 주제를 도입한 후, (B)에서 (E)의 이유를 제시하고, (D)에서 (B)의 '주관적이고 낯선 이미지'와 '추상적 용어들'이 산재한 원인을 설명하고 있다. 다음으로 (A)에서 낯선 표현을 써야 하는 이유를 덧붙이며 (D)의 내용을 보충설명한 후, 마지막으로 (C)에서 낯선 세계를 우리의 친숙한 삶으로 불러들이는 시와 철학의 의의를 언급하며 내용을 마무리하고 있다. 따라서 (E) - (B) - (D) - (A) - (C)이다.

05 지문에서는 유명 음악가 바흐와 모차르트에 대해 알려진 이야기들과, 이와는 다르게 밝혀진 사실을 대비하여 이야기하고 있다. 또한, 사실이 아닌 이야기가 바흐와 모차르트의 삶을 미화하는 경향이 있으므로 제목으로는 '미화된 음악가들의 이야기와 그 진실'이 가장 적절하다.

2016 하반기

01	02	03	04	05	06	07	08	09	10
②	③	③	②	①					

01 '깜냥'은 '스스로 일을 헤아림 또는, 헤아릴 수 있는 능력'이라는 의미로, 유의어는 ②이다.
① 주로 어린아이들이 재미로 하는 짓. 또는 심심풀이 삼아 하는 짓
③ 첫째가는 큰 부자
④ 담배, 돈, 부시 따위를 싸서 가지고 다니는 작은 주머니

02 ③ 번거로히 → 번거로이 : 부사의 끝음절이 분명히 '이'로만 나는 것은 '-이'로 적고, '히'로만 나거나 '이'나 '히'로 나는 것은 '-히'로 적는다. '번거로이'는 끝음절이 '이'로만 나므로, '번거로이'로 고쳐 써야 한다.
① 'ㄴ, ㄹ, ㅁ, ㅇ' 받침 뒤에서 나는 된소리는 다음 음절의 첫소리를 된소리로 적는다. '담뿍'은 '넘칠 정도로 가득하거나 소복한 모양 또는 많거나 넉넉한 모양'이라는 뜻이다.
② 두 모음 사이에서 나는 된소리는 다음 음절의 첫소리를 된소리로 적는다. '해쓱하다'는 '얼굴에 핏기나 생기가 없어 파리함'이라는 뜻이다.
④ 둘 이상의 단어가 어울리거나 접두사가 붙어서 이루어진 말은 각각 그 원형을 밝히어 적는다. '벋놓다'는 '1. 다잡아 기르거나 가르치지 아니하고, 제멋대로 올바른 길에서 벗어나게 내버려 두다. 2. 잠을 자야 할 때에 자지 아니하고 그대로 지나가다.'라는 뜻이다.

03 ① 퇴근전 → 퇴근 전 : '퇴근 + 전'은 복합명사로 보기 어려우므로 띄어 쓴다.
검토한 바 → 검토한바 : '바'는 '어떤 사실을 말하기 위해 그 사실이 있게 된 과거의 상황'을 제시하는 연결 어미로 붙여 쓴다.
② 산 기슭의 → 산기슭의 : '산 + 기슭'은 합성어로 붙여 쓴다.
여러개의 → 여러 개의 : 관형사 '여러'와 명사 '개'는 띄어 쓴다.
④ 초 저녁부터 → 초저녁부터 : '초저녁'은 하나의 명사로 붙여 쓴다.
새벽 까지 → 새벽까지 : 범위의 끝을 나타내는 '-까지'는 조사이므로 앞 말과 항상 붙여 쓴다.

04 ② 제시문의 내용은 개인의 능력을 최대한 끌어올리기 위한 교육 방법의 예이다. '루브 골드버그 장치'를 만들게 하는 이유는 다양한 지식의 습득과 이에 대한 응용력, 상상력, 창의력, 통합력 등을 평가하는 데 있다. 그러므로 협동심을 기르기 위해 경시대회를 개최한다는 내용은 이끌어내기 힘들다.

05 ① 첫 번째 단락이 도입부라 볼 수 있고 두 번째 단락의 첫 문장이 제시문의 주제문이다. 이어서 서
구와의 비교를 통해 연고주의의 장점을 제시하고 있다. 이러한 유형의 문제를 풀 때 '글 전체를
요약한 것'과 '주제문을 작성하는 것'은 다른 문제임을(물론 요약문이 주제문인 경우도 있다)
인식해야 한다.

01	02	03	04	05	06	07	08	09	10
②	④	④	①	③					

01 ② '참살이'는 외국어 '웰빙(Well-being)'을 순화하여 이르는 말이다. '웰빙(Well-being)'은 '복
지, 안녕, 행복'이라는 사전적 의미를 가진다.
① 잘살다 : 부유하게 살다.
③ 느리다 : 어떤 동작을 하는 데 시간이 길다.
④ 슬로푸드 : 천천히 시간을 들여서 만들고 먹는 음식

02 ④ '바'는 문장에서 의존 명사로 띄어 써야 한다.
① '에서부터'는 조사이므로 붙여 쓴다.
② '지'가 어떤 일이 있었던 때로부터 지금까지의 동안을 나타내는 의존 명사로 쓰일 경우에는 띄
어 써야 한다.
③ '그때'와 '그곳'처럼 단음절로 된 단어가 연이어 나타날 적에는 붙여 쓸 수 있다.

03 ④ 남여 → 남녀 : 단어의 첫머리 이외에는 두음법칙을 적용하지 않고 본음대로 적는다.
① 한 단어 안에서 같은 음절이나 비슷한 음절이 겹쳐 나는 부분은 같은 글자로 적는다.
② 모음이나 'ㄴ' 받침 뒤에 이어지는 '률'은 '율'로 적는다.
③ 'ㄱ', 'ㅂ' 받침 뒤에서 나는 된소리는 같은 음절이나 비슷한 음절이 겹쳐 나는 경우가 아니면
된소리로 적지 않는다.

04 ① 나무가지 → 나뭇가지 : '순우리말+순우리말'의 형태로 합성어를 만들 때 앞말에 받침이 없을
경우 사이시옷을 쓴다.
② • 붙이다 : 맞닿아 떨어지지 않게 하다.
• 부치다 : 일정한 수단이나 방법을 써서 상대에게로 보내다.
③ '순우리말+한자어' 형태로 합성어를 만들 때 앞말에 받침이 없는 경우 사이시옷을 쓴다.
④ '갈비+찜'으로 뒤에 오는 낱말이 된소리(ㄲ, ㄸ, ㅃ, ㅆ, ㅉ)나 거센소리(ㅊ, ㅋ, ㅌ, ㅍ)이면 사
이시옷을 쓰지 않는다.

05 ③ 하세요 → 하십시오 : 공식적인 자리에서 다수의 청자에게 이야기할 때 '해요체'를 사용하는 것
     이 부자연스러울 수 있고, '합쇼체'를 사용하는 것이 정중하다.
     ① '-께서(조사)'와 '-시(선어말어미)'를 사용한 '직접높임법'이다.
     ② '모시다'를 사용하여 말하는 이가 목적어를 높이는 '객체높임법'이다.
     ④ 말하는 이가 듣는 이를 높이는 높임법으로 종결어미를 통해 실현하는 '상대높임법'이다.

2015 하반기

01	02	03	04	05	06	07	08	09	10
①	②	③	②						

01 '등쌀'은 '몹시 귀찮게 구는 짓'이라는 뜻으로, 유의어는 '성화'이다.
     ② 양상(樣相) : 사물이나 현상의 모양이나 상태
     ③ 절박(切迫) : 어떤 일이나 때가 가까이 닥쳐서 몹시 급함
     ④ 표리(表裏) : 물체의 겉과 속 또는 안과 밖을 통틀어 이르는 말

02 할수가 → 할 수가 : '수'는 의존 명사이므로 띄어 써야 한다.
     ① '번째'는 차례나 횟수를 나타내는 의존 명사이고, '첫'은 관형사이므로 띄어 쓴다.
     ③ '만큼'은 의존 명사이므로 띄어 쓴다.
     ④ '올가을'은 합성어로 붙여 쓰고, '거야'는 '것(의존 명사)+이야'의 구어적인 표현인 '거야'로
        축약된 것이므로 띄어 써야 한다.

03 제시문의 '보다'는 '눈으로 대상을 즐기거나 감상하다.'라는 의미를 가지고 있다. 따라서 같은 의
     미로 쓰인 것은 ③이다.
     ① 음식상이나 잠자리 따위를 채비하다.
     ② 어떤 관계의 사람을 얻거나 맞다.
     ④ 어떤 일을 당하거나 겪거나 얻어 가지다.

04 제시문은 교과서에서 많은 오류가 발견된 사실을 제시하고 오류의 유형과 예시를 차례로 언급하면
     서, 문제 해결에 대한 요구를 제시하고 있는 글이다. 따라서 (C) 교과서에서 많은 오류가 발견됨 →
     (A) 교과서에서 나타는 오류의 유형과 예시 → (D) 편향된 내용을 담은 교과서의 또 다른 예시 →
     (B) 교과서의 문제 지적과 해결 촉구 순으로 연결되어야 한다.

02 수리능력

문제 p.010

01	02	03	04	05	06	07	08	09	10
①	③	④	③	③	②				

01 $493 - 24 \times 5 = 493 - 120 = 373$

02 $\dfrac{10}{37} \div 5 + 2 = \dfrac{10}{37} \times \dfrac{1}{5} + 2 = \dfrac{2}{37} + 2 = \dfrac{76}{37}$

03 $14.9 \times (3.56 - 0.24) = 14.9 \times 3.32 = 49.468$

04 $209 - 27(\ \ )2 = 155 \rightarrow 27(\ \ )2 = 54$
$\therefore (\ \ ) = \times$

05 A와 B를 하나로 묶어 줄 세우는 경우의 수를 구하면,
$4! = 4 \times 3 \times 2 \times 1 = 24$
A−B, B−A로 설 수 있는 2가지 경우가 있으므로
$24 \times 2 = 48$(개)

06 (속력)×(시간)=(거리)이고, 경림이와 소정이가 $2\dfrac{1}{3}$시간 걸어갔을 때 둘 사이의 거리가 24.5km가 되었으므로,
$\dfrac{7}{3}x + 14 = 24.5 \rightarrow \dfrac{7}{3}x = 10.5$
$\therefore x = 4.5(\text{km/h})$

01	02	03	04	05	06	07	08	09	10
①	②	②	②	③	④	③	①		

01 $1,507 - 710 + 5,024 = 797 + 5,024 = 5,821$

02 $A = \dfrac{1}{7} + \dfrac{5}{24} \times \dfrac{8}{15} = \dfrac{16}{63} \fallingdotseq 0.25$
$B = \dfrac{7}{10} \times \dfrac{4}{9} \times \dfrac{1}{10} = \dfrac{7}{225} \fallingdotseq 0.03$
$\therefore A > B$

03   $5,024+1,207(\quad)608+1,507=7,130$

$1,207(\quad)608=7,130-5,024-1,507$

$1,207(\quad)608=599$

∴ $1,207(-)608=599$

04   민경이와 민우의 속력을 각각 x, y라고 하면

$5(x+y)=2,000 \cdots \bigcirc$

$10(x-y)=2,000 \cdots \bigcirc$

$\bigcirc \times 2 - \bigcirc$을 하여 식을 정리하면

∴ $x=300$, $y=100$

05   증발시키는 물의 양을 x라 하자.

증발 전후 소금의 양은 일정하므로

$\dfrac{a}{100} \times b = \dfrac{c}{100} \times (b-x)$

$ab=c(b-x)$

∴ $x=\dfrac{b(c-a)}{c}$

06   첫 번째 손님에게 7봉지의 **빵** 중 3봉지를 주는 경우의 수 : $_7C_3=35$

두 번째 손님에게 4봉지의 **빵** 중 2봉지를 주는 경우의 수 : $_4C_2=6$

세 번째 손님에게 2봉지의 **빵** 중 1봉지를 주는 경우의 수 : $_2C_1=2$

∴ (구하는 경우의 수)$=35 \times 6 \times 2=420$

07   환율이 1달러가 1,000원일 때, 국내 시장에서 만 원인 상품의 수출 가격은 $\dfrac{(국내가격)}{(환율)}=\dfrac{10,000}{1,000}$

$=10$달러이다. 따라서 티셔츠 한 장의 수출 가격이 10달러이므로, 300장의 수출가격은

$10 \times 300=3,000$달러이다.

08   ① '남녀가 결혼하지 않은 상태에서도 함께 살 수 있다.'고 응답한 비율(58.4%)은 이에 대해 반대한 비율(41.6%)보다 16.8%p 많다.

2016 상반기

01	02	03	04	05	06	07	08	09	10
①	③	④	②	①	④	③	④		

01　A : $\dfrac{2}{21}+\dfrac{5}{6}\times\dfrac{3}{14}=\dfrac{23}{84}$

　　　B : $\dfrac{1}{3}\times\dfrac{5}{7}\times\left(\dfrac{1}{2}\right)^2=\dfrac{5}{84}$

　　　$\therefore A>B$

02　$36(\ \ )12=488-127+71=432$

　　　$\therefore 36(\times)12=432$

03　$375\div15+5.24\times1.25=25+6.55=31.55$

　　　$\therefore 31.55+12=43.55$

04　민우의 나이를 x라 하면, 형의 나이는 $x+14$이다.

　　　4년 후엔 민우의 나이가 $x+4$, 형의 나이는 $x+18$이므로

　　　$2(x+4)=x+18$

　　　$\therefore x=10$

05　선체 일의 양을 1이라 하면 은지, 민아 그리고 유라가 1분 동안 하는 일의 양은 각각 $\dfrac{1}{60}, \dfrac{1}{30},$

　　　$\dfrac{1}{20}$이다.

　　　은지가 민아와 유라와 함께 일한 시간을 x분이라 하면

　　　$\dfrac{1}{60}\times12+\left(\dfrac{1}{60}+\dfrac{1}{30}+\dfrac{1}{20}\right)\times x=1$

　　　$\therefore x=8$

06　기차의 길이를 x라 하면,

　　　500m 터널을 통과하는 기차의 속력은 $\dfrac{500+x}{20}$,

　　　350m 터널을 통과하는 기차의 속력은 $\dfrac{350+x}{15}$이다.

　　　기차의 속력은 일정하므로 $\dfrac{500+x}{20}=\dfrac{350+x}{15}$　　$\therefore x=100$

　　　따라서 기차의 길이는 100m이고 속력은 30m/s이다.

　　　이 기차가 140m의 터널을 통과하는 데 걸리는 시간은

　　　$\dfrac{140+100}{30}=\dfrac{240}{30}=8$초이다.

07 ③ 인구성장률 그래프의 경사가 완만할수록 인구수 변동이 적다.
    ① 인구성장률은 1970년 이후 계속 감소하고 있다.
    ② 총인구가 감소하려면 인구성장률 그래프가 $(-)$값을 가져야 하는데 2011년에는 $(+)$값을 갖는다.
    ④ 그래프를 통해 1990년 인구가 더 적다는 것을 알 수 있다.

08 ④ 2010년 이후 녹지 면적이 유원지 면적보다 커진 것은 명확하나, 그 추세가 2010년 1월부터 나타난 것인지는 알 수 없다.

2015 하반기

01	02	03	04	05	06	07	08	09	10
③	③	③	②	④	④				

01 A : $0.58 \times 700 + 102.34 = 508.34$
    B : $0.77 \times 500 + 123.34 = 508.34$
    $\therefore A = B$

02 $2.33 \times 3.5 + 215 \div 5 = 8.155 + 43 = 51.155$
    $\therefore 51.155 + 10 = 61.155$

03 연속하는 세 홀수를 $x-2, \ x, \ x+2$라고 하면
    $x-2 = (x+2+x) - 11 \ \rightarrow \ x-2 = 2x-9 \ \rightarrow \ x=7$
    따라서 연속하는 세 홀수는 5, 7, 9이므로 가장 큰 수는 9이다.

04 $ax+2 > 0 \ \rightarrow \ ax > -2 \ \rightarrow \ x > -\dfrac{2}{a} (\because \ a > 0)$

05 적어도 1개의 하얀 공을 뽑을 확률 $= 1 - $ (모두 빨간 공을 뽑을 확률)
    $1 - \left(\dfrac{4}{10} \times \dfrac{3}{9} \right) = \dfrac{13}{15}$

06 ④ 무분별한 개발보다는 포획량이 이전보다 늘었기 때문에 회귀율이 낮아졌다고 추론하는 것이 옳다.
    ① $0.1 = x / 600$만 $\times 100$이므로 $x = 6$천이다.
    ② 1996년부터 1999년 회귀율 평균은 $4.3/4 = 1.075(\%)$이다.
    ③ 2000년부터 2007년까지의 회귀율 평균은 $2.6/8 = 0.325(\%)$이다.

03 추리능력

문제 p.020

2017 상반기

01	02	03	04	05	06	07	08	09	10
①	②	③	①	④	②				

01　'등급'은 '허리케인'의 강도이고 '지진'의 강도는 '규모'이다.
　　④ '진도'란 지진의 피해 정도를 주관적으로 나타낸 수치이다.

02　'시력'이 나빠지면 '안경'을 사용하고 '청력'이 나빠지면 '보청기'를 사용한다.

03　'문무왕'의 업적은 '삼국통일'이고 '신문왕'의 업적은 '녹읍폐지'이다.

04　규칙은 앞의 숫자를 모두 더한 값이 다음 항 값이 되는 것이다. 따라서 세 번째 항 값부터는 바로
　　전 항 값의 두 배가 된다.

05　$\underline{A \quad B \quad C} \rightarrow 3A + 2B = C$

06

1	2	3	4	5	6	7	8	9	10	11	12	13
A	B	C	D	E	F	G	H	I	J	K	L	M

14	15	16	17	18	19	20	21	22	23	24	25	26
N	O	P	Q	R	S	T	U	V	W	X	Y	Z

위의 문자추리 표에 따라 주어진 문자를 숫자로 변환하면 다음과 같다.

$$\underline{1 \quad 2 \quad 1} \qquad \underline{12 \quad 2 \quad 23} \qquad \underline{4 \quad 2 \quad (\quad)}$$

$\underline{A \quad B \quad C} \rightarrow A \times B - 1 = C$

01	02	03	04	05	06	07	08	09	10
②	④	③	④	④	①	③	③		

01 홀수 항은 ×2, 짝수 항은 +3이다.

02

1	2	3	4	5	6	7	8	9	10	11	12	13
A	B	C	D	E	F	G	H	I	J	K	L	M
14	15	16	17	18	19	20	21	22	23	24	25	26
N	O	P	Q	R	S	T	U	V	W	X	Y	Z

위의 문자추리 표에 따라 주어진 문자를 숫자로 변환하면 다음과 같다.

E	I	G	K	L	(M)	S
5	9	7	11	12	13	19

나열된 문자의 규칙은 홀수 항은 (앞의 항)+(뒤의 항)=(다음 항), 짝수 항은 +2이다. 따라서 빈칸에 들어갈 알맞은 문자는 M(=13)이다.

03 $\underline{A \quad B \quad C} \rightarrow 3A-B=C$

04 우선 주어진 문자를 숫자로 변환하면 다음과 같다.

$$\underline{1 \quad 2 \quad 5} \quad \underline{3 \quad 4 \quad 25} \quad \underline{2 \quad 4 \quad (\quad)}$$

$\underline{A \quad B \quad C} \rightarrow A^2+B^2=C$

05 제시문은 유의 관계이다. '고뿔'은 '감기'의 유의어로 감기를 일상적으로 이르는 말이다. '아가페'는 기독교에서 흔히 사용하는 말로 종교적인 무조건적 사랑을 의미한다. 따라서 유의어는 ④이다.
① 슬픈 마음이나 느낌 또는, 정신적 고통이 지속되는 일
② 화평하고 즐거움
③ 차례로 돌아감이라는 뜻으로, 불교에서는 중생이 번뇌와 업에 의하여 삼계육도(三界六道)의 생사 세계를 그치지 아니하고 돌고 도는 일을 의미함

06 '단심가'는 고려 말엽 '정몽주'가 지은 시조로, '이방원'이 정몽주의 진심을 떠보고 회유하기 위해 읊은 '하여가'에 답하여 부른 것이다.

07 '아이언맨'은 '어벤져스'의 대표적인 인물이고, '피카소'는 '입체파' 화가의 대표적인 인물 중 한 명이다.

08   '자색' 은 '자주색' 의 유의어이고, '금광' 은 '금색' 의 유의어이다.

01	02	03	04	05	06	07	08	09	10
②	①	③	①						

01    $A \quad B \quad C \rightarrow 3A+B=C$

02   홀수 항은 ×3+5, 짝수 항은 ×4이다.

03   홀수 항은 +3, 짝수 항은 +2이다.

B	M	E	O	(H)	Q	K
2	13	5	15	8	17	11

04   앞의 항에 1, 3, 5, 7, 9, …을 더한다.

ㄴ	ㄷ	ㅂ	ㅋ	ㄹ	(ㅍ)
2	3	6	11	18(=14+4)	27(=14+13)

01	02	03	04	05	06	07	08	09	10
④	③	④	④						

01    $A \quad B \quad C \rightarrow A \times B$의 각 자리 숫자의 합$=C$

02   앞의 항+뒤의 항=다음 항

03   앞의 항에 −1씩 더한다.

ㅍ	ㅌ	ㅋ	ㅊ	ㅈ	(ㅇ)
13	12	11	10	9	8

04   앞의 항에 +4, +6, +8, +10, +12를 더한다.

E	I	O	W	G	(S)
5	9	15	23	33(=26+7)	45(=26+19)

04 사무지각능력

문제 p.026

2017 상반기

01	02	03	04	05	06	07	08	09	10
②	④	②	①	②	③				

01 BE**TT**ERTHANNOTH**I**NG − BE**ET**ERTHANNOTH**J**NG

02 讀書百遍<u>義自</u>見 − 讀書百遍<u>搭日</u>見

03 rm**a**ghdkt**l**dksk − rm**e**ghdkt**i**dksk

04 ① E+C=8+9=17, ② 16, ③ 10, ④ 15

05
① ↗↗↗△↘↘↘∨
③ ↗∧↘↘↗∧↘↘∨
④ ↗↗↗↗∧↘↘↘∨

06

<u>스브스</u>	스부스	<u>스브스</u>	소보스	스브소	스브수	소보소	<u>스브스</u>	<u>스브스</u>	<u>스브스</u>
시브스	<u>스브스</u>	스브시	스뵤스	<u>스브스</u>	<u>스브스</u>	스프스	즈브스	<u>스브스</u>	스므스
스포스	스브신	스그스	<u>스브스</u>						

2016 하반기

01	02	03	04	05	06	07	08	09	10
③	②	②	④	③	②				

01 <u>문짜</u>와로<u>서</u>르사<u>맛</u>디아니할세 − <u>문자</u>와르<u>서</u>로<u>싸</u>만띠아니할쎄

02 ILO**V**EUFORE**V**ER − ILO**W**E**W**F**D**REWER

03 ▽▲◎○☆◇◐♣◁♡☎✉♩♬ − ▽▲◎○☆◇◐♣▷♡☎✉♩♬

04 ④ C+B=3+7=10
① 13
② 11
③ 14

05　③ Q×B=3×8=24

　　① 10

　　② 84

　　④ 45

06

도르	토르	도르	도므	토므	토르	도브	토므	도트	토르
토르	도트	토므	도르	토트	도트	도르	토브	토르	도르
토드	토트	도트	토르	토드	토트	토르	도트	토드	토트

2016 상반기

01	02	03	04	05	06	07	08	09	10
②	④	④	④	③	②				

01　ZXCVBIMNPD – ZXCYBTMWRD

02　나랏말싸미듕귁에달아 – 나랏말싸이듐귄에닫아

03　★☆◎◑☎♠♡◇♤♥♧♬♩ – ★☆◎☉☎♤♡◇♤♠♧♬♪

04　13B6DH7AV – 18E6PH9AU

05　③ A+E=3+7=10

　　① 11

　　② 9

　　④ 12

06　② E+D=9+18=27

　　① 26

　　③ 29

　　④ 23

2015 하반기

01	02	03	04	05	06	07	08	09	10
③	③	④	②	③	②				

01 세종대왕이순신과거북선 – 세종대와이숙신과거분석

02 07041329857 – 07841328957

03 ★○◎◇■△▼→←↑↔ – ☆○◎◆■△▼→←↓↔

04

피쟈	피지	피자	파자	퍼자	펴쟈	펴지	페자	피자	페쟈
핀잔	피작	퍼작	퍽작	퍼작	피작	피자	피직	파지	파자
피자	피진	핀지	픽직	피짓	핍자	퍼저	파자	피자	퍄쟈

05

1230	1238	1230	1130	1220	1233	1032	1236	1530	1230
1123	1230	1235	1231	1230	1237	1323	1322	1023	1033
1239	1003	2301	3120	3210	1231	2311	1230	1238	1230

06

ocffee	cooffe	cofefe	coffee	eofefe	ocfoef	coffee	coefef	ooeffe	cofoef
fecofe	coffee	cofeef	ccffee	oefoff	coffee	cofeff	coffea	caffea	coofef
coffee	caffee	coffaa	coffee	coeeff	cafefa	cafafe	coffaa	cofafe	cofefa

05 분석판단능력

문제 p.033

01	02	03	04	05	06	07	08	09	10
②	③	④	④	①	③				

01 입장료로 2,000원을 지불했으므로 현정, 상애, 소희 중 2명이 15세 이상이다. 따라서 동생 상애와 소희를 데려간 현정이는 15세 이상이다. 그 외의 다른 정보는 알 수 없다.

02 Y 자격증을 가지고 있지 않았는데 합격한 C를 보면 Y 자격증은 합격 유무에 상관이 없다.
① 불합격한 A와 합격한 C를 비교해보면 영어성적 1점 차로 합격 유무가 결정됐음을 알 수 있다. 따라서 영어성적은 800점 이상이어야 한다.
② 불합격한 B와 합격한 C를 비교해보면 앞서 확인한 영어성적 자격요건은 둘 다 넘겼지만 B가 X 자격증을 보유하고 있지 않아 떨어졌다는 것을 알 수 있다.

03 참인 명제의 대우는 항상 성립하기 때문에 제시문의 대우인 ④가 옳다.

04 A 기업 - 정서, B 기업 - 애서, C 기업 - 희서

05

구 분		A	B	C
횟 수	지 각	1	2	3
	결 근	2	3	1
	야 근	3	1	2
근태 총 점수		0	-4	-2

06 해설 05 참조

01	02	03	04	05	06	07	08	09	10
①	③	②	③	④					

01 명제의 대우는 항상 참이다. 제시된 명제의 대우는 '금호제주리조트 할인권을 받지 않으면, 아시아나 항공을 이용하지 않은 것이다.' 이므로 ①이 옳다.

02 주연이는 민우보다 2개월 늦게 시작했으므로, 2017년 3월에 작곡 공부를 시작했다. 경섭이는 주연이보다 5개월 전에 시작했으므로, 2016년 10월에 작곡 공부를 시작했다. 따라서 작곡 공부를 시작

한 시기를 빠른 순서대로 정리하면, 경섭(2016년 10월)<민우(2017년 1월)<주연(2017년 3월)의 순이다.

03 주어진 조건에 따르면 가장 매운 단계를 먹은 사람은 제니이고, 총 나올 수 있는 경우는 두 가지이다.

구 분	1단계	2단계	3단계	4단계
경우 1	로제	리사	지수	제니
경우 2	로제	지수	리사	제니

②·① 어떤 경우에서도 로제는 1단계의 떡볶이를 먹었다.

③·④ 주어진 조건에 따라 나올 수 있는 경우는 두 가지이다. 따라서 지수와 리사가 각각 2단계와 3단계를 먹었는지는 알 수 없다.

04 ③ 지원은 D 등급이고, 규현이보다 높다고 했으므로 규현이의 등급은 E 등급으로 가장 낮다. 조건에서 등급이 가장 낮은 사람은 승진에서 제외된다고 했기 때문에, ③은 항상 참이다.

①·② 제시된 조건에 따라 경우의 수는 총 두 가지가 나오며, 수근이와 호동이의 등급은 주어진 조건만으로는 알 수 없다.

④ 호동이는 B 등급과 C 등급 중 하나이고, 지원이는 D 등급이다. 따라서 지원이는 호동이보다 등급이 낮다.

05 ④ 지원이는 D 등급이고 규현이보다 높다고 했으므로, 규현이의 등급은 E 등급이다.

①·③ 호동이와 수근이의 등급은 주어진 조건만으로는 알 수 없다. 단, 호동이가 B 등급이면 수근이는 C 등급이고, 수근이가 B 등급이면 호동이는 C 등급이다.

② 재현이는 A 등급으로 가장 높다. 따라서 어떠한 경우에서도 승진 대상자에서 제외되지 않는다.

2016 상반기

01	02	03	04	05	06	07	08	09	10
②	③	③	③	③	①				

01 ② 동물원에 사는 모든 타조 중 어떤 타조는 카메라를 좋아하지 않으므로 참이다.

①·③ 사자가 동물원에 사는지 살지 않는지 알 수 없다.

④ 모든 타조는 동물원에 살기 때문에 거짓이다.

02 제시된 명제의 대우는 '영화가 할인되지 않으면 문화의 날이 아니다.' 이므로 참이다.

03 민석이의 연습시간은 세훈이의 연습시간 −5시간이고,
종인이의 연습시간은 세훈이의 연습시간 −2시간이다.
따라서 연습시간은 민석<종인<세훈의 순이다.

04 B는 4층에 살지 않으므로, A와 B가 각각 1, 2층에 사느냐 2, 3층에 사느냐에 따라 두 가지의 경우
로 나누어 생각할 수 있다.

⟨경우 1⟩ - A, B가 각각 1, 2층

4층	D
3층	C
2층	B
1층	A

⟨경우 2⟩ - A, B가 각각 2, 3층

4층	D
3층	B
2층	A
1층	C

모든 경우에서 D는 4층에 살고 있다. 따라서 'D는 4층에 산다.'는 항상 참이다.

05 셋째가 화요일과 수요일에 당번을 서면 화요일에 첫째와 같이 서게 되고, 수요일과 목요일에 당번
을 서면 목요일에 둘째와 같이 서게 된다. 따라서 어떤 경우에서든지 셋째는 이틀 중 하루는 형들
과 같이 당번을 서게 된다.
①·② 셋째가 화요일과 수요일에 당번을 설지, 수요일과 목요일에 당번을 설지 알 수 없다.
④ 셋째가 화요일과 수요일에 당번을 서면 화요일에 첫째와 같이 서게 된다.

06 세 형제는 1박 2일로 당번을 서고, 첫째는 월요일부터 당번을 선다. 따라서 첫째는 월요일과 화요
일에 당번을 서게 된다.

2015 하반기

01	02	03	04	05	06	07	08	09	10
④	③	④							

01 한나는 장미를 좋아하고, 장미를 좋아하면 사과를 좋아한다. 즉, 한나는 사과를 좋아한다. 두 번째
문장의 대우 명제는 '사과를 좋아하면 노란색을 좋아하지 않는다.'이다. 따라서 ④ '한나는 노란색
을 좋아하지 않는다.'를 유추할 수 있다.
① 세 번째 문장의 대우 명제는 '사과를 좋아하지 않는 사람은 장미를 좋아하지 않는다.'이다.
② 주어진 문장은 두 번째 문장의 이 명제이다. 따라서 옳은지를 판단할 수 없다.
③ 두 번째 문장과 세 번째 문장의 대우 명제를 결합하면 '노란색을 좋아하는 사람은 장미를 좋아하
지 않는다.'를 유추할 수 있다. 주어진 문장은 이 문장의 역 명제이므로 옳은지 판단할 수 없다.

02 명제의 대우는 항상 참이다.
'장미가 파란색이 아니면 해바라기는 흰색이다.'의 대우는 '해바라기가 흰색이 아니면 장미는 파
란색이다.'가 된다.

03 '봄이 온다 → 강아지는 달린다 → 나비가 날아온다'이므로 '봄이 온다 → 나비가 날아온다'임을
알 수 있다. 따라서 봄이 오면 나비가 날아온다.

07 직무상식능력

문제 p.049

2017 상반기

01	02	03	04	05	06	07	08	09	10
④	②	②	③						

01 ④ Why are we~?는 '왜 우리는~?' 이라는 뜻이다.

「A : 이번 주 주말에 뭐 할 거야?

B : 음, 특별한 계획은 없어. 왜?

A : 우리 극장에 가지 않을래?

B : 좋은 생각이야!」

02 표를 만들 때 입력된 데이터 안에 셀포인터를 놓지 않아도 된다.

03 랜섬웨어 : 몸값(ransom)과 소프트웨어(software)의 합성어로, 컴퓨터에 침투하여 시스템을 사용할 수 없게 만든 후 이를 인질로 금전을 요구하는 프로그램이다.

① 애드웨어(adware) : 무료로 사용할 수 있는 프리웨어(freeware)나 일정한 금액을 지불 후 제품을 구매해야 하는 셰어웨어(shareware) 등에서 광고를 보여주는 프로그램을 말한다.

③ 트로이목마 : 마치 유용한 프로그램인 것처럼 가장하여 사용자의 컴퓨터에 침투한 후, 사용자의 정보를 빼가는 악성 프로그램을 말한다.

④ 웜(worm) : 주로 네트워크상에서 복사 기능을 통해 자가증식하여 데이터를 파괴하는 프로그램을 말한다.

04 제시된 토기는 신석기 시대 때 사용된 빗살무늬 토기로, 밭농사와 달리 농사가 비교적 어려운 벼농사는 청동기 시대부터 가능해졌다.

2016 하반기

01	02	03	04	05	06	07	08	09	10
③	②	③	③	③	②	④	①		

01 ③ 제시된 설명은 식사가 끝날 때의 설명이고, 식사 중에 나이프나 포크를 놓을 때에는 나이프의 칼날 쪽을 안쪽으로, 포크는 엎어서 접시에 팔자 형(八)으로 놓는다.

① 포크를 오른손에 쥐고 먹는 것은 미국식, 그대로 양손을 사용하여 먹는 것은 유럽식이다.

② 정식의 식탁에서 나이프와 포크 등은 음식이 나오는 순서대로 놓여있다.

④ 물과 와인은 오른쪽, 빵과 샐러드는 왼쪽에 있는 것이 본인의 것이다.

02 ② 명함을 건넬 때 상대방이 악수를 청한다면 악수에 응하는 것이 상대방에 대한 배려이다. 따라서 명함을 건네던 손을 거두고 악수에 먼저 응하는 것이 좋다.

03 **빅 데이터(Big Data)**
1880년대 미국에서 나온 용어이며, 기업이나 정부, 포털 등이 빅 데이터를 효과적으로 분석함으로써 미래를 예측해 최적의 대응방안을 찾고, 이를 수익으로 연결하여 새로운 가치를 창출해내기 때문에 현재 많은 주목을 받고 있다. 빅 데이터를 적극적으로 활용하는 대표적인 기업은 '구글(Google)'이다.
① 생활 속 사물들을 유무선 네트워크로 연결해 정보를 공유하는 환경
② '착용할 수 있는'이 본래의 의미이지만, '여러 가지 착용하는 방법에 적합한 모양으로의 입는 법이 가능하다.'라는 의미로 사용된다.
④ 미국 애플(Apple Inc.)사가 2014년 10월부터 시작한 모바일 결제서비스로, 아메리칸익스프레스 비자 마스터 등 세계 주요 신용카드사들은 물론 메이시스 블루밍데일즈 등의 백화점과, 맥도날드(패스트 푸드), 홀푸즈마켓(유기농 식료품) 등과 제휴를 맺었다.

04 ③ 제시문은 어린 아이들의 오염된 물 문제를 해결해야 하는 궁극적인 이유는 지역사회의 번성과 연결되기 때문이라고 설명한다.

> 물은 사람이 살아가는 데 있어 가장 기본적인 요소 중 하나이다. 불행히도 아프리카와 같은 몇몇 국가들은 오염된 물 문제를 겪고 있다. 모든 사람은 깨끗한 물을 마실 권리가 있다. 특히 어린 아이들이 물 오염에 많은 영향을 받는다. 아이들이 자라 날수록 깨끗한 물을 마시는 것이 필요하다. 어린 아이들의 물 문제를 해결해야 하는 궁극적인 이유는, 이것이 지역사회의 번영에 영향을 끼치기 때문이다. 다시 말해, 깨끗하고 위생적인 물은 아이들의 죽음을 막을 뿐만 아니라 궁극적으로 지역사회를 더 번성하게 할 것이다.

05 ③ 제시문을 요약하면 비싼 대학 등록금은 학생이나 납세자에게 모두 부담스럽지만, 그럼에도 불구하고 대학 교육이 학생들에게 많은 기회를 제공해주기 때문에 중요하다는 내용이다.

> 대학 이사회의 이사 Myra Smith에 따르면, 공립 대학교의 4년제 학생의 절반 및 사립 대학교의 학생들은 그들의 학비로 적어도 10,300달러 이상을 지불해야 한다. 등록금이 비싸기 때문에 각 주의 납세자들이 부담해야 하는 세금도 높다. 납세자들이 부담하기에 등록금은 너무 비쌀 뿐만 아니라, 교육의 중요성에 비교했을 때도 가치가 없어 보인다. 그럼에도 불구하고 대학 교육은 학생들에게 공부하는 방법과 인간관계를 넓힐 수 있는 기회를 제공하기 때문에 중요하다.

06 ① 셀 삽입
③ 오늘 날짜를 자동 입력
④ 셀 범위 지정 후 동일한 내용으로 채움

07 ① 직전에 닫았던 브라우저 탭을 다시 여는 단축키는 Ctrl + Shift + T 이다.
② 새로운 브라우저 탭을 닫는 단축키는 Ctrl + W 이다.
③ 활성화된 애플리케이션을 종료하는 단축키는 Alt + F4 이다.

08 ② LED 전구에서 나오는 빛의 파장을 이용해 빠른 통신 속도를 구현하는 기술이다.
③ 첨단 디지털기기에 익숙한 나머지 뇌가 현실에 무감각 또는 무기력해지는 현상이다.
④ 고용주가 직원에게 보내는 해고통보 메일이다. 일반적으로는 특정한 관계를 맺어오던 사람과의 절교를 표시할 때 보내는 이메일을 의미하기도 하다.

2016 상반기

01	02	03	04	05	06	07	08	09	10
②	④	③	②	①	④	④	②	①	④

01 ② 독립문은 1896년 서재필이 독립협회를 조직한 후 독립 정신을 높이고 우리나라의 영구 독립을 선언하기 위해 세운 문으로, 영은문을 헐어버리고 그 자리에 독립문을 세웠다. 1896년 11월 21일 독립문의 정초식이 이루어지고, 1897년 11월 20일에 완공되었다.

02 ④ 남자는 오른손을 위로 하고 큰절을, 여자는 왼손을 위로 하고 평절 또는 큰절을 두 번 한다.

03 ① 악수는 원래 서양식 인사이므로 굳이 허리를 굽히며 할 필요가 없다. 하지만 상사나 연장자와 악수할 경우 10~15도 정도 허리를 굽혀 예를 표하는 것도 괜찮다.
② 악수할 때 남자는 장갑을 무조건 벗어야 하지만 기념식, 예식용 흰 장갑을 낀 경우는 예외이다.
④ 서양에서 악수할 때 상대방의 눈을 마주치지 않는 것은 예의에 어긋나는 행동이다.

04 ② '단일변동환율제'는 외국환거래에서 동일한 환율이 적용되는 변동환율제도이다. 자국 통화의 가치를 다른 어떤 한 나라의 통화 가치와 묶어 놓는 것은 '단일통화연동제도'이다.

05 • 환율 상승의 영향 : 수출 증가, 국제 수지 개선, 국내 물가 상승, 외채상환부담 증가
• 환율 하락의 영향 : 수출 감소, 국제 수지 악화, 국내 물가 하락, 외채상환부담 감소

06 주말에 콘서트가 있다고 했으므로 빈칸에는 함께 갈 것을 제안하는 말이 적절하다.
④ 나랑 함께 갈래?
① 나는 숙제를 해야 해.

② 제 부탁 좀 들어 주시겠어요?

③ 나는 여름 휴가 때 부산을 갈 계획이야.

「A : 안녕, Tom. 오랜만이야.

B : 안녕, Haley. 요즘 어떻게 지내니?

A : 중간고사 준비하느라 정신이 없어. 넌 시험이 언제야?

B : 마지막 시험은 금요일이야.

A : 중간고사 끝나고 특별한 계획이 있니?

B : 아니. 특별한 계획 없어.

A : 주말에 시내에서 콘서트가 있다는 말을 들었어. <u>나랑 함께 갈래?</u>

B : 물론이지. 그거 좋은 생각이야!

A : 그럼 토요일 6시에 카페테리아 앞에서 보자.

B : 좋아.」

07 ④ 바이러스를 치료하기 위해서는 가장 최신 버전의 백신 프로그램을 사용하여 주기적으로 검사를 수행해야 한다.

08 ② 여러 개의 프린터를 한 대의 컴퓨터에 설치할 수 있고, 한 개의 프린터를 네트워크로 공유하여 여러 대의 컴퓨터에 설치할 수 있다.

09 '워드프로세서'는 여러 가지 형태의 문자와 그림, 표, 그래프 등을 활용하여 문서를 작성, 편집, 저장, 인쇄할 수 있는 프로그램이다. 수치나 공식을 입력하여 값을 계산한 후, 결과를 차트로 표시할 수 있는 프로그램은 '스프레드시트'이다.

10 ① Ctrl+D : 윗 셀 복사 · 붙여 넣기

② Ctrl+K : 하이퍼링크 삽입

③ Ctrl+N : 새 통합문서 만들기

2015 하반기

01	02	03	04	05	06	07	08	09	10
②	③	③	③	④					

01 파레토 법칙은 롱테일 법칙과는 정반대의 의미를 지니는 용어다. 파레토 법칙은 20%의 소수가 80%의 가치를 창출한다는 내용으로, 롱테일 법칙은 역(逆)파레토 법칙이라고 한다.

02 ① 일연의 「삼국유사」는 민족적 자주 의식이 반영된 역사서이다.

② 이승휴의 「제왕운기」는 중국과 대등한 입장에서 우리 역사를 서술하였다.

④ 이규보의 「동명왕편」은 영웅 서사시로서, 고구려 계승 의식이 나타나 있다.

03   ③ 크래커는 소프트웨어를 불법으로 복사하여 배포하는 컴퓨터 범죄자를 뜻하는 말이다.

04   '역선택 이론'은 경제학자 애컬로프가 발표한 「레몬시장 이론」이라는 논문에서 처음 제시되었다. 오렌지에 값싼 레몬을 섞어서 팔면 잠시 이득을 보게 되지만 장기적으로 시장이 붕괴되는 위험을 초래할 수 있다. 보험시장에서 보험사고 발생 가능성이 높은 사람(레몬)은 보험에 가입하려고 하는 반면 건강한 사람(오렌지)은 보험 가입의 필요성을 느끼지 못한다. 따라서 보험회사의 입장에서 보면 역선택을 하고 있는 것이다. 보험회사는 정보의 비대칭성을 보완하여 이러한 현상을 방지하기 위해 고지의무를 부과하고 있다.

05   상사의 전화일 때는 용무를 확인한 후 내선으로 바로 돌리지 말고, 상사에게 전화한 사람이 누구인지 전달하고 연결한다.

08 한자시험

문제 p.059

2017 상반기

01	02	03	04	05	06	07	08	09	10
②	①	④	③	④					

01　形 모양 형

02　① 취임(就任) : 새로운 직무를 수행하기 위해 맡은 자리에 처음으로 나아감
　　② 연임(連任) : 잇따라 어떤 직무를 수행함
　　③ 진입(進入) : 향하여 들어감
　　④ 전입(轉入) : 다른 곳에서 새 거주지로 옮겨 옴

03　• 성별(性別) : 남녀나 암수의 구별
　　• 이성(理性) : 이치에 따라 사리를 분별하는 성품
　　• 성격(性格) : 개인의 고유한 품성
　　① 成 이룰 성, ② 聖 성인 성, ③ 姓 성씨 성

04　청출어람(靑出於藍) : '푸른색은 쪽에서 나왔지만 쪽빛보다 더 푸르다.'라는 뜻으로, 제자가 스승보다 나음을 이르는 말

05　포복절도(抱腹絶倒) : 몹시 우스워서 배를 잡고 몸을 가누지 못할 정도로 웃음

2016 하반기

01	02	03	04	05	06	07	08	09	10
③	①	②	①	③					

01　③ 海(바다 해) – 每(매양 매)
　　① 愛(사랑 애) – 哀(슬플 애)
　　② 京(서울 경) – 景(빛날 경)
　　④ 民(백성 민) – 珉(옥돌 민)

02　제시된 문장의 의미와 가장 가까운 성어는 ①이다.
　　① 태연자약(泰然自若) : 마음에 충동을 받아도 동요하지 않고 천연스러움
　　② 한우충동(汗牛充棟) : '수레에 실어 운반하면 소가 땀을 흘리게 되고, 쌓아올리면 들보에 닿을 정도의 양'이라는 뜻으로, 장서(藏書)가 많음을 이르는 말
　　③ 무위자연(無爲自然) : 인공을 가하지 않은 그대로의 자연 또는 그런 이상적인 경지
　　④ 희로애락(喜怒哀樂) : '기쁨과 노여움, 슬픔과 즐거움'이라는 뜻으로, 곧 사람의 여러 가지 감정을 이르는 말

03 ② 질의(質疑) : 의심나거나 모르는 점을 물음
    ① 성공(成功) : 목적하는 바를 이룸
    ③ 우정(友情) : 친구 사이의 정
    ④ 돌파(突破) : 1. 쳐서 깨뜨려 뚫고 나아감, 2. 일정한 기준이나 기록 따위를 지나서 넘어섬, 3. 장
    애나 어려움 따위를 이겨냄

04 ① 小貪大失(소탐대실) : 작은 것을 탐하다가 큰 손실을 입는다는 뜻
    ② 良(어질 양, 어질 량), ③ 多(많을 다), ④ 無(없을 무)

05 ③ 大器晚成(대기만성) : 큰 그릇은 늦게 이루어진다는 뜻으로, 크게 될 인물은 오랜 공적을 쌓아
    늦게 이루어짐, 또는 만년이 되어 성공하는 일을 이룸
    ① 太(클 태), ② 少(적을 소), ④ 洋(큰 바다 양)

2016 상반기

01	02	03	04	05	06	07	08	09	10
①	③	④	②	①	②	④	①	③	②
11	12	13	14	15	16	17	18	19	20
④	③								

01 • 轉禍爲福(전화위복) : '화가 바뀌어 오히려 복이 된다'는 뜻으로, 어떠한 불행한 일이라도 끊임
    없는 노력과 강인한 의지로 힘쓰면 불행을 행복으로 바꾸어 놓을 수 있다는 말
    ② 服(옷 복)
    ③ 考(생각할 고)
    ④ 話(말씀 화)

02 • 脣亡齒寒(순망치한) : '입술이 없으면 이가 시리다'는 뜻으로, 서로 이해관계가 밀접한 사이에
    어느 한쪽이 망하면 다른 한쪽도 그 영향을 받아 온전하기 어려움을 이르는 말
    ① 冷(찰 냉)
    ② 汗(땀 한)
    ④ 滿(가득찰 만)

03 • 花容月態(화용월태) : '꽃다운 얼굴과 달 같은 자태'라는 뜻으로, 아름다운 여자의 고운 자태를
    이르는 말
    ① 刖(벨 월)
    ② 白(흰 백)
    ③ 百(일백 백)

04 • 漸入佳境(점입가경) : '가면 갈수록 경치가 더해진다'는 뜻으로, 일이 점점 더 재미있는 지경으
    로 돌아가는 것을 비유하는 말

① 家(집 가)

③ 假(거짓 가)

④ 加(더할 가)

05 제시된 문장의 의미와 가장 가까운 성어는 ①이다.

① 당구풍월(堂狗風月) : '서당 개 삼 년에 풍월을 한다'는 뜻으로 그 분야에 대하여 경험과 지식이
전혀 없는 사람이라도 오래 있으면 얼마간의 경험과 지식을 가짐을 이르는 말

② 산전수전(山戰水戰) : '산에서의 싸움과 물에서의 싸움'이라는 뜻으로 세상의 온갖 고난을 다
겪어 세상일에 경험이 많음을 이르는 말

③ 견물생심(見物生心) : '물건을 보면 욕심이 생긴다'는 뜻

④ 만시지탄(晚時之歎) : '때늦은 한탄'이라는 뜻으로, 시기가 늦어 기회를 놓친 것이 원통해서 탄
식함을 이르는 말

06 ② 車(수레 차)

① 考(생각할 고)

③ 庫(창고 고)

④ 高(높을 고)

07 • 是(옳을 시) ↔ ④ 非(아닐 비)

① 比(견줄 비)

② 罪(허물 죄)

③ 弔(이를 조)

08 • 敗(패할 패) ↔ ① 勝(이길 승)

② 失(잃을 실)

③ 得(얻을 득)

④ 貝(조개 패)

09 • 美(아름다울 미) ↔ ③ 醜(추할 추)

① 秋(가을 추)

② 愛(사랑 애)

④ 貧(가난할 빈)

10 ② 실시(實施) : 실제로 시행함

① 행동(行動) : 동작을 하여 행하는 일

③ 방해(妨害) : 남의 일에 훼살을 놓아 해를 끼침

④ 이사(移徙) : 집을 옮김

11 ④ 좌석(座席) : 앉는 자리
　　① 입석(立席) : 서서 타거나 구경하는 자리
　　② 궁궐(宮闕) : 임금이 거처하는 집
　　③ 공책(空冊) : 글씨를 쓰거나 그림을 그리도록 주로 흰 종이로 맨 책

12 ③ 돌파(突破) : 쳐서 깨뜨려 뚫고 나아감
　　① 성공(成功) : 뜻한 것이 이루어짐
　　② 연구(研究) : 어떤 일이나 사물에 대하여서 깊이 있게 조사하고 생각하여 진리를 따져 보는 일
　　④ 실패(失敗) : 일을 잘못하여 뜻한 대로 되지 아니하거나 그르침

2015 하반기

01	02	03	04	05	06	07	08	09	10
①	②	①	②	④					

01 ② 發見 - 발견
　　③ 進行 - 진행
　　④ 會議 - 회의

02 ① 自動 - 자동
　　③ 計算 - 계산
　　④ 理解 - 이해

03 前代未聞(전대미문) : '지난 시대에는 들어본 적이 없다'는 뜻으로, 매우 놀랍거나 새로운 일을 이르는 말
　　② 月(달 월)
　　③ 難(어려울 난)
　　④ 達(통달할 달)

04 ② 衆興 → 中興 (중흥) : 쇠퇴하던 것이 중간에 다시 일어남
　　① 민족(民族) : 일정한 지역에서 오랜 세월 동안 공동생활을 하면서 언어와 문화상의 공통성에 기초하여 역사적으로 형성된 사회 집단
　　③ 역사(歷史) : 인류 사회의 변천과 흥망의 과정
　　④ 사명(使命) : 맡겨진 임무

05 ④ 간략(簡略) : 간단하고 짤막함
　　① 강경(強硬) : 굳세게 버티어 굽히지 않음
　　② 간곡(懇曲) : 태도나 자세 따위가 간절하고 정성스러움
　　③ 오만(傲慢) : 태도나 행동이 건방지거나 거만함

제1회 정답 및 해설

01 언어능력

문제 p.069

01	02	03	04	05	06	07	08	09	10	11	12	13	14	15	16	17	18	19	20
①	②	④	④	③	②	②	③	③	③	②	④	④	②	④	②	④	②	③	④
21	22	23	24	25	26	27	28	29	30	31	32	33	34	35	36	37	38	39	40
④	④	①	③	③	③	④	②	③	④	③	③	②	②	④	④	③	④	③	④

01
- 동조 : 남의 주장에 자기의 의견을 일치시키거나 보조를 맞춤
① 찬동 : 어떤 행동이나 견해 따위가 옳거나 좋다고 판단하여 그에 뜻을 같이함
② 절용 : 아껴 씀
③ 향상 : 실력, 수준, 기술 따위가 나아짐. 또는 나아지게 함
④ 진보 : 정도나 수준이 나아지거나 높아짐

02
- 납득 : 다른 사람의 말이나 행동, 형편 따위를 잘 알아서 긍정하고 이해함
② 수긍 : 옳다고 인정함
① 사려 : 여러 가지 일에 대하여 깊게 생각함
③ 모반 : 배반을 꾀함
④ 반역 : 나라와 겨레를 배반함

03
- 독려 : 감독하며 격려함
④ 고취 : 의견이나 사상 따위를 열렬히 주장하며 불어넣음
① 달성 : 목적한 것을 이룸
② 구획 : 토지 따위를 경계를 지어 가름. 또는 그런 구역
③ 낙담 : 너무 놀라 간이 떨어지는 듯하다는 뜻으로, 바라던 일이 뜻대로 되지 않아 마음이 몹시
   상함

04
- 허름하다 : 값이 좀 싼 듯함
④ 너절하다 : 허름하고 지저분함
① 동조하다 : 남의 주장에 자기의 의견을 일치시키거나 보조를 맞춤
② 극명하다 : 속속들이 똑똑하게 밝힘
③ 결연하다 : 마음가짐이나 행동에 있어 태도가 움직일 수 없을 만큼 확고함

05 • 좀스럽다 : 도량이 좁고 옹졸한 데가 있음
③ 옹졸하다 : 성품이 너그럽지 못하고 생각이 좁음

06 • 긴장 : 마음을 조이고 정신을 바짝 차림
② 해이 : 긴장이나 규율 따위가 풀려 마음이 느슨함
① 순연 : 차례로 기일을 늦춤
③ 흥분 : 어떤 자극을 받아 감정이 북받쳐 일어남
④ 미연 : 어떤 일이 아직 그렇게 되지 않은 때

07 • 득의 : 일이 뜻대로 이루어져 만족해하거나 뽐냄
② 실의 : 뜻이나 의욕을 잃음
① 민의 : 국민의 뜻
③ 호의 : 친절한 마음씨
④ 반의 : 일정한 뜻을 반대하거나 어김

08 • 사임 : 맡아보던 일자리를 스스로 그만두고 물러남
③ 취임 : 새로운 직무를 수행하기 위하여 맡은 자리에 처음으로 나아감
① 퇴임 : 비교적 높은 직책이나 임무에서 물러남
② 퇴진 : 진용을 갖춘 구성원 전체나 그 책임자가 물러남
④ 사직 : 맡은 직무를 내놓고 물러남

09 • 태타(怠惰) : 몹시 게으름
③ 근면 : 부지런히 일하며 힘씀
① 말미 : 어떤 사물의 맨 끄트머리
② 소멸 : 사라져 없어짐
④ 중후 : 태도 따위가 정중하고 무게가 있음

10 • 저열하다 : 질이 낮고 변변하지 못함
③ 고매하다 : 인격이나 품성, 학식, 재질 따위가 높고 빼어남
① 졸렬하다 : 옹졸하고 천하여 서투름
② 고결하다 : 성품이 고상하고 순결함
④ 숭고하다 : 뜻이 높고 고상함

11 제시문의 '말'과 ②의 '말'은 '사람의 사상', '감정을 나타내는 음성 기호'의 의미로 쓰였다.
① 일정한 내용의 이야기
③ 말투
④ 소문, 풍문

12 　제시문에서의 '배어' 와 ④에서의 '배어' 는 '느낌, 생각 따위가 깊이 느껴지거나 오래 남아있다.' 는
　　　의미로 사용되었다.
　　　① 버릇이 되어 익숙해지다.
　　　② 생각이나 안목이 매우 좁다.
　　　③ 냄새가 스며들어 오래도록 남아있다.

13 　제시문의 '손' 과 ④의 '손' 은 '어떤 사람의 영향력이나 권한이 미치는 범위' 라는 뜻으로 사용되었다.
　　　① 사람의 수완이나 꾀
　　　② 손(을) 치르다 : 큰일에 여러 손님을 대접하다(관용적 표현)
　　　③ 손을 늦추다 : 긴장을 풀고 일을 더디게 하다(관용적 표현)

14 　제시문의 '쏟다' 와 ②의 '쏟다' 는 '마음이나 정신 따위를 어떤 대상이나 일에 기울이다.' 의 의미이다.
　　　① 눈물이나 땀, 피 따위를 많이 흘리다.
　　　③ 액체나 물질을 그것이 들어 있는 용기에서 바깥으로 나오게 하다.
　　　④ 햇볕이나 비 따위를 강하게 비치게 하거나 내리게 하다.

15 　제시된 문장의 '미친다' 는 '영향, 에너지 등이 어떠한 물체에 가하여지는 것' 을 의미하므로 이와
　　　같은 의미로 쓰인 것은 ④이다.
　　　① · ② · ③ '미치다' 는 '공간적 거리나 수준이 일정한 선에 닿는다.' 는 뜻으로 사용되었다.

16 　② 조성 : 분위기나 정세 따위를 만듦 또는 무엇을 만들어서 이룸
　　　① 주도 : 주동적인 처지가 되어 이끎
　　　③ 감동 : 크게 느끼어 마음이 움직임
　　　④ 의도 : 무엇을 하고자 하는 생각이나 계획

17 　④ 공생 : 서로 도우며 함께 삶
　　　① 공청 : 관가의 건물(=관공서)
　　　② 공명 : 남의 사상이나 감정, 행동 따위에 공감하여 자기도 그와 같이 따르려 함
　　　③ 공유 : 두 사람 이상이 한 물건을 공동으로 소유함

18 　② 철회 : 이미 제출하였던 것이나 주장하였던 것을 다시 회수하거나 번복함
　　　① 철수 : 거두어들이거나 걷어치움
　　　③ 우회 : 곧바로 가지 않고 멀리 돌아서 감
　　　④ 철거 : 건물, 시설 따위를 무너뜨려 없애거나 걷어치움

19 　일급품 바둑판이 목침(木枕)감으로 질이 떨어지게 된다는 뜻이므로, 나쁜 상태나 처지에 빠진다는
　　　의미의 ③ 전락(轉落)이 적절하다.

20 ④ 녹록하게 : 평범하고 보잘것 없게

　① 밋밋하게 : 생김새가 미끈하게 곧고 긴

　② 마뜩하게 : (주로 '않다, 못하다' 와 함께 쓰여) 제법 마음에 들 만한

　③ 솔깃하게 : 그럴듯해 보여 마음이 쏠리는 데가 있는

21 제시문과 ④의 '보다' 는 '어떤 결과나 관계를 맺기에 이르다' 를 뜻한다.

　① 눈으로 대상의 존재나 형태적 특징을 알다.

　② 책이나 신문 따위를 읽다.

　③ 일정한 목적 아래 만나다.

22 제시문과 ④의 '돌아오다' 는 '일정한 간격으로 되풀이되는 것이 다시 닥치다' 를 뜻한다.

　① 본래의 상태로 회복하다.

　② 몫, 비난, 칭찬 따위를 받다.

　③ 원래 있던 곳으로 다시 오거나 다시 그 상태가 되다.

23 제시문과 ①의 '가지다' 는 '직업, 자격증 따위를 소유하다' 를 뜻한다.

　② 모임을 치르다.

　③ 아이나 새끼, 알을 배 속에 지니다.

　④ 생각, 태도, 사상 따위를 마음에 품다.

24 ③ 전철을 밟다 : 이전 사람의 잘못이나 실패를 되풀이하다.

　① 곱살이 끼다 : 남이 하는 일에 곁다리로 끼다.

　② 변죽을 울리다 : 바로 집어 말을 하지 않고 둘러서 말을 하다.

　④ 경을 치다 : 호된 꾸지람이나 나무람을 듣거나 벌을 받다.

25 ③ 머리를 빠뜨리다 : 몹시 실망하고 낙담함

　① 머리가 젖다 : 어떤 사상이나 생각에 물듦

　② 머리를 싸다 : 있는 힘껏, 마음을 다하여

　③ 머리가 빠지다 : 일이 복잡해 계속 신경이 쓰임

26 ③ 겉만 그럴듯하고 실속이 없는 경우

　① 겉모양새를 잘 꾸미는 것도 필요함을 이르는 말

　② 아주 가망이 없음을 비유적으로 이르는 말

　④ 겉모양은 보잘것없으나 내용은 훨씬 훌륭함을 이르는 말

27   ④ 마디가 있어야 새순이 난다 : 나무의 마디는 새순이 나는 곳이다. 즉 마디는 성장하기 위한 디딤 돌이자 발판이 된다. 어떤 일의 과정에서 생기는 역경이 오히려 일의 결과에 좋은 영향을 미침을 비유하여 이른다.

   ① 쫓아가서 벼락 맞는다 : 피해야 할 화를 괜히 나서서 화를 당한다.

   ② 곤장 메고, 매품 팔러 간다 : 공연한 일을 하여 스스로 화를 자초한다.

   ③ 식초에 꿀 탄 맛이다 : 궁합이 맞아 서로 잘 어울린다.

28   ② 일도양단 : 어떤 일을 머뭇거리지 아니하고 선뜻 결정함

   ① 오매불망 : 자나 깨나 잊지 못함

   ③ 낙화유수 : 살림이나 세력이 약해져 아주 보잘것없이 됨

   ④ 대기만성 : 큰 그릇을 만드는 데는 시간이 오래 걸린다는 뜻으로, 크게 될 사람은 늦게 이루어짐

29   ③ 어불성설 : 말이 조금도 사리에 맞지 아니함

   ① 견마지로 : 윗사람에게 충성을 다하는 자신의 노력을 낮추어 이르는 말

   ② 부화뇌동 : 줏대 없이 남의 의견에 따라 움직임

   ④ 언감생심 : 전혀 그런 마음이 없었음을 이르는 말

30   ④ 망양지탄 : 학문의 길이 여러 갈래여서 한 갈래의 진리도 얻기 어려움을 이르는 말

   ① 괄목상대 : 남의 학식이나 재주가 놀랄 만큼 부쩍 늚을 이르는 말

   ② 절차탁마 : 부지런히 학문과 덕행을 닦음을 이르는 말

   ③ 초지일관 : 처음에 세운 뜻을 끝까지 밀고 나감

31   앞 문장의 '정상적인 기능을 할 수 없는 상태임'과 대조를 이루는 표현이면서, 마지막 문장의 '자기 조절과 방어 시스템이 작동하는 과정인 것'이란 내용에 어울리는 표현은 ③이다.

32   ③ 헤르만 헤세가 한 말인 "자기에게 자연스러운 면에서 읽고, 알고, 사랑해야 할 것이다."란 문구를 보면 남의 기준에 맞추기보다 자신의 감정에 충실하게 책을 선택하여 읽으라고 하였다.

33   ② 제1차 세계대전의 원인을 다방면에서 살펴봄과 동시에 방아쇠이자 효시가 되었던 오스트리아 황태자 부처 암살 사건의 중요성에 대해서도 이야기하고 있는 글이다. 즉, 이 글은 역사의 전개 양상이 필연적인 요소에 의해서만 흘러가는 것이 아니라 우연적인 요소에 의해서도 많이 좌우된다는 것을 강조하고 있다. 따라서 다음에 이어질 부분의 내용으로 알맞은 것은 '역사의 필연성과 우연성'이다.

34   ② '단일한 작품 내지 원본이라는 개념이 성립하기 어렵다.'나 '동일 작품의 변이형', '생략 혹은 변경', '즉흥적으로 개작 또는 창작하는 일' 등의 문구를 볼 때 구비문학이 상황에 맞춰 유동적으로 변화한다는 것이라는 사실을 알 수 있다.

35 공리주의가 최대다수의 최대행복을 추구하므로 어떤 경우엔 소수를 희생시키는 것이 정당화되지만 다른 경우엔 소수의 이익을 무시하기 힘들거나 무시하지 말아야 한다는 주장의 글이다. 따라서 ④가 글의 논지로 적절하다.

36 제시문은 H 회사가 장애인의 날과 사회복지사의 날을 맞아 문화공연 무료 관람을 시행하였다는 내용의 글이다.
(D) H 회사가 장애인의 날과 사회복지사의 날을 맞아 문화공연 무료 관람 기회를 제공
(C) 장애인의 편리한 이동을 돕기 위해 공연장을 대관함
(A) 임직원들은 문화 도우미가 되어 장애인들을 도움
(B) 앞으로도 매월 무료 문화공연 관람 기회를 제공할 계획임

37 제시문은 유기농 식품의 생산이 증가하고 있지만, 전문가들은 유기 농업을 부정적으로 보고 있다는 내용의 글이다.
(C) 최근 유기농 식품 생산의 증가
(A) 전문가들은 유기 농업을 부정적으로 봄
(B) 유기농가는 전통 농가에 비해 수확량도 적고 벌레의 피해가 잦음
(D) 유기농업은 굶주리는 사람을 먹여 살릴 수 없음

38 공식적인 자리에서 다수의 청자에게 이야기할 때는 '해요체'를 사용하는 경우에 부자연스러울 수 있고, '합쇼체'를 사용하는 것이 청자를 정중히 예우하는 높임법이다.

39 할머니의 친구라면 할머니와 대등한 존대를 사용하는 것이 자연스러우므로 '할머니의 친구분이셔.'로 바꿔야 한다.

40 ① 공간 : 아무것도 없는 빈 곳
② 광장 : 많은 사람이 모일 수 있게 거리에 만들어 놓은 넓은 빈터
③ 백발 : 하얗게 센 머리털

02 수리능력

문제 p.083

01	02	03	04	05	06	07	08	09	10	11	12	13	14	15	16	17	18	19	20
④	①	③	①	④	②	①	①	③	③	④	③	②	①	④	③	①	④	④	③

21	22	23	24	25	26	27	28	29	30
③	③	③	③	①	④	①	④	④	④

04 $21 \times 39 + 6 = 819 + 6 + 825$

① $31 \times 21 + 174 = 651 + 174 = 825$

② 826, ③ 800, ④ 704

05 $41 + 42 + 43 = 126$

④ $3 \times 2 \times 21 = 126$

① 216, ② 180, ③ 42

06 $\square = \dfrac{33}{14} - \left(\dfrac{16}{5} \times \dfrac{15}{28}\right) = \dfrac{33}{14} - \dfrac{12}{7} = \dfrac{33-24}{14} = \dfrac{9}{14}$

07 $66 + \square = 98 \rightarrow \square = 98 - 66$

$\therefore 32$

11 1바퀴를 도는 데 갑은 2분, 을은 3분, 병은 4분이 걸린다. 2, 3, 4의 최소공배수는 12, 즉 세 사람이 다시 만나는 데 걸리는 시간은 12분이다.

$\therefore$ 4시 42분

12 세 버스가 동시에 출발하는 시간의 간격은 18, 15, 30의 최소공배수인 90분이다. 또한 90분 간격으로 만날 때에 처음으로 정각인 때는 60, 90의 최소공배수인 180분 후이다. 따라서 오전 6시에서 3시간 후인 오전 9시가 답이다.

13 240, 400의 최대공약수가 80이므로, 구역 한 변의 길이는 80m가 된다. 따라서 가로에는 3개, 세로에 5개 들어가므로 총 타일의 개수는 15개이다.

14 분수는 분모가 클수록, 분자가 작을수록 작은 수이다. 또한 자연수가 되기 위해서는 분수가 모두 약분이 가능해야 하므로, 분자에는 13, 7, 3의 최소공배수가 오고, 분모에는 15, 10, 5의 최대공약수가 온다.

$\therefore \dfrac{273}{5}$

15 숙소에서 목적지까지의 거리를 x라 하면

$$\frac{x}{3}+\frac{x}{2}+\frac{1}{2}=3 \rightarrow \frac{5}{6}x=\frac{5}{2}$$

$$\therefore x=3(\text{km})$$

16 철수가 올라갈 때 걸린 시간을 x라 하면, 내려올 때 걸린 시간은 $6-x$이다.
철수는 등산을 할 때, 같은 길을 걸었으므로

$$2x=5(6-x)$$

$$\rightarrow 2x=30-5x$$

$$\therefore x=\frac{30}{7}(\text{시간})$$

17 기차의 길이를 x라 하면

$$\frac{1,000+x}{25}=50$$

$$\rightarrow 1,000+x=1,250$$

$$\therefore x=250(\text{m})$$

18 속력$=\dfrac{거리}{시간} \rightarrow$ 시간$=\dfrac{거리}{속력}$이므로 평지의 거리를 $x$km, 평지 끝에서 언덕 꼭대기까지의 거리를

$y$km라고 하면

$$6=\frac{x}{4}+\frac{y}{3}+\frac{y}{6}+\frac{x}{4} \rightarrow \frac{x}{2}+\frac{y}{2}=6 \rightarrow x+y=12$$

따라서 철수가 총 걸은 거리는 $2x+2y$이므로 24km가 된다.

19 (A의 톱니수)$\times$(A의 회전수)$=$(B의 톱니수)$\times$(B의 회전수)
x : A의 톱니수, $x-20$: B의 톱니수라고 하면

$$6x=10(x-20)$$

$$\therefore x=50$$

20 원래 가격을 x라 하면 40% 할인된 제품의 가격은 $(1-0.4)x$이다. 여기에 추가로 10% 할인을
하면, $(1-0.4)x\times(1-0.1)=0.54x$가 판매가격이다. 즉, 할인된 가격은 $x-0.54x=0.46x$이므
로 원래 가격의 46%가 할인되었다.

21 $$\frac{9}{100}x+\frac{18}{100}y=\frac{12}{100}(x+y) \cdots\cdots (\text{i})$$
잘못 만들어진 소금물의 농도를 X라 하면

$$\frac{18}{100}x+\frac{9}{100}y=\frac{X}{100}(x+y) \cdots\cdots (\text{ii})$$

(ⅰ)에서 $x=2y$ …… (ⅲ)

(ⅱ)에서 $(X-18)x+(X-9)y=0$ …… (ⅳ)

(ⅲ)을 (ⅳ)에 대입하면

$\therefore X=15\%$

22 4% 소금물의 양을 xg이라 하면

$$\frac{24\times\dfrac{8}{100}+x\times\dfrac{4}{100}}{24+x}\times100=5\% \ \rightarrow \ \frac{192+4x}{24+x}=5\%$$

$\rightarrow 192+4x=5(24+x) \ \rightarrow \ 192+4x=120+5x$

$\therefore x=72$

23 원래 가지고 있던 돈을 x원이라 한다면 아르바이트를 한 뒤에 철수가 가지고 있는 돈은 $4x$원이다.

$(4x-20,000)\times0.7=14,000$

$\therefore x=10,000$

24 학생, 어른의 입장료를 각각 x, $1.5x$라고 하면

$5x+6\times1.5x=42,000 \quad \therefore x=3,000$

따라서 어른의 입장료는 $1.5x=4,500$원이다.

25 남자 5명 중 부회장 1명, 여자 3명 중 부회장 1명을 뽑고, 남은 6명 중 대표 1명을 뽑으면 된다.

$\rightarrow 5\times3\times6=90$

$\therefore$ 90가지

26 ⅰ) 흰 구슬을 먼저 뽑고, 검은 구슬을 뽑을 확률

$$\frac{4}{10}\times\frac{6}{9}=\frac{4}{15}$$

ⅱ) 검은 구슬을 먼저 뽑고, 흰 구슬을 뽑을 확률

$$\frac{6}{10}\times\frac{4}{9}=\frac{4}{15}$$

$$\therefore \frac{4}{15}+\frac{4}{15}=\frac{8}{15}$$

27 1학년 학생수를 x명, 2학년 학생수를 y명, 3학년 학생수를 z명이라고 하면

$y+z=350$ …… (ⅰ)

$x+y=250$ …… (ⅱ)

$x+z=260$ …… (ⅲ)

(ⅰ)−(ⅱ) : $z-x=100$ …… (ⅳ)

(ⅲ), (ⅳ)를 연립하면 $2z=360$

$\therefore x=80, \ y=170, \ z=180$

28 ④ 수익률은 '(매출−비용)/비용×100' 이므로 순서대로 92%, 62%, 83%, 84%의 수익률로 회사 법인이 가장 낮다.

29 ㉠ 2차 구매 시 1차와 동일한 제품을 구매하는 사람들이 다른 어떤 제품을 구매하는 사람들보다 최소한 1.5배 이상 높은 것으로 나타났다.

㉢ 1차에서 C를 구매한 사람들은 전체 구매자들(541명) 중 37.7%(204명)로 가장 높았고, 2차에서 C를 구매한 사람들은 전체 구매자들 중 42.7%(231명)로 가장 높았다.

㉡ 1차에서 A를 구매한 뒤 2차에서 C를 구매한 사람들은 44명, 반대로 1차에서 C를 구매한 뒤 2차에서 A를 구매한 사람들은 17명이므로 전자의 경우가 더 많다.

30 ④ 미래에 대한 전망을 할 만한 자료가 주어져 있지 않으므로 옳지 않다.

03 추리능력

문제 p.093

01	02	03	04	05	06	07	08	09	10	11	12	13	14	15	16	17	18	19	20
③	①	①	③	②	③	④	③	①	②	③	②	③	③	③	③	②	①	②	①
21	22	23	24	25	26	27	28	29	30	31	32	33	34	35	36	37	38	39	40
②	②	③	③	②	②	①	③	①	①	①	①	②	②	④	②	③	①	④	④

01 ③ 앞의 항+뒤의 항=다음 항

02 ① +2, ×2가 반복되는 수열이다.

03 ① $\underline{A \quad B \quad C} \rightarrow A+C=B$

04 ③ $\underline{A \quad B \quad C} \rightarrow (A+B)\times 2=C$

05 앞의 항에 6, 7, 8, …을 더하는 수열이다.
4+6=10, 10+7=17, 17+8=25, 25+9=34, 34+10=44, 44+11=55, 55+12=( )
∴ 67

06 앞의 항에 3을 곱하는 수열이다.
3×3=9, 9×3=27, 27×3=81, 81×3=243, 243×3=( )
∴ 729

07 앞의 항에 4를 곱하고 1, 2, 3, 4, … 을 더하는 수열이다.
$11 \times 4 + 1 = 45$, $45 \times 4 + 2 = 182$, $182 \times 4 + 3 = 731$, $731 \times 4 + 4 = 2,928$, $2,928 \times 4 + 5 = (\quad)$
∴ 11,717

08 앞의 항에 -2를 곱한 후, 1을 뺀 수열이다.
$1 \times (-2) - 1 = -3$, $-3 \times (-2) - 1 = 5$, $5 \times (-2) - 1 = -11$, $-11 \times (-2) - 1 = 21$,
$21 \times (-2) - 1 = -43$, $-43 \times (-2) - 1 = 85$, $85 \times (-2) - 1 = (\quad)$
∴ -171

09 분자는 36부터 1씩 더하고, 분모는 2의 거듭제곱 형태, 즉 2, 2^2, 2^3, 2^4, 2^5, 2^6이다.
∴ $\dfrac{40}{32}$

10 분자는 1, 2, 3, 4씩 더하는 수열이고, 분모는 4씩 곱하는 수열이다.
∴ $\dfrac{6}{12}$

11 분자는 5씩 빼는 수열이고, 분모는 11, 22, 33, …씩 더하는 수열이다.
∴ $-\dfrac{18}{176}$

12 ② $\underline{A \quad B \quad C} \rightarrow B - A = C$

13 ③ $+550$, $\times(-2)$가 반복되는 수열이다.

14 ③ $\underline{A \quad B \quad C} \rightarrow B = A + C$

15 ③ 홀수 항은 3을 곱하고, 짝수 항은 2를 더하는 수열이다.

16 ③ 앞의 항－뒤의 항＝다음 항

17 ② 앞의 항에 10, 8, 6, …을 더하는 수열이다.

18 ① 앞의 항에 -2, -3, -4, …를 곱하는 수열이다.

19 ② $\div 5$, $-1,000$을 반복하는 수열이다.

20 ① 앞의 항×뒤의 항＝다음 항

21 ② 2, 3, 5, 7, 11로 나열된 수열이다(소수).

22 ② 9 14 ㅇ(8) 13 7 ㅌ(12)
    +5, −6이 반복되는 수열이다.

23 A(1) D(4) I(9) P(16) (Y)(25)

24 A(1) A(1) B(2) C(3) E(5) H(8) M(13) (U)(21)

25 ㄱ(1) ―(1) A(1) ㄴ(2) 二(2) (B)(2) ㄷ(3) 三(3) C(3)

26 A(1) ㄱ(1) D(4) ㄷ(3) G(7) ㅁ(5) J(10) (ㅅ)(7)
    홀수 항은 3씩 증가하여 1, 4, 7, 10
    짝수 항은 2씩 증가하여 1, 3, 5, 7

27 ① F(6) X(24) O(15) L(12) X(24) F(6)
    홀수 항은 9씩 더하고, 짝수 항은 2씩 나누는 수열이다.

28 ③ A(1) H(8) C(3) E(5) E(5) B(2)
    홀수 항은 2씩 증가하고 짝수 항은 3씩 감소하는 수열이다.

29 ① ㅏ(1) ㄷ(3) ㅗ(5) ㅅ(7) ㅡ(9) ㅋ(11)
    앞의 항에 2씩 더하는 수열이다.

30 ① C(3) J(10) ㅇ(8) ㅇ(8) M(13) F(6) 18 4
    홀수 항은 +5, 짝수 항은 −2로 나열된 수열이다.

31 ① 가수는 무대에 서고, 기린은 초원을 노닌다.

32 ① 제시문은 결과와 원인의 관계이다.
    땀을 흘리면 냄새가 나고, 밤샘을 하면 피로가 쌓인다.

33 ② 제시문은 결과와 원인의 관계이다.
    늦잠을 자면 지각을 하게 되고, 더우면 땀이 나게 된다.

34 ② 제시문은 반의 관계이다.
  긴장의 반의어는 이완이고, 거대의 반의어는 왜소이다.

35 ④ 제시문은 유의 관계이다.
  고집은 집념과 유사한 의미를 가지며, 가을은 추계와 유사한 의미를 가진다.

36 ② 제시문은 결과와 원인의 관계이다.
  과식으로 인해 소화불량이 발생하고, 폭우로 인해 홍수가 발생한다.

37 ③ 제시문은 결과물과 재료의 관계이다.
  두부를 만드는 재료는 콩이며, 초콜릿을 만드는 재료는 카카오이다.

38 ① 제시문은 유의관계이다.
  옥수수는 강냉이와 유사한 의미를 가지며, 인연은 연분과 유사한 의미를 가진다.

39 ④ 제시문은 반의 관계이다.
  취직의 반대말은 실직이며, 피상적의 반대말은 구체적이다.

40 ④ 제시문은 도구와 용도의 관계이다.
  사전은 검색하는데 쓰이고, 물감은 칠하는데 쓰인다.

04 사무지각능력

문제 p.102

01	02	03	04	05	06	07	08	09	10	11	12	13	14	15	16	17	18	19	20
②	①	②	②	①	②	①	③	④	①	②	①	③	①	③	②	④	④	②	③
21	22	23	24	25	26	27	28	29	30	31	32	33	34	35	36	37	38	39	40
④	④	①	③	③	①	④	②	③	④	②	④	①	②	②	②	③	②	③	③

01 양배추소고기볶음 – 양배추소고기복음

02 좌우 문자열 같음

03 やづごしどなる – やづごじどなる

04 傑琉浴賦忍杜家 – 傑瑜浴賦忍杜家

05 肛<u>央</u>商勝應翁盈 – 肛<u>英</u>商勝應翁盈

06 <u>리벖</u>ㅁ쯔ㅎ뀨렊끼 – <u>리뻐</u>ㅁ쓰ㅎ뀨렊끼

07 ① ナピパコアウヨ<u>バ</u> – ナピパコアウヨ<u>パ</u>

08 ③ 알로줄제탈독<u>장</u>블 – 알로줄제탈독<u>정</u>블

09 ④ 앵행앵헹<u>헹</u>앵 – 앵행앵헹<u>행</u>앵

10 ① 7389<u>3</u>424 – 7389<u>2</u>424

11 ② <u>不</u>白盤北膜黑子生 – <u>下</u>白盤北膜黑子生

12 ① <u>◐</u>□☎□◆☆□★ – <u>◑</u>□☎□◆☆□★

13 ③ 앞, 뒤 문자열 둘 다 같다.

14 ① 894<u>8</u>7412 – 894<u>9</u>7412

15 ③ 앞, 뒤 문자열 둘 다 같다.

16

n	m	j	d	u	n	o	l	b	d	e	s
<u>r</u>	a	l	p	q	x	z	w	i	v	a	b
c	u	v	e	k	j	t	f	h	<u>r</u>	x	m
b	y	g	z	t	n	e	k	d	s	j	p

17

<u>정</u>	챵	턍	켱	향	펑	턍	챵	팅	향	<u>정</u>	켱
켱	펑	향	펑	켱	챵	켱	펑	탕	켱	펑	팅
챵	펑	<u>정</u>	켱	턍	향	<u>정</u>	켱	챵	향	턍	펑
펑	<u>정</u>	향	챵	켱	펑	턍	향	켱	펑	챵	<u>정</u>

18

⑤	⑥	⑨	⑦	⑤	⑧	④	⑥	⑤	⑦	<u>③</u>	⑧
⑧	⑤	②	④	⑦	⑥	①	⑨	④	①	②	⑥
⑦	②	<u>③</u>	⑨	⑧	⑦	⑤	⑧	②	⑦	⑧	④
⑨	④	<u>⑤</u>	⑦	⑥	<u>③</u>	⑨	⑦	①	<u>③</u>	⑥	⑤

19

YIA	YHI	<u>YOL</u>	YGG	YKL	YIOL	YGG	YCO	YHI	YIOL	YGG	YHI
YGG	YIOL	YCO	YHI	YHI	YGG	<u>YOL</u>	YIA	<u>YOL</u>	YCO	YIA	YKL
YIOL	YHI	YGG	YKL	YIA	YIOL	YGG	YKL	<u>YHI</u>	YHI	YIOL	YCO
YIA	YKL	YIOL	YHI	YCO	YKL	YIA	YIOL	YGG	YIA	YKL	YGG

20

21

9201	9402	9361	9672	9043	<u>9543</u>	9848	9904	9201	9361	9672	<u>9543</u>
9361	9672	9043	9904	9672	9848	9402	9043	9904	9043	9201	9672
9672	<u>9543</u>	9672	9402	<u>9543</u>	9201	9904	9361	9848	9402	<u>9543</u>	9361
9201	9043	9361	<u>9543</u>	9361	9043	9402	<u>9543</u>	9201	9672	9043	9201

22

<u>vii</u>	III	ii	IX	<u>vii</u>	ix	iv	VII	v	xii	XI	i
iv	v	VI	iii	xi	x	v	ii	<u>vii</u>	xi	iii	XII
III	<u>vii</u>	xi	xii	iv	VI	VI	XII	ix	VI	v	<u>vii</u>
ii	XII	XI	VII	v	iii	<u>vii</u>	IX	i	IX	iv	xii

23

24

<u>UI</u>	GN	<u>WG</u>	LA	GM	WI	CA	GU	LQ	MB	AL	ZJ
OK	RP	AI	NF	KW	VS	<u>FI</u>	EQ	FL	WJ	CA	QW
KW	CA	WJ	MB	QW	<u>WG</u>	CA	WI	RP	<u>FI</u>	FL	EQ
GN	ZJ	AI	GM	<u>UI</u>	OK	LQ	LA	VS	GU	NF	AL

25

한	훗	간	<u>캄</u>	죽	져	밴	맹	<u>앉</u>	예	람	푼
팽	러	탄	얌	규	먀	계	댜	훼	죽	창	튠
훗	죽	<u>앉</u>	람	계	러	얌	훼	튠	댜	간	<u>규</u>
팽	밴	<u>캄</u>	탄	먀	맹	빈	한	창	져	예	푼

26

보리	보유	보강	보초	보증	보고	보배	보건	보충	보기	보라	보부
보람	보드	보조	보편	보행	보물	보훈	보험	보관	보두	보물	보루
보강	보고	보건	보부	보두	보험	보편	보루	보드	보리	보증	보기
보배	보물	보조	보관	보유	보라	보훈	보람	보초	보행	보충	보풀

27

ㅂ	ㅒ	O	J	ㅉ	K	ㅒ	ㄴ	r	ㄲ	W	d
ㅣ	ㅑ	ㄴ	m	ㄹ	ㅋ	ㅕ	ㅒ	ㅈ	ㅌ	J	ㅋ
Q	ㅒ	ㄹ	ㅂ	r	m	ㅉ	ㅑ	ㅒ	m	ㄴ	d
J	I	K	ㅂ	v	O	W	ㅈ	ㄴ	ㅕ	p	ㄲ

28 ② 죄테나챠배더처 – 죄톄냐차배다쳐

29 ③ 318<u>5</u>716<u>2</u>9<u>1</u> – 318<u>6</u>716<u>2</u>0<u>1</u>

30 ④ C<u>V</u>N<u>U</u>T<u>Q</u>ERL – C<u>B</u>N<u>U</u>K<u>Q</u>ERL

31 ② GV<u>n</u>VkOE<u>b</u>LUA<u>r</u>TQyu

32 ① 폴크루그<u>만</u>노벨경제학상
　 ② 폴<u>그</u>루그<u>먼</u>노벨경제학상
　 ③ 폴크루그<u>먼</u>노<u>뱉</u>경제학상

33 ② QPEZ베에◇<u>das</u>BMcba
　 ③ QPEZ베에◇<u>bos</u>BMcba
　 ④ QP<u>B</u>Z베에◇<u>dos</u>BMcba

34 ① DPQLXPUZ<u>I</u>WIDXUXMi
　 ③ DPQLXPUZJWIDXU<u>Y</u>Mi
　 ④ DP<u>O</u>LXPUZJWIDXUXMi

35 ② 주어진 도형을 시계 반대 방향으로 90° 회전한 도형이다.

36 ② 주어진 도형을 시계 방향으로 120° 회전한 도형이다.

37 ③ 주어진 도형을 시계 반대 방향으로 90° 회전한 도형이다.

38 ② 주어진 도형은 180° 회전한 도형이다.

39   ③ 주어진 도형을 시계 방향으로 120° 회전한 도형이다.

40   ③ 주어진 도형을 180° 회전한 도형이다.

05 분석판단능력

문제 p.115

01	02	03	04	05	06	07	08	09	10	11	12	13	14	15	16	17	18	19	20
①	①	③	③	③	①	③	②	①	③	④	③	④	④	②	④	①	③	③	①

21	22	23	24	25	26	27	28	29	30
②	①	③	②	④	②	①	④	②	④

01   ① "A이면 B이다. → B가 아니다(후건부정). → A가 아니다(전건부정)."에 따라 ⓒ는 참이다.

02   ① 생각을 할 수 있는 모든 짐승이 도구를 사용할 수 있는 것은 아니다.

03   ③ 민수와 철수 모두 정현보다 나이가 많다는 것만을 알 수 있을 뿐, 그 둘의 나이를 비교하여 알 수는 없다.

04   ③ 주스와 커피의 가격은 비교할 수 없다.

05   ③ 진수가 화가인지 아닌지 알 수 없으며, 화가가 아니어도 앞치마는 두를 수 있기 때문에 진수가 앞치마를 두르고 있는지는 알 수 없다.

06   ① ⓑ와 ⓐ를 이어서 추론하였을 때 '인간은 동물이다' 라는 명제를 도출할 수 있다.

07   ③ 명제가 참일 때 그 대우는 반드시 참이므로 ⓒ이 참이 된다. 명제의 역(ⓐ)이나 이(ⓑ)는 반드시 참은 아니다.

08   ② ⓑ이 명제의 대우로써 참이다.

09   ① ⓐ이 명제의 대우로써 참이다.

10   ③ 명제의 대우인 ⓒ이 참이다.

11 삼단논법이 성립하려면 '감옥에 안 가면 경찰에 잡히지 않는다.' 라는 명제가 필요한데 이 명제의 대우 명제는 ④이다.

12 세 번째 명제의 대우 명제는 '너무 많이 먹으면 둔해진다.' 이다. 삼단논법이 성립하려면 ③ '살이 찌면 둔해진다.' 라는 명제가 필요하다.

13 세 번째 명제의 대우 명제는 '도로 정비가 안 되어 있으면 사고가 잘 난다.' 이다. 삼단논법이 성립하려면 ④ '도로 정비가 안 되어 있으면 도로가 언다.' 라는 명제가 필요하다.

14 '에어컨을 쓰다.'를 A, '프레온 가스가 나온다.'를 B, '오존층이 파괴된다.'를 C, '지구 온난화가 진행된다.'를 D로 놓고 보면 첫 번째 명제는 not C → not B, 세 번째 명제는 not D → not C, 네 번째 명제는 not D → not A이므로 네 번째 명제가 도출되기 위해서는 not B → not A가 필요하다. 따라서 대우 명제인 ④가 답이 된다.

15 '공부를 열심히 한다.'를 A, '지식을 함양하지 않는다.'를 B, '아는 것이 적다.'를 C, '인생에 나쁜 영향이 생긴다.'를 D로 놓고 보면 첫 번째 명제는 C → D, 세 번째 명제는 B → C, 네 번째 명제는 not A → D이므로 네 번째 명제가 도출되기 위해서는 not A → B가 필요하다. 따라서 대우 명제인 ②가 답이 된다.

16 ④ A종 공룡은 모두 가장 큰 B종 공룡보다 크다. 일부의 C종 공룡은 가장 큰 B종 공룡보다 작다. 따라서 일부의 C종 공룡은 A종 공룡보다 작다.

17 ① ⓑ>ⓐ
ⓑ>ⓕ
ⓑ<ⓒ<ⓓ
ⓔ<ⓒ
따라서 ⓐ와 ⓕ의 관계는 알 수 없다.

18 ③ A>B, B<C, A<C → C >A>B

19 ① 후건 긍정의 오류 : 후건을 긍정하면서 전건을 긍정하는 오류
② 소개념 부당 주연의 오류 : 전제에서 부주연이던 소개념이 결론에서 부당하게 주연이 되는 오류
④ 두 개 부정 전제의 오류 : 전제가 둘 다 부정임에도 결론을 도출하는 오류로써 두 개의 전제 중에서 적어도 하나는 긍정이어야 하고, 두 전제가 모두 부정일 경우 어떠한 삼단 논법도 타당하지 않음

20 제시문은 순환논증의 오류이다.
② 동정에 호소하는 오류
③ 흑백논리의 오류
④ 성급한 일반화의 오류

21 제시문은 우연의 오류(일반적인 법칙을 예외적인 상황에 적용)에 해당한다.
① 성급한 일반화의 오류
③ 부적합한 권위에 호소하는 오류
④ 대중에 호소하는 오류

22 ① 부적합한 권위에 호소하는 오류 : 직접적인 관련이 없는 권위자의 견해를 근거로 들거나 논리적인 타당성과는 무관하게 권위자의 견해라는 것을 내세워 자기 주장의 타당함을 입증하려는 오류
② 사적 관계에 호소하는 오류 : 개인적인 친분 관계를 내세워 자신의 논지를 받아들이게 하려는 오류
③ 잘못된 유추의 오류 : 유사성이 없는 측면까지 유사성이 있는 것처럼 비유를 부당하게 적용하는 오류
④ 흑백 논리의 오류 : 어떤 집합의 원소가 단 두 개밖에 없다고 여기고, 이것이 아니면 저것일 수밖에 없다고 단정 짓는 데서 오는 오류

23 ③ 원칙 혼동의 오류 : 어떤 일반적인 규칙을 특수한 경우에는 그대로 적용할 수 없는데도 무차별로 적용함으로써 생기는 오류
① 피장파장의 오류 : 자신이 비판받는 바가 상대방에게도 역시 적용될 수 있음을 내세워 공격함으로써 벗어나려는 오류
② 의도 확대의 오류 : 의도하지 않은 결과에 대해 원래부터 어떤 의도가 있었다고 확대 해석하는 오류
④ 원천 봉쇄의 오류 : 자신의 주장에 반론의 가능성이 있는 요소를 비난하여 반론 자체를 원천적으로 봉쇄하려는 오류

24 • 키 : 원숭이>기린
• 몸무게 : 원숭이>기린>하마
② 원숭이가 가장 무겁다.
① 원숭이와 하마와의 키 관계는 알 수 없다.
③ 기린과 하마와의 키 관계는 알 수 없다.
④ 하마는 기린보다 가볍다.

25 ④ 네 번째, 다섯 번째 결과를 통해서 '낮잠 자기를 좋아하는 사람은 스케이팅을 좋아하고, 스케이팅을 좋아하는 사람은 독서를 좋아한다.'는 사실을 얻을 수 있다. 이 사실을 한 문장으로 연결하면 '낮잠 자기를 좋아하는 사람은 독서를 좋아한다.' 이다.

26 ② 설현은 석정의 가방을, 보민은 설현의 가방을, 석정은 보민의 가방을 들었다.

27 ① 민정이가 아르바이트를 하는 날은 화요일, 목요일, 토요일이다.

28 ④ 남은 보물의 개수는 30개이므로 B가 19개 이상을 찾으면 B가 가장 많은 보물을 찾은 사람이 된다. 따라서 A는 12개 이상을 찾아야 어떤 경우에도 가장 많은 보물을 찾은 사람이 된다.

29 명제와 대우를 이용해서 풀어야 하는 문제이다.
② 셋째 조건에서 규민이가 수정과를 마시면 경화는 커피를 마시지 않는데 넷째 조건에서 규민이가 수정과를 마시므로 경화는 커피를 마시지 않는다. 따라서 시험기간인지 아닌지 알 수 없으며 민환이가 도서관에 간다고 반드시 시험기간인 것은 아니므로 반드시 참은 아니다.
① 둘째 조건의 대우인 '경화가 커피를 마시면 시험기간이다.' 가 성립하므로 언제나 참이다.
③ 위의 ①과 동일하게 둘째 조건의 대우인 '경화가 커피를 마시면 시험기간이다.' 가 성립하므로 언제나 참이다.
④ ②에 의해서 증명이 된 명제이다.

30 적 + 흑 + 청 = 백 + 황 + 녹, 황 = 흑 × 3, 백>녹, 녹>흑, 적 = 백 + 녹이고, 유리구슬의 총 개수는 18개이므로 적 = 6, 흑 = 1, 청 = 2, 백 = 4, 황 = 3, 녹 = 2이다.

07 직무상식능력

문제 p.135

01	02	03	04	05	06	07	08	09	10	11	12	13	14	15	16	17	18	19	20
②	③	③	②	③	④	④	①	②	①	②	③	④	②	①	①	①	②	④	①
21	22	23	24	25	26	27	28	29	30	31	32	33	34	35	36	37	38	39	40
②	②	③	②	②	④	②	①	②	③	②	②	④	①	③	②	③	③	④	③

01 ② 이탈리아에서 2011년 6월 12~13일 실시된 국민투표에서 정부의 원자력 발전소 건설계획, 수자원 관리 민영화 방안, 고위공직자에 대한 면책특권 부여 법안 등이 국민 90% 이상의 반대로 모두 부결됐다.

02 ③ 유엔 안보리 상임이사국은 미국, 러시아, 프랑스, 중국, 영국 5개국이다. 이들은 현재 핵무기 보유국으로 공식 인정받은 나라들이다. 유엔 안보리 상임이사국 외에 핵무기 보유 가능성이 있는 국가로는 인도, 파키스탄, 이스라엘, 이란, 북한 등이 꼽힌다.

03 ③ 갈탄은 70% 정도의 탄소를 함유하고 있고, 무연탄은 주로 가정용 연료로 많이 쓰인다.

04 ① 쥐어짤 만큼 어려운 경제상황에서 체감물가가 올라가는 상태
③ 소프트패치보다 더 나쁜 경제상황으로, 소프트패치 국면이 상당 기간 길어질 수 있음을 의미
④ 경제가 침체에서 벗어나 조금씩 회복되면서 발전할 조짐을 보이는 것

05 ③ 미소금융은 서민들에게 희망과 자활의 가능성을 심어주기 위해 2009년 12월에 시작된 친서민 금융지원제도이다.

06 ④ 헤지펀드란 투자 위험 대비 고수익을 추구하는 투기성 자본으로, 소수의 고액투자자를 대상으로 하는 사모 투자자본이다. 다수의 소액투자자를 대상으로 공개모집하는 펀드는 뮤추얼펀드이다.

07 ④ 발행이율은 액면에 대한 1년당 연이율을 의미하며, 이표채는 이표가 첨부되어 있고 할인채는 할인율로 표시한다.

08 ① 이슬람의 신조고백(信條告白)에는 '알라 외에 다른 신은 없다' 고 규정하고 있으며, 코란에도 알라를 유일의 신, 세계의 창조자, 전지전능한 존재로 묘사하고 있다.

09 ① 열세 후보에게 동정표가 몰리는 현상
③ 공직자의 임기말 권력누수 현상을 일컫는 말
④ 타인의 관심이나 기대로 능률이 오르거나 결과가 좋아지는 현상

10 ① G20은 선진 7개국 정상회담(G7)과 유럽연합(EU) 의장국 그리고 신흥시장 12개국 등 세계 주요 20개국을 회원으로 하는 국제기구이다. 회원국은 미국 · 프랑스 · 영국 · 독일 · 일본 · 이탈리아 · 캐나다 등 G7에 속한 7개국과 유럽연합 의장국에 한국을 비롯한 아르헨티나 · 오스트레일리아 · 브라질 · 중국 · 인도 · 인도네시아 · 멕시코 · 러시아 · 사우디아라비아 · 남아프리카공화국 · 터키를 포함하는 신흥시장 12개국을 더한 20개국이다. 유럽연합 의장국이 G7에 속할 경우에는 19개국이 된다.

11   ② 최저임금제는 임금 지급에 부담을 느낀 사용자로 하여금 고용을 기피하도록 함으로써 저임금 근로자의 일자리를 앗아가는 고용 불안을 야기한다.

12   ③ 컨트롤의 위치를 이동시키려면 [Ctrl]을 누른 상태에서 방향키를 움직인다.

13   ④ 시트 탭에서는 인쇄 영역, 인쇄 제목, 눈금선·메모 등의 인쇄 여부, 페이지 순서 등을 설정한다.

14   세계 3대 영화제는 베를린(독일), 칸(프랑스), 베니스(이탈리아) 영화제를 말한다.
       ② 모스크바 영화제는 동유럽을 비롯하여 아시아, 아프리카 지역에서도 출품하는 영화제로 부문별로 많은 상을 주는 것이 특징이다.

15   ① 위약 효과라고도 하며, 의사가 환자에게 가짜 약을 투여하면서 진짜 약이라고 하면 환자가 좋아질 것이라고 생각하는 믿음 때문에 병이 낫는 현상을 말한다.
       ② 교육심리학에서 심리적 행동의 하나로 교사의 기대에 따라 학습자의 성적이 향상되는 것을 말한다.
       ③ 플라시보 효과와 반대되는 현상으로, 가짜 약을 투여한 환자가 진짜 약이 아닌 것을 알아차렸을 경우 증세가 악화되는 요인으로 작용할 수 있다는 이론이다.
       ④ 혼돈 이론에서 초기 값의 미세한 차이에 의해 결과가 완전히 달라지는 현상을 뜻한다.

16   ① 교토의정서(京都議定書, Kyoto Protocol)는 지구 온난화의 규제 및 방지를 위한 국제 협약인 기후변화협약의 수정안이다. 이 의정서를 인준한 국가는 이산화탄소를 포함한 여섯 종류의 온실가스의 배출량을 감축하며, 배출량을 줄이지 않는 국가에 대해서는 비관세 장벽을 적용하게 된다. 의무이행 당사국의 감축 이행 시 신축성을 허용하기 위하여 배출권 거래(Emission Trading), 공동이행(Joint Implementation), 청정개발체제(Clean Development Mechanism) 등의 제도를 도입하였다.

17   ① 교역조건이 개선되는 경우는 보통 달러 대비 원화가치 상승으로 환율이 하락하는 경우이다.

18   ② 매슬로우는 욕구가 계층적으로 해소된다고 보았다.

19   ④ 다수의 소비자와 공급자는 주어진 가격을 받아들이는 가격수용자이다.

20   ① 세금계산서에는 공급하는 사업자 등록번호와 성명, 공급받는 자의 등록번호, 공급가액과 부가가치세액, 작성 연월일이 필수적으로 기재되어야 한다.

21   ② 내재적인 붕괴가능성이 있기 때문에 과점시장에서 카르텔이 지속되기는 어렵다.

22　② 옵션거래에서 특정한 기초자산을 만기일 전에 미리 정한 가격으로 살 수 있는 권리

　　① 옵션거래에서 특정한 기초자산을 특정 시기에 미리 정한 가격으로 팔 수 있는 권리

　　③ 선물가격이 현물가격보다 높은 상태

　　④ 선물가격이 미래 현물가격보다 낮게 이루어지는 상태

23　① 유예기간이 경과하면 형의 선고의 법률적 효과가 없어진다.

　　② 유예기간 중 다시 죄를 범하였다면 유예는 취소되며 실형을 복역하여야 한다.

　　④ 선고유예에 대한 설명이다.

24　③ 본인에게 대리효과가 발생되므로 대리인에게는 행위능력이 필요치 않다.

25　①·③·④ 상법이 기업법으로서 가지는 이념은 기업조직과 기업활동 측면에서 파악할 수 있다.

26　④ 표의자의 사망 또는 능력을 상실하더라도 의사표시는 아무런 영향을 받지 않는다.

27　② 연속된 셀을 범위로 선택할 때는 [Shift]를 누른 채 클릭하고, 불연속적인 셀을 범위로 선택할 때는 [Ctrl]을 누른 채 클릭하거나 드래그한다.

28　① 문단을 강제로 분리할 때는 Enter 를 사용한다.

29　① 새로 고침

　　③ 작업 전환창이 열리면서 다른 창으로 전환

　　④ 이름 변경

30　**토글키**

　　동일한 키를 누를 때마다 기능이 전환되는 키

　　Caps Lock , Num Lock , Scroll Lock , Insert , 한/영

31　③ 부당이득이 성립하려면 법률상 원인이 없어야 한다.

32　선거의 기본원칙은 보통선거, 평등선거, 직접선거, 비밀선거이다.

　　② 헌법은 자유선거의 원칙을 명문으로 규정하지는 않았지만, 민주국가의 선거제도에 내재하는 법원리로서 당연히 인정된다고 본다.

33　민법이 규정하고 있는 소멸시효 중단사유에는 청구, 압류(가압류, 가처분), 승인이 있다.

　　② 법률행위의 효력을 소멸시키는 일이다.

34 유비쿼터스(Ubiquitous)

시간과 장소에 구애받지 않고 언제나 정보통신망에 접속하여 다양한 정보통신서비스를 활용할 수 있는 환경을 의미한다. 또한, 여러 기기나 사물에 컴퓨터와 정보통신기술을 통합하여 언제, 어디서나 사용자와 커뮤니케이션 할 수 있도록 해 주는 환경으로써 유비쿼터스 네트워킹 기술을 전제로 구현된다.

① 스마트웨어(Smart Wear) : 고기능성 섬유에 디지털 센서, 초소형 컴퓨터 칩 등이 들어 있어 의복 자체가 외부 자극을 감지하고 반응할 수 있는 미래형 의류이다.

② U-커머스(U-commerce) : 유비쿼터스(Ubiquitous) 컴퓨팅 환경에서의 전자상거래

③ 소셜 네트워크 서비스(Social Network Service) : 웹상에서 이용자들이 인적 네트워크를 형성할 수 있게 해주는 서비스로, 트위터 · 싸이월드 · 페이스북 등이 대표적이다.

35 VDT 증후군(Visual Display Terminal Syndrome)은 모니터를 장시간 보면서 작업하는 사람들의 시력이 저하되거나 각종 통증을 호소하는 증세를 일컫는 말로 컴퓨터단말기 증후군이라고도 한다. 노동부는 1994년 7월 이 증후군을 직업병으로 지정하였다.

③ 디지털 치매

④ 리셋 증후군

36 • come by : ~을 손에 넣다, ~의 곁을 지나가다

• come down : 전해지다, 내려가다, (값이) 내리다

• come into : (재산 등을) 물려받다, (계획 등에) 참가하다

「• 너는 어떻게 그렇게 비싼 차를 손에 넣을 수 있었니?

• 이 풍습은 우리 조상 대대로 전해져 내려왔다.

• 그녀는 아버지가 돌아가시면 많은 재산을 물려받게 될 것이다.」

37 ② crowding → crowded

theaters 앞에는 꾸며주는 수동의 의미를 가진 수식어가 필요하므로 과거분사 crowded가 되어야 한다.

「우리는 사람들이 붐비는 극장에서 영화를 보지만 그것은 개인적 경험이다.」

38
- contemplate : 심사숙고하다, 곰곰이 생각하다
- aberration : 탈선
- sacrificial : 희생의, 희생적인, 헌신적인
- victim : 희생자
- whip : 채찍질하다, 매질하다

「우리는 우리 자신의 역사적인 과오에 대해서는 훨씬 관대하게 생각하고 있다. 대신에, 우리는 희생적인 피해자들이나 혹은 대신 매를 맞는 소년들처럼 다른 사람들에게 비행의 억압된 의식을 내보이기를 좋아한다. 우리는 분명히 마지못해 우리 자신의 결점을 인정하고 결점을 가지고 일을 하고 있다. 우리는 정직성이 부족하다.」

39
- exhaustive : 철저한
- accumulation : 축적, 누적
- irresistible : 저항할 수 없는, 억제할 수 없는
- confidence : 신뢰
- excavate : 발굴하다
- significant : 중요한, 상당한
- mass : 크기, 양, 집단
- toughest : 가장 힘든
- vigor : 활기, 정신력
- fertility : 비옥, 다산, 풍부
- indispensible : 필수적인
- genuine : 진짜의, 진품의
- intensely : 강렬한, 격렬한, 심한
- prejudice : 편견, 선입관
- in spite of : ~에도 불구하고
- narrow : 좁은, 한정된

「훌륭한 작가는 주제를 선택하는 데 있어서 현명하고, 자료를 모으는 데 있어 철저하다. 훌륭한 작가는 자기 자신과 생각에 있어 압도적인 확신을 가져야만 한다. 훌륭한 작가들은 대량의 정보들에서 중요한 사실들을 캐내는 방법을 알아야만 한다. 작가에게 있어서 가장 어려운 것은 그의 상상력의 활기와 풍부함을 유지시키는 것이다. 대부분의 작가들은 단지 그들이 순수한 작가로서의 필수적인 자질이 부족하다는 점 때문에 실패한다. 그들은 아주 편견에 사로잡혀 있다. 그들이 교육을 받았음에도 불구하고 그들의 시각은 아주 좁다.」

40 글의 순서를 연결하는 문제는 언제나 논리적인 흐름에 유의해야 하며, 특히 접속사, 지시사, 대명사를 통해 정답을 유추할 수 있다.

• distinguish : 구별하다

「우리가 언어를 쓰는 방식이 우리가 말하는 방식과 항상 같지는 않다. © 예를 들어, 사람들이 말하는 똑같은 단어가 다른 단어처럼 들릴 수 있고, 다른 단어가 똑같은 단어로 들릴 수 있다. © 반면에, 문어에서 같은 단어는 항상 같은 방식으로 표기된다. 따라서 다른 단어들은 인쇄상태에서 구별하기 쉽다. ⊙ 이러한 차이점 외에도 더 중요한 것은 문체에서 문어는 구어와 다르다.」

정답 및 해설

01 언어능력

문제 p.147

01	02	03	04	05	06	07	08	09	10	11	12	13	14	15	16	17	18	19	20
②	③	①	③	②	①	①	④	②	④	①	②	④	④	④	③	③	②	②	②
21	22	23	24	25	26	27	28	29	30	31	32	33	34	35	36	37	38	39	40
②	②	④	④	③	②	②	①	④	③	②	④	②	③	④	②	①	①	③	④

01 　• 매진(邁進) : 어떤 일을 전심전력을 다하여 해 나감을 의미
　② 주력(注力) : 어떤 일에 온 힘을 기울임
　① 단정(斷定) : 딱 잘라서 판단하고 결정함
　③ 폄하(貶下) : 가치를 깎아내림
　④ 교정(校正) : 출판물의 글자나 글귀를 검토하여 바르게 정하는 일

02 　• 여염(閭閻) : 백성의 살림집이 모여 있는 곳
　③ 시정(市井) : 사람이 모여 사는 곳
　① 견지(見地) : 어떤 사물을 판단하거나 관찰하는 입장
　② 기여(寄與) : 도움이 되도록 이바지함
　④ 허두(虛頭) : 글이나 말의 첫머리

03 　• 인간(人間) : 사람이 사는 세상
　① 홍진(紅塵) : 번거롭고 속된 세상을 비유적으로 이르는 말
　② 천단(擅斷) : 제 마음대로 처단함
　③ 산발(散發) : 때때로 일어남
　④ 수유(受由) : 말미를 받음

04 　• 곧추다 : 굽은 것을 곧게 바로잡다.
　③ 바로잡다 : 굽거나 비뚤어진 것을 곧게 하다.
　② 아리다 : 혀끝을 찌를 듯이 알알한 느낌이 있다.
　④ 우회하다 : 곧바로 가지 않고 멀리 돌아서 가다.

05 • 정리하다 : 문제가 되거나 불필요한 것을 줄이거나 없애서 말끔하게 바로잡다.
② 청산하다 : 서로 간에 채무 · 채권 관계를 셈하여 깨끗이 해결하다.
① 청렴하다 : 성품과 행실이 높고 맑으며, 탐욕이 없다.
③ 청유하다 : 속세와 떨어져, 아담하고 깨끗하며 그윽하다.
④ 파산하다 : 재산을 모두 잃고 망하다.

06 • 첨가 : 이미 있는 것에 덧붙이거나 보탬
① 삭제 : 깎아 없애거나 지워버림
② 간념 : 간절한 생각
③ 수락 : 요구를 받아들임
④ 시정 : 잘못된 것을 바로잡음

07 • 만성 : 병이나 버릇이 급하거나 심하지도 아니하면서 쉽게 고쳐지지 아니하는 성질
① 급성 : 병 따위의 증세가 갑자기 나타나고 빠르게 진행되는 성질
② 상성 : 성질이 서로 맞음
③ 항성 : 언제나 변하지 아니하는 성질
④ 고성 : 크고 높은 목소리

08 • 방임 : 돌보거나 간섭하지 않고 제멋대로 내버려 둠
④ 통제 : 일정한 방침이나 목적에 따라 행위를 제한하거나 제약함
① 방치 : 내버려 둠
② 방기 : 내버리고 아예 돌아보지 아니함
③ 강제 : '권력이나 위력으로 남의 자유의사를 억눌러 원하지 않는 일을 억지로 시킴'의 의미로, '임의, 자의'의 반의어로 쓰일 수 있다.

09 • 반박하다 : 어떤 의견, 주장, 논설 따위에 반대하여 말하다
② 수긍하다 : 옳다고 인정하다.
① 부정하다 : 그렇지 아니하다고 단정하거나 옳지 아니하다고 반대하다.
③ 거부하다 : 요구나 제의 따위를 받아들이지 않고 물리치다.
④ 때리다 : 다른 사람의 잘못을 말이나 글로 비판하다.

10 • 가지런하다 : 여럿이 층이 나지 않고 고르게 되어있다.
④ 들쭉날쭉하다 : 들어가기도 하고 나오기도 하여 가지런하지 아니하다.
① 나란하다 : 여럿이 줄지어 늘어선 모양이 가지런하다.
② 똑바르다 : 어느 쪽으로도 기울지 않고 곧다.
③ 고르다 : 여럿이 다 높낮이, 크기, 양 따위의 차이가 없이 한결같다.

11 제시문과 ①은 '값, 기온, 수준, 형세 따위가 낮아지거나 내려가다.'의 의미로 쓰였다.
② 뒤를 대지 못하여 남아 있는 것이 없게 되다.
③ 시험, 선거, 선발 따위에 응하여 뽑히지 못하다.
④ 어떤 상태나 처지에 빠지다.

12 제시문과 ②는 '눈물, 빗물 따위의 액체가 방울져 떨어지다.'의 의미이다.
① 사람이나 동물이 소리를 감각 기관을 통해 알아차리다.
③ 주로 약 따위가 효험을 나타내다.
④ 어떤 것을 무엇으로 이해하거나 받아들이다.

13 제시문과 ④는 '생각이나 느낌 따위를 표현하고 전달하는 데 쓰는 음성 기호'의 의미로 쓰였다.
① 일정한 주제나 줄거리를 가진 이야기
② 음성 기호로 생각이나 느낌을 표현하고 전달하는 행위
③ 소문이나 풍문 따위를 이르는 말

14 제시문과 ④는 '사람이나 차ㆍ수레 등이 다닐 수 있도록 땅 위에 낸 공간'의 의미로 쓰였다.
① 살아가는 과정이나 방면
② 어떤 방법이나 수단
③ 어떤 일을 하는 도중이나 때

15 제시문과 ④는 '계획, 의견 따위를 정하다.'의 의미로 사용했다.
① 실마리, 요점, 단점 따위를 찾아내거나 알아내다.
② 일, 기회 따위를 얻다.
③ 어떤 순간적인 장면이나 모습을 확인하거나 찍다.

16 ③ 한창 : 어떤 일이 가장 활기 있고 왕성하게 일어나는 때. 또는 어떤 상태가 가장 무르익은 때
① 한참 : 시간이 상당히 지나는 동안
② 한철 : 한창 성한 때
④ 한물 : 한창 수확되거나 쏟아져 나올 때

17 ③ 조정 : 어떤 기준이나 실정에 맞게 정돈함
① 교체 : 사람이나 사물을 다른 사람이나 사물로 대신함
② 투시 : 막힌 물체를 환히 꿰뚫어 봄
④ 고수 : 차지한 물건이나 형세 따위를 굳게 지킴

18 ② 정제 : 물질에 섞인 불순물을 없애 그 물질을 더 순수하게 함
① 정정 : 글자나 글 따위의 잘못을 고쳐서 바로잡음
③ 정진 : 힘써 나아감 또는 몸을 깨끗이 하고 마음을 가다듬음
④ 정수 : 물을 깨끗하고 맑게 함

19　② 징수 : 행정 기관이 법에 따라서 조세, 수수료 등을 국민에게서 거두어들이는 일
　　① 징벌 : 옳지 아니한 일을 하거나 죄를 지은 데 대하여 벌을 줌
　　③ 징표 : 어떤 것과 다른 것을 드러내 보이는 뚜렷한 점
　　④ 수집 : 취미나 연구를 위하여 여러 가지 물건이나 재료를 찾아 모음

20　② 제정 : 제도나 법률 따위를 만들어서 정함
　　① 제시 : 어떠한 의사를 말이나 글로 나타내어 보임
　　③ 재직 : 어떤 직장에 소속되어 근무하고 있음
　　④ 재고 : 어떤 일이나 문제 따위에 대하여 다시 생각함

21　②는 '바치다'로 써야 한다. '바치다'는 '신이나 웃어른께 드리다.'는 뜻을, '받치다'는 '밑을 괴다.'는 뜻을 나타낸다.

22　② 비슷한 발음의 몇 형태가 쓰일 경우, 그 의미에 아무런 차이가 없고, 그 중 하나가 더 널리 쓰이면, 그 한 형태만을 표준어로 삼으므로(표준어 규정 제 17항) '부서지다'와 '부숴지다' 중에서 '부서지다'를 표준어로 삼는다.
　　① 시답다 : 마음에 차거나 들어서 만족스럽다는 뜻의 형용사이다. 흔히 볼품이 없어 만족스럽지 못하다는 뜻으로 '시덥잖다'를 쓰는데, 이는 '시답잖다'의 잘못된 표현이다.
　　③ 여섯 살배기 : '여섯'은 관형사이고 '살'은 단위를 나타내는 의존 명사이므로 '여섯 살'은 띄어 쓴다. 또한 '-배기'는 '그 나이를 먹은 아이'의 뜻을 더하는 접미사이므로 앞말에 붙여쓴다.
　　④ 금세 : '금시에'가 줄어든 부사이며, '금새'는 '물건의 값, 또는 물건값의 비싸고 싼 정도'를 뜻하는 명사이다.

23　④ 체언에 부사의 자격을 부여하는 부사격 조사이다.
　　①, ②, ③은 주격 조사이다.

24　④의 '가슴에 불붙다'는 '화가 난다'는 의미로 사용되는 것이 아니라 '감정이 격해지다'의 의미로 쓰인다.

25　③ 남의 말을 성의 있게 듣지 않고 듣는 둥 마는 둥 하다.
　　① 동물이나 사람이 세상에 태어나서 처음으로 소리를 알아듣게 되다.
　　② 하는 말이 온당치 않아 듣기에 거북하다.
　　④ 세상 소식에 어둡다.

26　② 뜻하지 아니한 상황에서 뜻밖에 입는 재난
　　① 일이 매우 힘들거나 힘들여 해 놓아도 성과가 없는 경우
　　③ 좋은 일에 더욱 좋은 일이 겹침
　　④ 몹시 귀찮게 구는 것

27 ② '객주가 망하려니 짚단만 들어온다' 는 속담은 '일이 안되려면 해롭고 귀찮은 일만 생긴다' 는 의미를 지닌다.

28 ① 교각살우는 '잘못된 점을 고치려다가 그 방법이나 정도가 지나쳐 오히려 일을 그르침을 이르는 말' 로 '빈대 잡으려다 초가삼간 태운다' 와 의미가 유사하다.
② 어떤 일에 실패한 뒤에 힘을 가다듬어 다시 그 일에 착수함을 비유하여 이르는 말
③ 방어 시설이 잘 되어 있는 성을 이르는 말
④ 이미 시작한 일을 중도에서 그만둘 수 없는 경우를 비유적으로 이르는 말

29 주마간산은 '말을 달리면서 산을 본다.' 는 뜻으로 자세히 살피지 않고 대충 보고 지나감을 이르는 말이다.
① 모순된 것을 끝까지 우겨서 남을 속이려는 짓을 비유적으로 이르는 말
② '한 사람이 모든 복을 겸하지는 못한다' 는 것을 뜻함
③ 잘하는 사람을 더욱 장려함을 이르는 말

30 ③ 자기가 한 말과 행동에 자신이 구속되어 어려움을 겪는 것을 의미함
① 자기 스스로에게 황홀하게 빠지는 것을 의미함
② 스스로 힘쓰고 몸과 마음을 가다듬어 쉬지 아니함
④ 자기의 언행이 전후 모순되어 일치하지 않음

31 ② 본문에서는 환자의 삶의 질에 대한 내용은 언급하지 않았다.
제시문처럼 짧은 글이면 글 전체를 다 읽고 풀어도 괜찮다. 그러나 긴 글일때는 글 전체를 다 읽지 않고, 글에서 다루고 있는 중심 화제가 무엇인지를 파악하는 것이 중요하다. 중심 화제를 쉽게 파악할 수 있는 방법은 다음과 같다.
• 첫 문장을 읽는다 – 첫 문장에는 중심 화제가 제시되어 있고, 앞으로 글의 전개 방향을 제시하는 경우가 많다.
• 정의가 있는지 살핀다 – 용어의 '정의' 가 내려진 경우에는 그 '정의' 가 중심 화제인 경우가 많다.
• 접속어를 살핀다 – 'A 그러나 B' 의 형태로 이어진 문장이 있으면 중심 화제는 B일 가능성이 높다. 또한 '결국, 따라서, 그러므로' 등과 같은 접속어가 있다면 이어지는 문장이 중심 화제일 가능성이 높다.
• 의문문이 있는지 살핀다 – 스스로 묻고 대답할 때는 뜻을 강조할 목적으로 사용된다.

32 ④ 제시문에서 '어둠에 어둠을 더한다' 는 것은 미래를 내다보지 못하는, 즉 더욱 더 비관적이라는 의미이다.

33 '봄바람' 은 계절적 배경을 나타내고(①), '이슬비' 는 정적인 분위기를 조성하고(③), '기울이다' 는 화자의 태도를 드러낸다(④). 그러나 ②는 '두어 가지와 사람이 상반되는 의미' 를 지니는 것이 아니라, 사람에게 다가가려 하고 있으니 서로 호응하는 관계로 보아야 하므로 적절하지 않다.

34 ③ 경제 성과나 자선 활동만으로는 반기업 정서를 해소하는데 미치는 영향이 미약하다.

35 ④ 화자는 일부 손님들이 북한 사람과 동남아 사람을 보는 시각이 선입견과 편견으로 이루어져 있다고 말하고 있다.

36 ② 문학과 역사의 차이(B)를 설명하기 위해 먼저 역사 연구가(A)에 대해 설명한 후, 이와 대비되는 문학 연구가(D)의 경우를 설명하고 있다. 따라서 제시된 문장을 순서대로 배열하면 ② (B) − (A) − (D) − (C)가 가장 적합하다.

37 ① 각 문장의 핵심 어휘들을 연결하면, 문장 전개의 순서가 일반적인 내용에서 구체적인 내용으로 세분화되며 진행됨을 알 수 있다.
    (B) 이념과 가치 − (C) 숭고한 이념이나 가치, 진리 · 선 · 정의 − (D) 이론적 측면의 '진리'와 실천적 측면의 '선 · 정의' 분류 − (A) 실천적 측면을 내적 측면의 '선'과 외적 측면의 '정의'로 분류(구체화)

38 ① 윗쪽 → 위쪽
    뒷말의 첫소리가 평음이면서 발음할 때에만 된소리로 바뀌는 경우에는 사이시옷이 들어가고, '위쪽'과 같이 처음부터 된소리인 경우에는 사이시옷이 들어가지 않는다.

39 '해님'은 '해(고유어)' + '-님(접미사)'로 합성어가 아니므로 사이시옷을 쓸 수 없다.

40 '듯'은 의존 명사이므로 앞에 오는 관형형 '올'과 띄어 써야 한다.

02 수리능력

문제 p.160

01	02	03	04	05	06	07	08	09	10	11	12	13	14	15	16	17	18	19	20
②	①	④	①	④	①	③	③	④	①	③	②	③	②	①	①	②	①	②	④

21	22	23	24	25	26	27	28	29	30
③	②	①	④	②	④	③	③	①	②

04 $(70.668 \div 151) + 6.51 = 0.468 + 6.51 = 6.978$
    ① $(3.79 \times 10) - 30.922 = 37.9 - 30.922 = 6.978$
    ② 6.157, ③ 7.812, ④ 7.173

05 $\left(\dfrac{5}{6}\times\dfrac{3}{4}\right)-\dfrac{7}{16}=\dfrac{5}{8}-\dfrac{7}{16}=\dfrac{10-7}{16}=\dfrac{3}{16}$

④ $\left(\dfrac{1}{4}-\dfrac{2}{9}\right)\times\dfrac{9}{4}+\dfrac{1}{8}=\dfrac{1}{36}\times\dfrac{9}{4}+\dfrac{1}{8}=\dfrac{1}{16}+\dfrac{1}{8}=\dfrac{3}{16}$

① $\dfrac{256}{105}$, ② $\dfrac{57}{210}$, ③ $\dfrac{7}{5}$

06 $\square\div6=-(78-66-16)\rightarrow\square\div6=4\rightarrow\square=4\times6$

∴ 24

07 $\square+7\times(-7)+98=60\rightarrow\square-49+98=60\rightarrow\square=60-98+49$

∴ 11

08 $-3(\ )0.9=4-6.7\rightarrow-3(\ )0.9=-2.7$

∴ ×

09 $\dfrac{4}{10}\times125(\ )5=10\rightarrow\dfrac{4\times125}{10}(\ )5=10\rightarrow50(\ )5=10$

∴ ÷

10 $6-9(\ )22=19\rightarrow-3(\ )22=19$

∴ +

11 구하는 수를 x라고 하면 x를 4, 8, 12로 나눈 나머지가 모두 3이므로 $x-3$은 4, 8, 12의 최소공배수이다. 4, 8, 12의 최소공배수는 24이므로 $x-3=24$이다.

∴ 27

12 54와 78의 최소공배수 : 702 → 702÷78

∴ 9바퀴

13 연속하는 세 홀수를 $x-2$, x, $x+2$라고 하면
$x-2=(x+2+x)-11\rightarrow x-2=2x-9\rightarrow x=7$
따라서 연속하는 세 홀수는 5, 7, 9이므로 가장 큰 수는 9이다.

14 지혜와 윤호가 하루에 할 수 있는 일의 양은 각각 $\dfrac{1}{4}$, $\dfrac{1}{6}$이다.

→ 윤호가 x일 동안 일한다고 하면 $\dfrac{1}{4}\times2+\dfrac{1}{6}\times x=1\rightarrow\dfrac{1}{2}+\dfrac{x}{6}=1\rightarrow\dfrac{x}{6}=\dfrac{1}{2}$

∴ 3일

15 n개월 후 형의 잔액 : $2,000 \times n$
n개월 후 동생의 잔액 : $10,000 + 1,500 \times n$
형의 잔액이 많아질 때는 $2,000n > 10,000 + 1,500n \rightarrow n > 20$이므로 21개월 후에는 형의 잔액이 동생보다 많다.

16 올라갈 때, 내려갈 때 걸린 시간을 각각 x, $3-x$라고 하면 $3x + 5 = 4(3-x)$
$\rightarrow x = 1$
따라서 올라갈 때 걸은 거리는 시속 3km로 1시간 동안 걸었기 때문에 $3 \times 1 = 3$km이다.

17 경필이가 뛴 거리를 x라 하면
$$\frac{1,500 - x}{50} + \frac{x}{150} = 25 \rightarrow 4,500 - 3x + x = 3,750 \rightarrow -2x = -750$$
$\therefore 375$m

18 준호의 속력을 x라 하면 A에서 B로 갈 때 속력은 $x+1$, B에서 A로 갈 때 속력은 $x-1$이다.
1시간 6분 40초는 $1 \times 60 \times 60 + 6 \times 60 + 40 = 4,000$초이므로
$$\frac{3,000}{x+1} + \frac{3,000}{x-1} = 4,000 \rightarrow 6,000x = 4,000(x+1)(x-1) \rightarrow 3x = 2(x^2 - 1)$$
$\rightarrow 2x^2 - 3x - 2 = 0 \rightarrow (2x+1)(x-2) = 0$
$\therefore 2$m/s

19 할아버지의 나이 : $55 + 11 = 66$세
아버지의 나이 : $20 + 11 = 31$세
$\therefore 66 + 31 = 97$

20 두 카페를 선호하지 않는 가구 수가 50이므로, A 또는 B 카페를 선호하는 가구 수는 100이다.
두 카페를 모두 선호하는 가구 수를 x라 하면,
$100 = 45 + 70 - x \rightarrow x = 15$
따라서 B 카페만 선호하는 가구의 수는 $70 - 15 = 55$이다.

21 1월의 난방요금을 $7k$, 6월의 난방요금을 $3k$라 하면(단, k는 비례상수)
$(7k - 2) : 3k = 2 : 1 \rightarrow k = 2$
따라서 1월의 난방요금은 14만 원이다.

22 먼저 10%를 뺀다면 남은 돈은 90,000원이다.
남은 돈의 10%는 9,000원으로 이 돈을 다시 입금하면 은행 계좌에는 99,000원이 남게 된다.

23 전체 일의 양을 1이라 하면 A와 B가 하루에 하는 일의 양은 각각 $\frac{1}{10}$, $\frac{1}{8}$이다.

B가 일한 기간을 x라 하면 → $\dfrac{1}{10} \times 4 + \dfrac{1}{8} \times x = 1$ → $\dfrac{x}{8} = \dfrac{6}{10}$

x는 4.8이므로 B는 5일 동안 집을 지어 완성하였다.

24 갑, 을, 병이 각각 꺼낸 3장의 카드에 적힌 숫자 중 갑이 꺼낸 카드에 적힌 숫자가 가장 큰 수가 되는 경우는 다음과 같다.

i) 갑이 숫자 2가 적힌 카드를 꺼낼 경우

병이 가진 카드에 적힌 숫자가 모두 2보다 큰 수이므로 갑이 꺼낸 카드에 적힌 숫자가 가장 큰 수가 되는 경우의 수는 0

ii) 갑이 숫자 5가 적힌 카드를 꺼낼 경우

갑이 꺼낸 카드에 적힌 숫자가 가장 큰 수가 되려면 을은 숫자 5보다 작은 숫자인 1이 적힌 카드, 병은 숫자 5보다 작은 숫자인 3 또는 4가 적힌 카드를 꺼내야 한다.

그러므로 갑이 꺼낸 카드에 적힌 숫자가 가장 큰 수가 되는 경우의 수는 $1 \times 2 = 2$

iii) 갑이 숫자 9가 적힌 카드를 꺼낼 경우

을과 병이 가지고 있는 카드에 적힌 숫자가 모두 9보다 작은 수이므로 어떠한 카드를 꺼내도 갑이 꺼낸 카드에 적힌 숫자가 가장 크다.

그러므로 갑이 꺼낸 카드에 적힌 숫자가 가장 큰 수가 되는 경우의 수는 $3 \times 3 = 9$

따라서 카드에 적힌 숫자가 가장 큰 사람이 갑이 되는 경우의 수는 $0 + 2 + 9 = 11$가지이다.

25 인터넷 쇼핑몰의 등록 고객 수를 A라 하면

여성의 수는 $\dfrac{75}{100}A$, 남성의 수는 $\dfrac{25}{100}A$이다.

여성 등록 고객 중 우수고객의 수는 $\dfrac{75}{100}A \times \dfrac{40}{100} = \dfrac{3,000}{10,000}A$

남성 등록 고객 중 우수고객의 수는 $\dfrac{25}{100}A \times \dfrac{30}{100} = \dfrac{750}{10,000}A$

따라서 우수고객이 여성일 확률은 $\dfrac{\dfrac{3,000}{10,000}A}{\dfrac{3,000}{10,000}A + \dfrac{750}{10,000}A} = \dfrac{3,000}{3,750} = \dfrac{4}{5}$이다.

즉, 우수고객이 여성일 확률은 80%이다.

26 ㉠ 2017년 2월에 가장 많이 낮아졌다.

㉡ 전년 동월, 즉 2016년 6월보다 325건 많아졌다는 뜻이므로, 실제 심사건수는 알 수 없다.

㉢ 마찬가지로, 2016년 5월에 비해 3.3% 증가했다는 뜻이므로, 실제 등록률은 알 수 없다.

㉣ 전년 동월 대비 125건이 증가했으므로, $100 + 125 = 225$건이다.

27 참여율이 4번째로 높은 해는 2013년이다.

참여 증가율 $= \dfrac{\text{해당년도 참여율} - \text{전년도 참여율}}{\text{전년도 참여율}}$ 이므로, $\dfrac{6.9 - 5.7}{5.7} \times 100 ≒ 21\%$이다.

28 ③ 남자 합격자 수는 1,003명, 여자 합격자 수는 237명이고, 1,003÷237＝4.23…이므로, 남자 합격자 수는 여자 합격자 수의 4배 이상이다.

④ 경쟁률＝$\dfrac{지원자 수}{모집정원}$ 이므로, B 집단의 경쟁률은 $\dfrac{585}{370}＝\dfrac{117}{74}$ 이다.

29 전년 대비 매출액이 증가한 해는 2012년, 2014년, 2016년, 2017년인데, 2012년에는 전년 대비 100%의 증가율을 기록했으므로 다른 어느 해보다 증가율이 컸다.

30 ② 15～64세 인구는 2016년까지 증가하였다가 이후 감소 추세를 보이고 있다.

03 추리능력

문제 p.170

01	02	03	04	05	06	07	08	09	10	11	12	13	14	15	16	17	18	19	20
④	③	③	④	③	④	①	②	③	④	②	①	③	②	①	②	③	④	②	④
21	22	23	24	25	26	27	28	29	30	31	32	33	34	35	36	37	38	39	40
②	②	④	④	①	④	④	④	③	①	②	②	③	③	②	②	③	④	②	②

01 ④ (앞의 항＋7)×2 = 뒤의 항

02 ③ 홀수 항은 3씩 빼고, 짝수 항은 1씩 더하는 수열이다.

03 ③ 앞의 항에 ＋2, ＋3, ＋4, ＋5, …을 더하는 수열이다.

04 ④ 앞의 항−8=뒤의 항

05 분자는 5씩 더하는 수열이고, 분모는 4씩 곱하는 수열이다.

06 -2^1, -2^2, -2^3, -2^4, -2^5, …을 더하는 수열이다.

07 앞의 항×(−2)＋2=뒤의 항

08 앞의 항×3−뒤의 항=다음 항

09 $\underline{A \quad B \quad C} \rightarrow C=(A-B)\times 2$

10    $\underline{A \quad B \quad C} \rightarrow B=A^2-C^2$

11    $\underline{A \quad B \quad C} \rightarrow B=(A+C)\div3$

12    $\underline{A \quad B \quad C \quad D} \rightarrow 2\times(A+C)=B+D$

13    $\times4$, $\div2$가 반복된다.

14   -5, $\times(-2)$가 반복된다.

15   ① $\underline{A \quad B \quad C \quad D} \rightarrow A\div B=C\div D$

16   ② 앞의 항에 $+55$, $+65$, $+75$, $+85$, $+95$, …을 하는 수열이다.

17   ③ 앞의 항에 $\times(-1)$, $\times3$, $\times2$, $\times5$, $\times7$, …을 하는 수열이다.
(곱하는 수가 피보나치수열)

18   ④ 홀수 항은 -4를 곱하고, 짝수 항은 3으로 나눈다.

19   ② $\underline{A \quad B \quad C \quad D} \rightarrow A+B+2=C$

20   ④ 홀수 항은 $+2.5$, $+4$, $+5.5$, $+7$, …을 하는 수열이고, 짝수 항은 $+2$씩 곱하는 수열이다.

21   ② 홀수 항은 1씩 더하고, 짝수 항은 2씩 곱하는 수열이다.

D	C	E	F	F	L	(G)	X
4	3	5	6	6	12	7	24

22   ② 앞의 항에 3씩 더하는 수열이다.

A	(D)	G	J	M	P
1	4	7	10	13	16

23   ④ 앞의 항에서 5씩 **빼는** 수열이다.

Z	(U)	P	K	F	A
26	21	16	11	6	1

24   ④ 홀수 항은 2씩 더하고, 짝수 항은 4씩 곱하는 수열이다.

c	A	(e)	D	g	P
3	1	5	4	7	16

25　① 앞의 항에 +3씩 더하는 수열이다.

(I)	L	O	R	U	X
9	12	15	18	21	24

26　④ 앞의 항에 +1, +2, +4, +8, +16, …씩 더하는 수열이다.

G	H	J	N	V	L	(R)
					38	70
7	8	10	14	22	(26+12)	(26×2+18)

27　④ 앞의 항에 +5씩 더하는 수열이다.

F	K	P	U	(Z)
6	11	16	21	26

28　④ 앞의 항+뒤의 항=다음 항

A	B	C	E	(H)	M	U
1	2	3	5	8	13	21

29　③ B와 D의 차이는 2, D와 H의 차이는 4, H와 N의 차이는 6이다. 따라서 괄호에 들어갈 문자는
　　　N과 차이가 8인 V이다.

30　① 앞의 항에 ÷1, ×2, ÷3, ×4, ÷5, …을 한다.

31　② 제시문은 상하 관계이다. 그림의 한 종류로 초상화가 있고, 스포츠의 한 종류로 축구가 있다.

32　② 제시된 낱말은 유의 관계이다. 친구는 벗의 유의어이고, 배타(排他)의 유의어는 배척(排斥)이다.

33　③ 제시된 낱말은 반의 관계이다. 좌회전의 반의어는 우회전이고, 후진의 반의어는 전진이다.

34　③ 의사와 간호사는 병원에서 함께 근무하며 도움을 주는 관계이고, 교수와 조교 역시 대학교에서
　　　근무하며 도움을 주는 관계이다.

35　② 제시된 낱말은 주술 관계이다. 꽃은 만개하다라는 서술어가 적절하고, 수증기는 자욱하다라는
　　　서술어가 적절하다.

36　④ 제시된 낱말은 상하 관계이다. 대중교통의 하위어는 전철이며, 아파트의 상위어는 주거공간
　　　이다.

37 　③ 제시된 낱말은 반의 관계이다. 나태의 반의어는 근면이고, 부정의 반의어는 수긍이다.

38 　④ 제시된 낱말은 대체재 관계이다. 라이터가 없으면 성냥을 쓰고, 에어컨이 없으면 선풍기를 쓴다.

39 　② 제시된 낱말은 반의 관계이다. 가공의 반의어는 실재이고, 가결의 반의어는 부결이다.
　　　• 각하 : 행정법에서, 국가 기관에 대한 행정상 신청을 배척하는 처분

40 　② 제시된 낱말은 상하 관계이다. 빵의 하위어는 도넛이고, 카페라떼의 상위어는 커피이다.

04　사무지각능력

문제 p.179

01	02	03	04	05	06	07	08	09	10	11	12	13	14	15	16	17	18	19	20
④	②	④	②	④	①	①	④	②	②	④	②	②	③	③	②	③	③	①	①
21	22	23	24	25	26	27	28	29	30	31	32	33	34	35	36	37	38	39	40
④	②	③	④	③	②	①	④	②	③	②	④	①	③	③	④	①	④	④	④

01 　Ⅴ Ⅶ Ⅸ Ⅻ Ⅲ Ⅷ Ⅹ Ⅲ － Ⅴ Ⅵ Ⅺ Ⅻ Ⅱ Ⅵ Ⅸ Ⅲ

02 　＼ ＼ ↙ ↔ ↑ ↓ ⇄ ↓ － ＼ ＼ ↙ → ↓ ↑ ⇐ ↑

03 　AiioXTVcp － AIIoxTvcb

04 　いゆょびてねぽみ － りゆよぴでぬぽみ

05 　㉺㉦㉣㉭㉮㉪㉤㉲ － ㉦㉦㉢㉮㉠㉤㉲㉻

06 　◎☆▽◆☆♤◑♣ － ○★▽■★♠◑♣

07 　五十一萬二千七百 － 五十一萬三千七白

08 　와하현희황홍흑향 － 와하현희횡홍욱향

09 （그림）를 시계 반대 방향으로 90° 회전하면 （그림）, 이를 좌우 대칭하면 （그림） 이다.

10 （그림）을 시계 반대 방향으로 90° 회전하면 （그림）, 이를 상하 대칭하면 （그림）,

이를 시계 방향으로 45° 회전하면 （그림） 이다.

11 도형을 시계 방향으로 90° 회전하면 （그림）, 이를 상하 대칭하면 （그림）, 이를 거울에 비친 모양은

（그림） 가 된다.

12 ② tewnozks − tewmozks

13 ② ■★◎○◇◇□▲ − ■★◎○◇◇▨▲

14 ③ 앞, 뒤 문자열 둘 다 같다.

15 ③ 앞, 뒤 문자열 둘 다 같다.

16

8190	7732	8190	1188	0616	_1908_	2957	1188	6112	8190	1890	2554
0616	8190	9081	1188	_1908_	9081	2957	1891	5468	_1908_	0616	2544
9081	9081	8190	1606	1188	2957	7732	_1908_	6112	_1908_	0616	9081
_1908_	9180	1890	1188	7732	1890	6111	2957	2544	7732	0616	2554

17

司	_四_	田	同	口	册	丘	句	田	_四_	_旦_	丹
丘	_四_	匹	口	月	丘	册	勹	田	_四_	口	册
司	_四_	旦	丘	句	丹	匹	司	田	月	_四_	旦
旦	田	丹	_四_	口	丘	册	田	口	丘	句	丹

18

EA	BY	GS	YI	BS	GE	QW	_GO_	PP	TT	JK	NO
TT	_GO_	JK	GE	QW	_GO_	GS	EY	EA	LV	YS	BN
QW	_GO_	PP	TT	JK	NO	GE	QW	EY	EA	TT	JK
EA	BY	GS	YI	BS	GS	EY	EA	LV	YS	BN	_GO_

19

간	던	펀	반	<u>잔</u>	단	뎐	전	쟌	<u>잔</u>	칸	탄
쟌	<u>쟌</u>	쟌	던	단	뎐	탄	칸	간	간	반	쟌
쟌	던	펀	쟌	칸	탄	탄	단	전	<u>쟌</u>	전	간
펀	탄	전	전	<u>잔</u>	간	반	던	던	<u>잔</u>	전	전

20

◈	⊙	▣	●	◇	◇	◆	◎	○	◉	◈	◇
◇	◆	◎	◉	<u>◈</u>	◇	<u>◈</u>	◉	◎	◇	◆	<u>◈</u>
◇	<u>◈</u>	◉	▣	●	◇	◇	○	◉	<u>◈</u>	▣	◎
◉	<u>◈</u>	◇	○	○	◉	▣	◉	▣	<u>○</u>	●	◎

21

か	さ	お	<u>あ</u>	ふ	ひ	は	お	<u>あ</u>	か	せ	せ
あ	お	ふ	<u>ひ</u>	は	せ	ふ	か	お	ひ	は	あ
ふ	ふ	お	せ	<u>あ</u>	は	か	さ	お	ひ	ふ	ひ
お	ふ	か	<u>あ</u>	さ	お	せ	<u>あ</u>	<u>あ</u>	ひ	お	せ

22

3279	3197	<u>3877</u>	3677	3674	3021	3347	<u>3877</u>	5146	6645	1040	5521
6645	1040	5521	<u>3877</u>	3674	3347	3021	6645	1040	3279	3197	3021
<u>3877</u>	6645	1040	5521	3279	3674	3674	<u>3877</u>	3279	3197	5146	<u>3877</u>
5146	6645	1040	5521	<u>3877</u>	3677	3347	3677	3279	<u>3877</u>	1040	6645

23

<u>WE</u>	WW	WN	WB	WF	<u>WE</u>	WL	WP	QE	QQ	FE	×C
QE	FE	WB	QQ	×C	<u>WE</u>	WF	WN	WL	WP	<u>WE</u>	QE
WP	QE	QQ	FE	×C	WF	<u>WE</u>	WN	WB	WP	QQ	<u>WE</u>
QE	FE	WN	WB	FE	×C	WW	<u>WE</u>	WN	QQ	QE	×C

24

복면	복기	복사	복도	복습	복식	복지	복제	복원	복수	복무	복학
복종	복구	복싱	복직	복안	<u>복용</u>	복장	복권	복개	복부	복색	<u>복통</u>
복창	복음	복날	<u>복황</u>	복마	<u>복희</u>	복린	복막	복만	복망	복질	복후
복집	복찜	복차	<u>복착</u>	복참	복심	복골	복공	복과	복점	복업	복역

25

侫	珍	修	移	修	攸	侈	侫	診	攸	侈	修
珍	<u>移</u>	診	參	<u>修</u>	侈	珍	診	移	參	侫	參
參	診	珍	攸	修	侫	珍	修	參	診	移	攸
修	診	珍	攸	參	珍	修	侈	攸	侫	攸	侫

26

태	인	연	대	금	에	그	텐	호	기	아	블
정	성	황	소	일	온	라	구	보	압	월	강
세	고	복	시	만	리	젠	류	경	충	쿤	철
태	종	상	카	요	게	모	회	나	최	토	사

27

IK	NL	GH	RF	JH	RI	EK	KK	CE	CQ	SA	SV
PG	MO	SG	TJ	TM	XX	VK	LS	HE	SB	RR	YY
ZK	FD	PT	ZG	TR	SF	CW	OW	WH	Q×	BB	MK
BK	PL	IU	ZJ	JZ	BY	KS	BN	EA	FF	DA	CF

28 ④ 라녭튠퓨뗘션촵 – 라녩튠퓨뗘션촵

29 ② gbjkikger – gdjkikper

30 ③ 돌렌캬셸쿠힉퐉촽퓨

31 ② 5486あほ欄鐵 t9967ak

32
① 羅舶指觧捭葦舳具黃苓發距㒼
② 羅舶指觧松茸舳具蘚獸垮距㒼
③ 羅舶指觧捭葦舳具蘚闌垮距㒼

33
② p莘sg87k槃n6l馬茜1俞3波
③ p嘶g87k槃n6l魔天1俞3波
④ p嘶sg87k槃n6l馬茜1帆3派

34
① 75136412258433
② 75136412146422
④ 75158412258422

35 ③ 주어진 도형을 180° 회전한 도형이다.

36 ④ 주어진 도형을 시계 방향으로 45° 회전한 도형이다.

37 ① 주어진 도형을 시계 반대 방향으로 90° 회전한 도형이다.

38 ④ 주어진 도형을 180° 회전한 도형이다.

39 ④ 주어진 도형을 시계 반대 방향으로 90° 회전한 도형이다.

40 ④ 주어진 도형을 시계 반대 방향으로 60° 회전한 도형이다.

05 분석판단능력

문제 p.193

01	02	03	04	05	06	07	08	09	10	11	12	13	14	15	16	17	18	19	20
①	①	③	②	③	①	①	②	③	②	①	④	①	④	④	④	③	②	③	②

21	22	23	24	25	26	27	28	29	30
①	①	②	④	①	③	③	③	③	②

01 가위바위보에서 승패가 결정되지 않았다면 세 사람이 가위, 바위, 보 중에서 각자 서로 다른 것을 내야 한다. 이때 제시문에 C는 보를 내지 않았다는 조건이 있으므로, 보를 낸 사람은 A와 B 둘 중 한 명이 된다. 따라서 A가 보를 내지 않았다면 자동적으로 보를 낸 사람은 B가 된다.

02 제시문의 조건에 따르면 가능한 모든 경우는 다음의 4가지이다.

구 분	가 위	바 위	보
〈경우1〉	A	C	B
〈경우2〉	C	A	B
〈경우3〉	B	C	A
〈경우4〉	C	B	A

B가 바위를 낸 경우는 〈경우4〉이다. 이때 C는 가위를 냈다.

03 C가 가위를 낸 경우는 〈경우2〉와 〈경우4〉다. 〈경우4〉에서 A는 보를 냈지만, 〈경우2〉에서 보를 낸 사람은 B다. 따라서 C가 가위를 냈을 때 A가 보를 냈는지의 여부는 주어진 조건만으로 알 수 없다.

04 제시문의 조건에 따르면 다음과 같은 2가지 경우가 발생할 수 있다.

구 분	시 계	귀걸이	목걸이	반 지
〈경우1〉	a	$a+5,000$	$2a+4,000$	$a+2,000$
〈경우2〉	a	$a-5,000$	$2a-16,000$	$a-8,000$

시계가 8,000원일 때 〈경우2〉가 적용된다면 목걸이와 반지의 가격이 0원이 되므로 가격이 자연수라는 제시문의 조건에 위배된다. 따라서 〈경우1〉만이 적용되며 귀걸이의 가격은 8,000+5,000 =13,000원이 된다.

05 〈경우2〉에서는 목걸이가 12,000원일 때 시계의 가격은 14,000원이지만, 〈경우1〉에서는 목걸이가 12,000원일 때 시계의 가격은 4,000원이다. 따라서 목걸이가 12,000원일 때 시계가 14,000원인지의 여부는 주어진 조건만으로 알 수 없다.

06 〈경우1〉에서는 시계가 1,000원일 때, 〈경우2〉에서는 시계가 11,000원일 때, 귀걸이와 목걸이의 가격이 같다. 두 경우 모두 반지의 가격은 3,000원이다.

07 제시문의 조건에 따르면 다음과 같은 2가지 경우가 발생할 수 있다.

구 분	체육복		교 복	
	남학생	여학생	남학생	여학생
〈경우1〉	3	6	4	7
〈경우2〉	6	3	4	7

어떠한 경우에서든 교복을 입은 여학생은 7명이다.

08 어떠한 경우에서든 체육복을 입은 여학생보다 교복을 입은 여학생이 더 많다.

09 〈경우1〉에서는 여학생의 수가 남학생의 수보다 많지만, 〈경우2〉에서는 그 수가 서로 같다. 따라서 주어진 조건만으로는 알 수 없다.

10 ② 현진이는 막내이므로 남동생이 없다. 또한, 현진이가 남자인지 알 수 없으므로 형이 있다고 할 수 없다.

11 ① 제시문의 명제를 봤을 때 K 대학은 89점인 A 대학보다 평균점수가 높으며, L 대학보다 점수가 높은 Y대학보다 높기 때문에 4개 대학 중 가장 높은 점수를 가지고 있다.

12 ④ 명제의 대우는 항상 참이다. 세 번째 명제 '녹차를 좋아하는 사람은 홍차를 좋아한다.' 의 대우는 '홍차를 좋아하지 않는 사람은 녹차를 좋아하지 않는다.' 이며 명제의 정보를 통해 녹차와 홍차는 좋아하고 싫어하는 사람이 연결되어 있다는 것을 알 수 있다. 이 정보를 네 번째 명제 '녹차를 좋아하지 않는 사람은 탄산수를 좋아한다.' 에 접목시키면 '탄산수를 좋아하지 않는 사람은 홍차를 좋아한다.' 가 참이라는 것을 도출할 수 있다.

13 ① 진술 B에 따라서 18세는 구입을 할 수 없고, 진술 A에 따라서 18세는 구입을 할 수 있다. 따라서 B가 참이면 A는 반드시 거짓이 될 수 밖에 없다.

14 ④ 두 번째, 네 번째 조건을 이용하면 보혜, 지현, 재희순으로 1, 3, 5번 방 또는 1, 2, 3번 방에 들어가야 한다. 남형이가 재희보다 오른쪽 방에 있으므로, 재희는 5번 방에 들어갈 수 없다. 따라서 보혜, 지현, 재희는 각각 1, 2, 3번 방에 들어간다. 그러면 다음 표와 같이 두 가지 경우가 발생한다.

구 분	1번 방	2번 방	3번 방	4번 방	5번 방
경우 1	보 혜	지 현	재 희	원 웅	남 형
경우 2	보 혜	지 현	재 희	남 형	원 웅

그러므로 항상 재희는 원웅이보다 왼쪽 방에 있다.

15 ④ 명제3과 명제1을 보면 소프트볼을 좋아하면 야구를 좋아하고, 야구를 좋아하면 배구를 좋아한다는 관계가 성립하기 때문에 소프트볼을 좋아하는 사람은 야구를 좋아한다는 명제가 성립한다.

16 ④ i) B, C가 참가하는 경우
　　B, C, D, E가 참가하고, F, G가 참가하지 않는다. 그러면 A, H 중 한 명이 반드시 참가해야 한다. 마지막 명제의 대우에 의해, A가 참가하면 H도 참가해야 한다. 따라서 H가 참가해야 한다.
　　ii) B, F가 참가하는 경우
　　B, E, F, G가 참가하고, C, D가 참가하지 않는다. 그러면 i)과 마찬가지로 H가 참가해야 한다.
　　iii) C, F가 참가하는 경우
　　C, D, F, G가 참가하고, B, E는 참가하지 않거나 또는 C, E, F가 참가하고, B, D, G가 참가하지 않는다. 두 경우 모두 반드시 H는 참가해야 한다.

17 ③ 라캉을 좋아하는 사람은 데리다를 좋아하지 않으므로 대우 법칙을 생각했을 때, 데리다를 좋아하는 사람은 라캉을 좋아하지 않는다. 라캉을 좋아하지 않는 사람은 하이데거를 좋아한다고 했으므로 푸코를 좋아하는 사람은 데리다를 좋아하고, 데리다를 좋아하는 사람은 라캉을 좋아하지 않으며, 라캉을 좋아하지 않는 사람은 하이데거를 좋아한다는 결론이 도출된다. 따라서 푸코를 좋아하는 사람은 하이데거를 좋아한다.

18 ② 첫 번째 명제의 대우 명제는 '내가 도토리가 아니라면 여우는 늑대보다 키가 크지 않다.' 이다. 따라서 ②와 같이 유추할 수 있다.

19 ③ 제시문에 따르면, '정래, 혜미 > 윤호 > 경철' 순이다.

20 ② 문제의 조건을 따라 갔을 때, 토익을 잘하는 사람은 고시를 잘하고, 고시를 잘하는 사람은 토플을 잘못하는데, 토플을 잘하지 못하는 사람은 텝스를 잘 한다. 그런데 텝스를 잘하는 사람은 토익을 잘하므로, 결과적으로 순환관계가 된다. 따라서 텝스를 잘하는 사람은 고시를 잘한다.

21 ① 대우 법칙을 활용하면, 시를 좋아하는 사람은 수필을 좋아하고, 수필을 좋아하는 사람은 희곡을 좋아하며, 희곡을 좋아하는 사람은 소설을 좋아하지 않는다는 것을 알 수 있다. 그러므로 시를 좋아하는 사람은 소설을 좋아하지 않는다고 말할 수 있다.

22 ① 각각의 조건을 수식으로 비교해 보면, 다음과 같다.
A>B, C<D, F>E>A, E>B>D
∴ F>E>A>B>D>C

23 ② 어떤 주장에 대해 증명할 수 없거나 결코 알 수 없음을 들어 거짓이라고 반박하는 오류
① 원래의 논점과는 다른 방향으로 논지를 이끌어감으로써 무관한 결론에 이르게 되는 오류
③ 어떤 집합의 원소가 단 두 개밖에 없다고 여기고, 이것이 아니면 저것일 수 밖에 없다고 단정 짓는 데서 오는 오류
④ 유사성이 없는 측면까지 유사성이 있는 것처럼 비유를 부당하게 적용하는 오류

24 ④ 결론에서 주장하고자 하는 바를 전제로 제시하는 오류
① 어떤 사람이 처한 정황을 비난하거나 논리의 근거로 내세움으로써 자신의 주장이 타당하다고 믿게 하려는 오류
② 어떤 주장에 대해 증명할 수 없거나 결코 알 수 없음을 들어 거짓이라고 반박하는 오류
③ 원래의 논점과는 다른 방향으로 논지를 이끌어감으로써 무관한 결론에 이르게 되는 오류

25 ① 직접적인 관련이 없는 권위자의 견해를 근거로 들거나 논리적인 타당성과는 무관한 권위자의 견해라는 것을 내세워 자기 주장의 타당함을 입증하려는 오류
② 개인적인 친분 관계를 내세워 자신의 논지를 받아들이게 하려는 오류
③ 유사성이 없는 측면까지 유사성이 있는 것처럼 비유를 부당하게 적용하는 오류
④ 어떤 집합의 원소가 단 두 개밖에 없다고 여기고, 이것이 아니면 저것일 수 밖에 없다고 단정 짓는 데서 오는 오류

26 ③ 어떤 일반적인 규칙을 특수한 경우에는 그대로 적용할 수 없는데도 무차별로 적용함으로써 생기는 오류
① 자신이 비판받는 바가 상대방에게도 역시 적용될 수 있음을 내세워 공격함으로써 벗어나려는 오류
② 의도하지 않은 결과에 대해 원래부터 어떤 의도가 있었다고 확대 해석하는 오류
④ 자신의 주장에 반론의 가능성이 있는 요소를 비난하여 반론 자체를 원천적으로 봉쇄하려는 오류

27 ③ 무지에 호소하는 오류 : 어떤 주장에 대해 증명할 수 없거나 결코 알 수 없음을 들어 거짓이라고
반박하는 오류
①·②·④ 성급한 일반화의 오류 : 제한된 정보, 부적합한 증거, 대표성을 결여한 사례를 근거로
마치 전부가 그런 것처럼 일반화하는 오류

28 ③ 제시된 글에 따르면 아동기에 타인과 많은 대화를 할수록 정서적 안정감을 느낄 가능성이 높지
만, 말을 많이 할수록 바르게 자란다고는 확신할 수 없다. 말을 많이 하는 것과 대화는 근본적
인 차이가 존재하며, 또 정서적 안정감을 느끼는 것과 바르게 자라는 것은 별개의 사항이기 때
문이다.

29 ③ 제시문 A를 통해 2010년과 2012년의 마드리드 퓨전의 주빈국이 다르다는 것은 알 수 있지만
주빈국이 격년 단위로 바뀌는 것인지는 알 수 없다.

30 ② 바실리카의 측랑 지붕 위에 창문이 설치된다고 했고, 회중석은 측랑보다 높은 곳에 위치한다고
했으므로 측랑과 창문이 회중석보다 높은 곳에 설치된다는 것은 거짓이다.

07 직무상식능력

문제 p.214

01	02	03	04	05	06	07	08	09	10	11	12	13	14	15	16	17	18	19	20
③	④	②	①	①	①	②	③	①	③	②	④	③	②	③	③	②	③	③	①
21	22	23	24	25	26	27	28	29	30	31	32	33	34	35	36	37	38	39	40
④	④	①	②	③	①	①	③	④	④	③	④	①	①	③	③	②	②	①	①

01 ① 채무불이행을 의미
② 그리스의 유로 탈퇴를 일컫는 용어
④ 미국에서 서브프라임 층 (최고 다음)용 대출 상품을 일컫는 용어

02 ① 공급이 수요를 창출해낸다는 경제학 법칙
② 소득분포에 관한 통계적 법칙
③ 경제발전과 소득분배의 정도에 일정한 관계가 있다고 큐즈네츠가 제시한 가설

03 ② 휴대전화에 통화, 문자메시지 등의 기본적인 기능 외에 게임기, 카메라, DMB, MP3 등 다양한 기능이 통합돼 있는 것을 말한다. 사람들의 삶을 간편하고 다양하게 만든다는 점에서 긍정적이라고 볼 수 있지만, 한편으로는 기본적인 기능만 필요로 할 뿐 다른 기능에는 관심이 없는 사람들에게는 비용과 사용방법에 있어서 불편함이 따른다.

04 ① 주로 데이터 통신 분야에서 사용되는 용어로, 네트워크를 통해 전송하기 쉽도록 나눈 데이터의 전송 단위를 의미한다. 본래는 소포를 뜻하며 데이터 전송 시 송신측과 수신측에 의하여 하나의 단위로 취급되어 전송되는 집합체를 의미한다.

05 ② 침체를 의미하는 '스태그네이션(stagnation)'과 물가상승을 의미하는 '인플레이션(inflation)'을 합성한 용어로, 경제활동이 침체되고 있음에도 불구하고 지속적으로 물가가 상승하는 저성장·고물가 상태를 말한다.
③ 가계소비, 기업투자, 정부지출, 순수출 등 총수요의 지속적인 증가로 인해 나타나는 인플레이션을 말한다. 원자재 가격, 임금, 환율 등 공급 측 요인의 비용 상승으로 인해 발생하는 비용 상승 인플레이션과 대조된다.
④ 농업을 뜻하는 '애그리컬처(agriculture)'와 물가상승을 의미하는 '인플레이션(inflation)'을 합성한 용어로, 곡물가격이 상승하는 영향으로 일반 물가가 상승하는 현상을 말한다.

06 ① 리엔지니어링은 작업공정을 세밀하게 검토해 필요 없는 부분을 폐지하는 것이나 직원 감원이 필수적인 것은 아니다.

07 ① 러시아의 작곡가 차이콥스키의 교향곡
③ 프랑스의 작곡가 베를리오즈의 교향곡
④ 오스트리아의 작곡가 하이든의 교향곡

08 ① 피통치자가 정치권력에 대해 무조건적으로 신성함과 아름다움을 느끼고 예찬하는 비합리적인 상황을 의미
② 피고가 유죄를 인정하거나 다른 사람에 대해 증언을 하는 대가로 검찰 측이 형을 낮추거나 가벼운 죄목으로 다루기로 거래하는 것을 의미
④ 타국의 외교사절을 승인하는 일

09 ① 국제앰네스티는 10년간 사형이 집행되지 않을 경우, 사실상의 사형제 폐지국으로 인정한다.

10 ③ ISDN(Integrated Services Digital Network) : 위성통신·광섬유 등 대용량 통신 기술과 디지털 전송 기술을 이용한 통신망으로서 전화·전신·데이터·화상 등 모든 정보의 교환과 전송을 디지털 통신망에서 가능하게 한 것이다.

11 　① Purple Cow(보랏빛 소) : Remarkable의 동의어로 우리가 만들어 판매하는 모든 것은 새롭고, 흥미진진하고, 주목할 만한 가치가 있어야 한다는 것이다.
　③ 디마케팅 : 기업들이 자사 상품에 대한 고객의 구매를 의도적으로 줄임으로써 적절한 수요를 창출하는 기법이다.
　④ 풀마케팅 : 광고나 홍보활동에 고객들을 직접 주인공으로 참여시켜 벌이는 판매기법을 말한다.

12 　④ 망중립성 : 네트워크 사업자가 관리하는 망이 공익을 위한 목적으로 사용돼야 한다는 원칙을 말한다. 통신사업자는 막대한 비용을 들여 망설치를 하여 과부하로 인한 망의 다운을 막으려고 하지만, 스마트TV 생산회사들은 이에 대한 고려 없이 제품 생산에만 그쳐 망중립성을 둘러싼 갈등이 불거졌다.

13 　③ 화재가 발생했을 때 불이 번지지 않게 하기 위해서 차단막을 만드는 것처럼, 네트워크 환경에서도 기업의 네트워크를 보호해주는 하드웨어·소프트웨어 체제를 방화벽이라 한다.

14 　제시문에서 설명하는 장르는 뮤지컬로, ①·③·④가 이에 해당된다.
　②는 이탈리아의 작곡가 G. 푸치니의 오페라 작품이다.

15 　③ 전원을 끊더라도 데이터가 없어지지 않는 메모리를 말하며, PC의 소형화 등에 꼭 필요한 반도체 소자이다. 전원이 끊어져도 저장된 데이터를 보존하는 기능이 있는 롬과 정보의 입출력이 자유롭다는 장점을 가진 램의 특성을 모두 갖고 있다.

16 　③ 골드칼라는 아이디어 노동자, 화이트칼라는 사무직 노동자, 논칼라는 컴퓨터 작업 세대를 일컫는다.

17 　② J턴 현상에 대한 설명이다.

18 　③ IMO는 국제해사기구이며, 국제노동기구는 ILO이다.

19 　③ 2018년 시간당 최저임금은 7,530원이고, 2017년은 6,470원이다.

20 　① 토니상 : 미국 브로드웨이의 연극상으로 1947년에 브로드웨이의 유명한 여배우 앙트와네트 페리를 기념하기 위하여 미국의 극장 기구·극장 및 제작자 연맹 등에 의하여 창설되었다.

21 ① 열섬현상
② 라니냐현상
③ 빌딩풍해현상

22 ④ 커튼콜 : 연극이나 오페라, 음악회 등에서 공연이 훌륭하게 끝나고 막이 내린 뒤 관객이 찬사의 표현으로 환성과 박수를 계속 보내어 무대 뒤로 퇴장한 출연자를 무대 앞으로 다시 나오게 불러내는 것을 말한다. 이와 비슷하게 사용되는 앙코르는 출연자의 훌륭한 솜씨를 칭찬하여 박수 등으로 재연을 요청하는 일로, '또다시' 라는 프랑스어에서 유래하였다.

23 ① 레프 니콜라예비치 톨스토이 : 러시아의 작가 및 사상가. 그의 저작의 대부분은 자본주의가 러시아에서 급속히 성장하는 한편, 가부장제적 농민 생활이 몰락해 가는 1861~1904년의 시대를 반영하고 있다.
② 윈스턴 처칠 : 1953년 「제2차 세계대전」으로 노벨 문학상을 수상했다.
③ 라빈드라나트 타고르 : 1913년 「기탄잘리(신께 바치는 노래)」로 노벨 문학상을 수상했다.
④ 헤르만 헤세 : 1946년에 「유리알 유희」로 노벨 문학상을 수상했다.

24 ② 근로기준법에 따르면 15세 미만인 자(초 · 중등교육법에 따른 중학교에 재학 중인 18세 미만인 자를 포함한다)는 근로자로 사용하지 못한다.

25 ③ 소련 및 동유럽 사회주의가 몰락하는 국제 정세 속에서 노태우 정권은 북한을 향해 적극적인 외교적 태도를 보임으로써, 남한과 북한의 화해와 불가침 및 교류 · 협력에 관한 합의서(남북기본합의서, 1991.12)가 채택되었다.

26 ① 서울진공작전(1908)은 정미의병 이후에 일어난 일이다.

27 ① 시 · 도의원 선거시 선거구별 1인을 선출하는 소선거구제를 채택하고 있다. 한편, 자치구 · 시 · 군의원 선거의 경우 선거구별로 2~4인을 선출하는 중선거구제를 도입하고 있다.

28 조선 후기, 포구의 경강상인에 대한 자료이다.
ㄱ. 포구가 성장하면서 선상, 객주, 여각 등이 활발한 상행위를 하였고 대량의 물건 운송은 육로보다는 수로를 많이 이용하였다. 또한, 포구가 발전함에 따라 지방의 장시도 번성하였다.
ㄷ. 조선 후기는 수공업품의 수요가 많아졌지만 관영 수공업은 민영 수공업에 밀려 퇴보하였다.

29 ④ 비행기 이착륙시에는 외부 상황을 신속히 파악하기 위해 창문을 모두 열어두어야 한다.

30 (가)는 1876년에 맺은 조ㆍ일 수호 조규 부록의 거류지 무역 10리 제한 규정을, (나)는 조ㆍ청 상민 수륙 무역 장정을 나타낸 것이다.
(나) 이후 외국 상인의 내륙 진출에 대응하여 우리 상인들은 상회사를 설립하였다.

31 ③ 국제 금융전문가들이 일본의 불안한 경제상황을 빗대어 가리킨 용어로, 경기부양을 위해 각종 정책을 내놓음에도 불구하고, 경제주체인 기업과 가계가 반응을 보이지 않아 어떠한 정책도 효과를 발휘하지 못하는 불안한 경제상황을 의미한다.

32 ④ 비정규직 관련법에 따르면 비정규직 근로자의 범위에는 기간제 근로자, 단시간 근로자, 파견 근로자가 포함된다.

33 ① 쿠키에는 PC사용자의 ID와 비밀번호, 방문한 사이트 정보 등이 담겨 하드디스크에 저장된다. 이용자들의 홈페이지 접속을 도우려는 목적에서 만들어졌기 때문에 해당 사이트를 한번 방문하고 이후에 다시 방문했을 때에는 별다른 절차를 거치지 않고 빠르게 접속할 수 있다는 장점이 있다.

34 ① 주로 다수파의 독주를 저지하거나 의사진행을 막기 위해 소수파가 합법적인 방법을 통해서 고의적으로 방해하는 것을 의미
② 투표결과 찬성과 반대가 같은 수일 때 의장의 재결권을 의미
③ 프랑스의 정치과정으로, 서로 이념이 다른 정파가 공동으로 정부를 구성하는 제도를 의미
④ 사회복지시설이나 올림픽 경기장 등 선호시설을 자신의 임기 중에 유치하려는 현상을 의미

35 ③ 기관지 천식은 만성적이고 재발률이 높으므로 증상의 조절을 통해 정상적인 생활을 영위하고, 치료 과정에서 발생 가능한 부작용을 최소화하는 것이 중요하다.

36 ③ 백운화상초록불조 직지심체요절은 백운화상 경한이 선(禪)의 요체를 깨닫는 데 필요한 내용을 뽑아 1377년에 펴낸 불교 서적으로, 세계에서 가장 오래된 금속 활자로 인쇄된 책이다.

37 ② since → but / 문맥상 but이 와서 역접 관계를 나타내야 한다.
「매년 수백만의 사람들이 금연하려고 노력한다. 그러나 단지 약 3%의 사람들만이 금연한다.」

38 (A) 'allow'는 목적보어로 to 부정사를 취하여 '목적어가 to 부정사 하는 것을 허락하다'의 의미를 가진다.
(B) 'let'은 목적보어로 동사원형을 취하여 '~하게 하다'의 뜻을 가진다.
(C) 관계대명사 'that'이 지칭하는 주어가 'movements'이므로 복수 동사 'give'가 들어가는 것이 적절하다.

39   제시된 지문은 신체의 다양한 근육이 어떠한 기능을 하는지 설명하고 있다.

40   'mind'가 동사로 쓰일 때 '언짢아하다, 상관하다, 신경 쓰다'라는 뜻을 가지므로 긍정으로 대답한
      다면 거절하는 의미가 된다.
      「A : 창문 좀 열어도 되겠습니까?
       B : 그러죠. 이 안은 덥네요.」

문제 p.227

01	02	03	04	05	06	07	08	09	10	11	12	13	14	15	16	17	18	19	20
④	④	①	②	①	①	①	①	④	③	②	④	②	②	③	②	③	③	②	④
21	22	23	24	25	26	27	28	29	30	31	32	33	34	35	36	37	38	39	40
①	④	④	②	④	①	③	②	①	③	②	③	③	③	④	④	②	③	②	④
41	42	43	44	45	46	47	48	49	50
----	----	----	----	----	----	----	----	----	----
④	②	③	④	②	④	③	②	③	③

01 • 斷(끊을 단) : 회의자
　④ 占(점칠 점) : 회의자
　① 蝶(나비 접) : 형성자
　② 廷(조정 정) : 형성자
　③ 專(오로지 전) : 형성자

02 • 旦(아침 단) : 회의자
　④ 企(꾀할 기) : 회의자
　① 鬼(귀신 귀) : 상형자
　② 琴(거문고 금) : 상형자
　③ 豈(어찌 기) : 상형자

03 • 卵(알 란)

04 • 勢(기세 세)

05 • 飾(꾸밀 식)

06 • 泥(진흙 니)

07 ① 妹(누이 매)
　② 姉(손위누이 자)
　③ 卯(토끼 묘)
　④ 尾(꼬리 미)

08 ① 突破(갑자기 돌, 깨뜨릴 파)
　　② 打破(칠 타, 깨뜨릴 파)
　　③ 革罷(가죽 혁, 마칠 파)
　　④ 走破(달릴 주, 깨뜨릴 파)

09 ④ 旦(아침 단)
　　① 且(또 차)
　　② 毀(헐 훼)
　　③ 肝(간 간)

10 ③ 歎(탄식할 탄)
　　① 浸(잠길 침)
　　② 殆(위태로울 태)
　　④ 趣(뜻 취)

11 •遵(지킬 준)
　　② 俊(준걸 준)
　　① 亭(정자 정)
　　③ 組(짤 조)
　　④ 珠(구슬 주)

12 •私(사사 사)
　　④ 舍(집 사)
　　① 證(증거 증)
　　② 稱(일컬을 칭)
　　③ 霜(서리 상)

13 ② 替(바꿀 체)
　　① 聰(총명할 총)
　　③ 慰(위로할 위)
　　④ 潤(윤택할 윤)

14 ② 伏(엎드릴 복)
　　① 朴(성씨 박)
　　③ 伐(칠 벌)
　　④ 佛(부처 불)

15 • 還(돌아올 환)
③ 返(돌이킬 반)
① 叛(배반할 반)
② 邊(가 변)
④ 蓮(연꽃 련)

16 • 乾燥(건조 – 하늘 건, 마를 조) : 습기나 물기가 없음
② 建造(건조 – 세울 건, 지을 조) : 배 따위를 설계하여 만듦
① 健康(건강 – 굳셀 건, 편안 강) : 병이 없이 좋은 기능을 가진 상태에 있는 것
③ 件數(건수 – 물건 건, 셈 수) : 일이나 사건 따위의 가짓수
④ 肝腸(간장 – 간 간, 창자 장) : 간과 창자

17 • 施肥(시비 – 베풀 시, 살찔 비) : 논밭에 거름을 주는 일
③ 詩碑(시비 – 시 시, 비석 비) : 시를 새긴 비석
① 施設(시설 – 베풀 시, 베풀 설) : 도구, 기계 장치 따위를 설치하거나 일정한 구조물을 베풀어
  차림
② 對備(대비 – 대할 대, 갖출 비) : 어떠한 일에 대응할 준비를 함
④ 視線(시선 – 볼 시, 줄 선) : 눈이 가는 방향

18 • 索(노 삭, 찾을 색)
③ 索寞(삭막 – 노 삭, 고요할 막) : 황폐하여 쓸쓸함
① 檢索(검색 – 검사할 검, 찾을 색) : 검사하여 찾음
② 索引(색인 – 찾을 색, 끌 인) : 찾아냄
④ 搜索(수색 – 찾을 수, 찾을 색) : 더듬어서 찾음

19 • 拓(넓힐 척, 박을 탁)
② 拓本(탁본 – 박을 탁, 근본 본) : 금석에 새긴 글씨나 그림을 그대로 종이에 박아 냄
① 開拓(개척 – 열 개, 넓힐 척) : 거친땅을 일구어 논밭을 만듦
③ 干拓(간척 – 방패 간, 넓힐 척) : 호수나 바닷가에 제방을 만들어 그 안의 물을 빼고 육지를 만듦
④ 拓植(척식 – 넓힐 척, 심을 식) : 국외의 영토나 미개지를 개척하여 자국민의 이주와 정착을 정
  책적으로 촉진함

20 • 祝福(축복 – 빌 축, 복 복)
• 感祝(감축 – 느낄 감, 빌 축)
• 祝歌(축가 – 빌 축, 노래 가)
① 幸(다행 행)
② 或(혹 혹)
③ 知(알 지)

21 • 物慾(물욕 – 물건 물, 욕심 욕)
   • 慾心(욕심 – 욕심 욕, 마음 심)
   • 貪慾(탐욕 – 탐낼 탐, 욕심 욕)
   ② 理(다스릴 리(이))
   ③ 初(처음 초)
   ④ 官(벼슬 관)

22 • 集中(집중 – 모을 집, 가운데 중)
   • 集計(집계 – 모을 집, 셀 계)
   • 集合(집합 – 모을 집, 합할 합)
   ① 貴(귀할 귀)
   ② 家(집 가)
   ③ 同(한가지 동)

23 • 音質(음질 – 소리 음, 바탕 질)
   • 質問(질문 – 바탕 질, 물을 문)
   • 人質(인질 – 사람 인, 바탕 질)
   ① 樂(즐길 락)
   ② 訪(찾을 방)
   ③ 道(길 도)

24 • 輕薄(경박 – 가벼울 경, 엷을 박) ↔ ② 愼重(신중 – 삼갈 신, 무거울 중)
   ① 拙作(졸작 – 옹졸할 졸, 지을 작)
   ③ 放任(방임 – 놓을 방, 맡길 임)
   ④ 高調(고조 – 높을 고, 고를 조)

25 • 容易(용이 – 얼굴 용, 쉬울 이) ↔ ④ 難解(난해 – 어려울 난, 풀 해)
   ① 解弛(해이 – 풀 해, 늦출 이)

26 • 充實(충실 – 채울 충, 열매 실) ↔ ① 空虛(공허 – 빌 공, 빌 허)
   ② 公許(공허 – 공평할 공, 허락할 허)

27 • 養虎遺患(양호유환 – 기를 양, 범 호, 남길 유, 근심 환) : 범을 길러 화근을 남긴다.
   ① 皮(가죽 피)
   ② 名(이름 명)
   ④ 限(한할 한)

28 · 三尺案頭(삼척안두 – 석 삼, 자 척, 책상 안, 머리 두) : 조그마한 책상을 의미
① 暢(화창할 창)
③ 債(빚 채)
④ 搖(흔들 요)

29 · 燈火可親(등화가친 – 등 등, 불 화, 옳을 가, 친할 친) : 가을밤은 시원하고 상쾌하므로 등불을 가
까이 하여 글 읽기에 좋음을 이르는 말
② 母(어머니 모)
③ 證(증거 증)
④ 食(밥 식)

30 박람강기(博覽强記) : 동서고금의 서적을 널리 읽고 그 내용을 잘 기억하고 있음

31 서리지탄(黍離之歎) : '나라가 멸망하여 궁궐터에 기장만이 자라 황폐해진 것을 보고 하는 탄식'이
라는 뜻으로, 세월의 무상함에 대해 탄식함을 이르는 말

32 도탄지고(塗炭之苦) : '진흙이나 숯불에 떨어진 듯한 고통'이라는 뜻으로, 가혹한 정치로 인한 백성
의 극심한 고통을 이르는 말

33 ③ 上行下效(상행하효 – 윗 상, 다닐 행, 아래 하, 본받을 효) : 윗사람이 하는 짓을 아랫사람이 본
받는다.
① 克己復禮(극기복례 – 이길 극, 몸 기, 회복할 복, 예도 예) : 욕망 등을 자기자신의 의지력으로
억제하고 예의에 어그러지지 않도록 한다.
② 上通下達(상통하달 – 윗 상, 통할 통, 아래 하, 통달할 달) : 아랫사람이 윗사람에게 의사를 통함
을 의미한다.
④ 先公後私(선공후사 – 먼저 선, 공평할 공, 뒤 후, 사사로울 사) : 사사로운 일이나 이익보다 공익
을 앞세움을 의미한다.

34 ③ 錦衣玉食(금의옥식 – 비단 금, 옷 의, 구슬 옥, 먹을 식) : 사치스러운 생활을 의미한다.
① 錦衣還鄕(금의환향 – 비단 금, 옷 의, 돌아올 환, 시골 향) : 출세하여 고향에 돌아옴을 의미
한다.
② 錦衣夜行(금의야행 – 비단 금, 옷 의, 밤 야, 다닐 행) : 아무 보람없는 행동을 비유한다.
④ 金枝玉葉(금지옥엽 – 쇠 금, 가지 지, 구슬 옥, 잎 엽) : 금으로 된 가지와 옥으로 된 잎사귀라는
뜻으로, 임금의 자손이나 집안 혹은 귀여운 자손을 비유한다.

35　④ 孤軍奮鬪(고군분투 – 외로울 고, 군사 군, 떨칠 분, 싸울 투) : 후원이 없는 외로운 군대가 힘에 벅찬 적군과 맞서 온힘을 다하여 싸움
　　① 苦盡甘來(고진감래 – 쓸 고, 다할 진, 달 감, 올 래) : 쓴 것이 다하면 단 것이 온다는 뜻으로 괴로움이 지나가면 즐거움이 옴
　　② 孤掌難鳴(고장난명 – 외로울 고, 손바닥 장, 어려울 난, 울 명) : 외손뼉은 울릴 수 없다는 뜻으로 혼자서는 어떤 일을 이룰 수 없음
　　③ 束手無策(속수무책 – 묶을 속, 손 수, 없을 무, 꾀 책) : 손을 묶인 듯이 어찌 할 방책이 없어 꼼짝 못 함. 뻔히 보면서 어찌할 바를 모르고 꼼짝 못 함

36　④ 就業(취업 – 나아갈 취, 업 업) : 일을 함
　　① 宗敎(종교 – 마루 종, 가르칠 교) : 일반적으로 초인간적 · 초자연적인 힘에 대해 인간이 경외, 존중, 신앙하는 일의 총체적 체계
　　② 純潔(순결 – 순수할 순, 깨끗할 결) : 몸과 마음이 아주 깨끗함
　　③ 結婚(결혼 – 맺을 결, 혼인할 혼) : 남녀가 부부 관계를 맺음

37　② 餘談(여담 – 남을 여, 말씀 담) : 이야기하는 본 줄거리와는 관계가 없는 말
　　① 壯談(장담 – 장할 장, 말씀 담) : 확신을 가지고 자신 있게 하는 말
　　③ 對話(대화 – 대할 대, 말씀 화) : 마주 대하여 서로 의견을 주고받으며 이야기하는 것
　　④ 演說(연설 – 펼 연, 말씀 설) : 여러 사람 앞에서 체계를 세워 자기의 주의, 주장을 말함

38　③ 募金(모금 – 모을 모, 쇠 금) : 기부금을 모음
　　① 公募(공모 – 공평할 공, 모을 모) : 널리 알려서 사람을 모음
　　② 賃金(임금 – 품삯 임, 쇠 금) : 근로자가 노동의 대가로 사용자에게 받는 보수
　　④ 模倣(모방 – 본뜰 모, 본뜰 방) : 다른 것을 보고 본뜨거나 본받음

39　② 助和 → 調和(조화 – 고를 조, 화할 화)
　　　※ 助(도울 조)
　　① 成長(성장 – 이룰 성, 길 장)
　　③ 經濟(경제 – 지날 경, 건널 제)
　　④ 重要(중요 – 무거울 중, 요긴할 요)

40　④ 廣景 → 光景(광경 – 빛 광, 볕 경)
　　　※ 廣(넓을 광)
　　① 今日(금일 – 이제 금, 날 일)
　　② 交通事故(교통사고 – 사귈 교, 통할 통, 일 사, 연고 고)
　　③ 悽慘(처참 – 슬퍼할 처, 참혹할 참)

41   ④ 勞力 → 努力(노력 - 힘쓸 노, 힘 력)
      ※ 勞(일할 로)
      ① 至誠(지성 - 이를 지, 정성 성)
      ② 感天(감천 - 느낄 감, 하늘 천)
      ③ 精誠(정성 - 정할 정, 정성 성)

42   ② 경작(耕作) : 땅을 갈아서 농사를 지음

43   ③ 척박(瘠薄) : 땅이 기름지지 못하고 몹시 메마름

44   ④ 유린(蹂躪) : 남의 권리나 인격을 짓밟음

45   ② 廣大(광대 - 넓을 광, 클 대) : 넓고 큼
      ① 最大(최대 - 가장 최, 클 대) : 가장 큼
      ③ 充滿(충만 - 채울 충, 찰 만) : 가득 참
      ④ 太平(태평 - 클 태, 평평할 평) : 세상이 무사하고 평안함

46   ④ 輿論(여론 - 수레 여, 논할 론(논)) : 사회 대중의 공통된 의견
      ① 輿圖(여도 - 수레 여, 그림 도) : 지구 겉면의 일부 또는 전부를 일정한 비율로 줄여서 평면위에
        그린 그림
      ② 輿梁(여량 - 수레 여, 들보 량(양)) : 가마가 지날 수 있는 나무다리
      ③ 輿望(여망 - 수레 여, 바랄 망) : 많은 사람의 기대

47   ③ 畢竟(필경 - 마칠 필, 마침내 경) : 마침내
      ④ 必是(필시 - 반드시 필, 옳을 시) : 반드시

48   ② 秀 빼어날 수, ① 歸 돌아갈 귀, ③ 協 화합할 협, ④ 朋 벗 붕

49   ㉡ 유람(遊覽) : 두루 돌아다니며 구경함
      ③ 유세(遊說) : 자기 의견 또는 자기 소속 정당의 주장을 선전하며 돌아다님
      ① 유족(遺族) : 죽은 사람의 남은 가족
      ② 유래(由來) : 사물이나 일이 생겨남
      ④ 유연(油然) : 생각 따위가 저절로 일어나는 형세가 왕성함

50   ③ 백성(百姓)
      ① 盛 성할 성, ② 聖 성인 성, ④ 性 성품 성

여기서 멈출 거예요? 고지가 바로 눈앞에 있어요.
마지막 한 걸음까지 시대에듀가 함께할게요!

금호아시아나그룹 직무적성검사

수험번호

언어능력

문번	1	2	3	4	문번	1	2	3	4
1	①	②	③	④	21	①	②	③	④
2	①	②	③	④	22	①	②	③	④
3	①	②	③	④	23	①	②	③	④
4	①	②	③	④	24	①	②	③	④
5	①	②	③	④	25	①	②	③	④
6	①	②	③	④	26	①	②	③	④
7	①	②	③	④	27	①	②	③	④
8	①	②	③	④	28	①	②	③	④
9	①	②	③	④	29	①	②	③	④
10	①	②	③	④	30	①	②	③	④
11	①	②	③	④	31	①	②	③	④
12	①	②	③	④	32	①	②	③	④
13	①	②	③	④	33	①	②	③	④
14	①	②	③	④	34	①	②	③	④
15	①	②	③	④	35	①	②	③	④
16	①	②	③	④	36	①	②	③	④
17	①	②	③	④	37	①	②	③	④
18	①	②	③	④	38	①	②	③	④
19	①	②	③	④	39	①	②	③	④
20	①	②	③	④	40	①	②	③	④

수리능력

문번	1	2	3	4	문번	1	2	3	4
1	①	②	③	④	21	①	②	③	④
2	①	②	③	④	22	①	②	③	④
3	①	②	③	④	23	①	②	③	④
4	①	②	③	④	24	①	②	③	④
5	①	②	③	④	25	①	②	③	④
6	①	②	③	④	26	①	②	③	④
7	①	②	③	④	27	①	②	③	④
8	①	②	③	④	28	①	②	③	④
9	①	②	③	④	29	①	②	③	④
10	①	②	③	④	30	①	②	③	④
11	①	②	③	④					
12	①	②	③	④					
13	①	②	③	④					
14	①	②	③	④					
15	①	②	③	④					
16	①	②	③	④					
17	①	②	③	④					
18	①	②	③	④					
19	①	②	③	④					
20	①	②	③	④					

추리능력

문번	1	2	3	4	문번	1	2	3	4
1	①	②	③	④	21	①	②	③	④
2	①	②	③	④	22	①	②	③	④
3	①	②	③	④	23	①	②	③	④
4	①	②	③	④	24	①	②	③	④
5	①	②	③	④	25	①	②	③	④
6	①	②	③	④	26	①	②	③	④
7	①	②	③	④	27	①	②	③	④
8	①	②	③	④	28	①	②	③	④
9	①	②	③	④	29	①	②	③	④
10	①	②	③	④	30	①	②	③	④
11	①	②	③	④	31	①	②	③	④
12	①	②	③	④	32	①	②	③	④
13	①	②	③	④	33	①	②	③	④
14	①	②	③	④	34	①	②	③	④
15	①	②	③	④	35	①	②	③	④
16	①	②	③	④	36	①	②	③	④
17	①	②	③	④	37	①	②	③	④
18	①	②	③	④	38	①	②	③	④
19	①	②	③	④	39	①	②	③	④
20	①	②	③	④	40	①	②	③	④

금호아시아나그룹 직무적성검사

사무지각능력

문번	1	2	3	4	문번	1	2	3	4
1	①	②	③	④	21	①	②	③	④
2	①	②	③	④	22	①	②	③	④
3	①	②	③	④	23	①	②	③	④
4	①	②	③	④	24	①	②	③	④
5	①	②	③	④	25	①	②	③	④
6	①	②	③	④	26	①	②	③	④
7	①	②	③	④	27	①	②	③	④
8	①	②	③	④	28	①	②	③	④
9	①	②	③	④	29	①	②	③	④
10	①	②	③	④	30	①	②	③	④
11	①	②	③	④	31	①	②	③	④
12	①	②	③	④	32	①	②	③	④
13	①	②	③	④	33	①	②	③	④
14	①	②	③	④	34	①	②	③	④
15	①	②	③	④	35	①	②	③	④
16	①	②	③	④	36	①	②	③	④
17	①	②	③	④	37	①	②	③	④
18	①	②	③	④	38	①	②	③	④
19	①	②	③	④	39	①	②	③	④
20	①	②	③	④	40	①	②	③	④

분석판단능력

문번	1	2	3	4	문번	1	2	3	4
1	①	②	③	④	21	①	②	③	④
2	①	②	③	④	22	①	②	③	④
3	①	②	③	④	23	①	②	③	④
4	①	②	③	④	24	①	②	③	④
5	①	②	③	④	25	①	②	③	④
6	①	②	③	④	26	①	②	③	④
7	①	②	③	④	27	①	②	③	④
8	①	②	③	④	28	①	②	③	④
9	①	②	③	④	29	①	②	③	④
10	①	②	③	④	30	①	②	③	④
11	①	②	③	④					
12	①	②	③	④					
13	①	②	③	④					
14	①	②	③	④					
15	①	②	③	④					
16	①	②	③	④					
17	①	②	③	④					
18	①	②	③	④					
19	①	②	③	④					
20	①	②	③	④					

상황판단능력

문번	1	2	3	4	문번	1	2	3	4
1	①	②	③	④	21	①	②	③	④
2	①	②	③	④	22	①	②	③	④
3	①	②	③	④	23	①	②	③	④
4	①	②	③	④	24	①	②	③	④
5	①	②	③	④	25	①	②	③	④
6	①	②	③	④	26	①	②	③	④
7	①	②	③	④	27	①	②	③	④
8	①	②	③	④	28	①	②	③	④
9	①	②	③	④	29	①	②	③	④
10	①	②	③	④	30	①	②	③	④
11	①	②	③	④					
12	①	②	③	④					
13	①	②	③	④					
14	①	②	③	④					
15	①	②	③	④					
16	①	②	③	④					
17	①	②	③	④					
18	①	②	③	④					
19	①	②	③	④					
20	①	②	③	④					

직무상식능력

문번	1	2	3	4	문번	1	2	3	4
1	①	②	③	④	21	①	②	③	④
2	①	②	③	④	22	①	②	③	④
3	①	②	③	④	23	①	②	③	④
4	①	②	③	④	24	①	②	③	④
5	①	②	③	④	25	①	②	③	④
6	①	②	③	④	26	①	②	③	④
7	①	②	③	④	27	①	②	③	④
8	①	②	③	④	28	①	②	③	④
9	①	②	③	④	29	①	②	③	④
10	①	②	③	④	30	①	②	③	④
11	①	②	③	④	31	①	②	③	④
12	①	②	③	④	32	①	②	③	④
13	①	②	③	④	33	①	②	③	④
14	①	②	③	④	34	①	②	③	④
15	①	②	③	④	35	①	②	③	④
16	①	②	③	④	36	①	②	③	④
17	①	②	③	④	37	①	②	③	④
18	①	②	③	④	38	①	②	③	④
19	①	②	③	④	39	①	②	③	④
20	①	②	③	④	40	①	②	③	④

금호아시아나그룹 직무적성검사

성명

주민등록번호

수험번호

언어능력

수리능력

추리능력

금호아시아나그룹 직무적성검사

직무상식능력 / **상황판단능력** / **분석판단능력** / **사무지각능력**

(OMR 답안지 — 각 영역별 문번과 ①②③④ 마킹란)

금호아시아나그룹 직무적성검사

성명

수험번호

주민등록번호

수험번호							
⓪	⓪	⓪	⓪	⓪	⓪	⓪	⓪
①	①	①	①	①	①	①	①
②	②	②	②	②	②	②	②
③	③	③	③	③	③	③	③
④	④	④	④	④	④	④	④
⑤	⑤	⑤	⑤	⑤	⑤	⑤	⑤
⑥	⑥	⑥	⑥	⑥	⑥	⑥	⑥
⑦	⑦	⑦	⑦	⑦	⑦	⑦	⑦
⑧	⑧	⑧	⑧	⑧	⑧	⑧	⑧
⑨	⑨	⑨	⑨	⑨	⑨	⑨	⑨

언어능력

문번	1	2	3	4	문번	1	2	3	4
1	①	②	③	④	21	①	②	③	④
2	①	②	③	④	22	①	②	③	④
3	①	②	③	④	23	①	②	③	④
4	①	②	③	④	24	①	②	③	④
5	①	②	③	④	25	①	②	③	④
6	①	②	③	④	26	①	②	③	④
7	①	②	③	④	27	①	②	③	④
8	①	②	③	④	28	①	②	③	④
9	①	②	③	④	29	①	②	③	④
10	①	②	③	④	30	①	②	③	④
11	①	②	③	④	31	①	②	③	④
12	①	②	③	④	32	①	②	③	④
13	①	②	③	④	33	①	②	③	④
14	①	②	③	④	34	①	②	③	④
15	①	②	③	④	35	①	②	③	④
16	①	②	③	④	36	①	②	③	④
17	①	②	③	④	37	①	②	③	④
18	①	②	③	④	38	①	②	③	④
19	①	②	③	④	39	①	②	③	④
20	①	②	③	④	40	①	②	③	④

수리능력

문번	1	2	3	4	문번	1	2	3	4
1	①	②	③	④	21	①	②	③	④
2	①	②	③	④	22	①	②	③	④
3	①	②	③	④	23	①	②	③	④
4	①	②	③	④	24	①	②	③	④
5	①	②	③	④	25	①	②	③	④
6	①	②	③	④	26	①	②	③	④
7	①	②	③	④	27	①	②	③	④
8	①	②	③	④	28	①	②	③	④
9	①	②	③	④	29	①	②	③	④
10	①	②	③	④	30	①	②	③	④
11	①	②	③	④					
12	①	②	③	④					
13	①	②	③	④					
14	①	②	③	④					
15	①	②	③	④					
16	①	②	③	④					
17	①	②	③	④					
18	①	②	③	④					
19	①	②	③	④					
20	①	②	③	④					

추리능력

문번	1	2	3	4	문번	1	2	3	4
1	①	②	③	④	21	①	②	③	④
2	①	②	③	④	22	①	②	③	④
3	①	②	③	④	23	①	②	③	④
4	①	②	③	④	24	①	②	③	④
5	①	②	③	④	25	①	②	③	④
6	①	②	③	④	26	①	②	③	④
7	①	②	③	④	27	①	②	③	④
8	①	②	③	④	28	①	②	③	④
9	①	②	③	④	29	①	②	③	④
10	①	②	③	④	30	①	②	③	④
11	①	②	③	④	31	①	②	③	④
12	①	②	③	④	32	①	②	③	④
13	①	②	③	④	33	①	②	③	④
14	①	②	③	④	34	①	②	③	④
15	①	②	③	④	35	①	②	③	④
16	①	②	③	④	36	①	②	③	④
17	①	②	③	④	37	①	②	③	④
18	①	②	③	④	38	①	②	③	④
19	①	②	③	④	39	①	②	③	④
20	①	②	③	④	40	①	②	③	④

금호아시아나그룹 직무적성검사

직무상식능력

문번	1	2	3	4
1	①	②	③	④
2	①	②	③	④
3	①	②	③	④
4	①	②	③	④
5	①	②	③	④
6	①	②	③	④
7	①	②	③	④
8	①	②	③	④
9	①	②	③	④
10	①	②	③	④
11	①	②	③	④
12	①	②	③	④
13	①	②	③	④
14	①	②	③	④
15	①	②	③	④
16	①	②	③	④
17	①	②	③	④
18	①	②	③	④
19	①	②	③	④
20	①	②	③	④
21	①	②	③	④
22	①	②	③	④
23	①	②	③	④
24	①	②	③	④
25	①	②	③	④
26	①	②	③	④
27	①	②	③	④
28	①	②	③	④
29	①	②	③	④
30	①	②	③	④
31	①	②	③	④
32	①	②	③	④
33	①	②	③	④
34	①	②	③	④
35	①	②	③	④
36	①	②	③	④
37	①	②	③	④
38	①	②	③	④
39	①	②	③	④
40	①	②	③	④

상황판단능력

문번	1	2	3	4
1	①	②	③	④
2	①	②	③	④
3	①	②	③	④
4	①	②	③	④
5	①	②	③	④
6	①	②	③	④
7	①	②	③	④
8	①	②	③	④
9	①	②	③	④
10	①	②	③	④
11	①	②	③	④
12	①	②	③	④
13	①	②	③	④
14	①	②	③	④
15	①	②	③	④
16	①	②	③	④
17	①	②	③	④
18	①	②	③	④
19	①	②	③	④
20	①	②	③	④
21	①	②	③	④
22	①	②	③	④
23	①	②	③	④
24	①	②	③	④
25	①	②	③	④
26	①	②	③	④
27	①	②	③	④
28	①	②	③	④
29	①	②	③	④
30	①	②	③	④

분석판단능력

문번	1	2	3	4
1	①	②	③	④
2	①	②	③	④
3	①	②	③	④
4	①	②	③	④
5	①	②	③	④
6	①	②	③	④
7	①	②	③	④
8	①	②	③	④
9	①	②	③	④
10	①	②	③	④
11	①	②	③	④
12	①	②	③	④
13	①	②	③	④
14	①	②	③	④
15	①	②	③	④
16	①	②	③	④
17	①	②	③	④
18	①	②	③	④
19	①	②	③	④
20	①	②	③	④
21	①	②	③	④
22	①	②	③	④
23	①	②	③	④
24	①	②	③	④
25	①	②	③	④
26	①	②	③	④
27	①	②	③	④
28	①	②	③	④
29	①	②	③	④
30	①	②	③	④

사무지각능력

문번	1	2	3	4
1	①	②	③	④
2	①	②	③	④
3	①	②	③	④
4	①	②	③	④
5	①	②	③	④
6	①	②	③	④
7	①	②	③	④
8	①	②	③	④
9	①	②	③	④
10	①	②	③	④
11	①	②	③	④
12	①	②	③	④
13	①	②	③	④
14	①	②	③	④
15	①	②	③	④
16	①	②	③	④
17	①	②	③	④
18	①	②	③	④
19	①	②	③	④
20	①	②	③	④
21	①	②	③	④
22	①	②	③	④
23	①	②	③	④
24	①	②	③	④
25	①	②	③	④
26	①	②	③	④
27	①	②	③	④
28	①	②	③	④
29	①	②	③	④
30	①	②	③	④
31	①	②	③	④
32	①	②	③	④
33	①	②	③	④
34	①	②	③	④
35	①	②	③	④
36	①	②	③	④
37	①	②	③	④
38	①	②	③	④
39	①	②	③	④
40	①	②	③	④

좋은 책을 만드는 길
독자님과 함께하겠습니다.

도서에 궁금한 점, 아쉬운 점, 만족스러운 점이
있으시다면 어떤 의견이라도 말씀해 주세요.
시대인은 독자님의 의견을 모아 더 좋은 책으로 보답하겠습니다.

www.edusd.co.kr

2019 기출이 답이다 금호아시아나그룹 직무적성검사 및 한자시험

개정4판1쇄 발행	2019년 10월 10일 (인쇄 2019년 09월 25일)
초 판 발 행	2017년 10월 10일 (인쇄 2017년 09월 21일)
발 행 인	박영일
책 임 편 집	이해욱
저 자	SD적성검사연구소
편 집 진 행	김효진
표지디자인	박수영
편집디자인	최혜윤 · 장성복
발 행 처	(주)시대고시기획
출 판 등 록	제 10-1521호
주 소	서울시 마포구 큰우물로 75 [도화동 538 성지 B/D] 9F
전 화	1600-3600
팩 스	02-701-8823
홈 페 이 지	www.sidaegosi.com
I S B N	979-11-254-6315-3(13320)
정 가	17,000원

시대에듀의 막강한 회원 혜택

— IT강좌, 할인권, 적립금 등 특별한 혜택을 드립니다. —

동영상 수강 회원만 누릴 수 있는 **138**만원 상당의 IT강좌 무료제공!

필수스킬!
영역별 기초 강좌

1. 인터넷정보 검색 강좌
인터넷 활용강좌 제공

2. 정보보호 개념잡기 강좌
정보보호 기술관련 강좌제공

3. 초보자 회계기초 강좌
재무제표, 회계관련 강좌제공

요즘엔 내가 대세!
SNS 강좌

1. Facebook 잘 활용하기 강좌
스마트폰 페이스북 기능 활용강좌 제공

2. Twiter 잘 활용하기 강좌
스마트폰 트위터 기능 활용강좌 제공

취업, 승진에 필수!
자격증 강좌

1. 파워포인트 강좌
MS Office 2014 강좌제공

2. 워드/엑셀 강좌
MS Office 2014 강좌제공

3. 한컴오피스 2014 강좌
워드프로세서 필수강좌제공

4. 정보처리/사무자동화 강좌
인터넷 활용강좌 제공

5. 컴퓨터활용능력
실기, 필기, 데이터베이스 강좌 제공

6. 사무자동화 강좌
필기/실기(모의고사) 강좌 제공

IT강좌 수강방법

STEP 1 → **STEP 2** → **STEP 3** → **STEP 4**

STEP 1	STEP 2	STEP 3	STEP 4
강좌제공은 회원가입 및 로그인이 필요합니다.	회원가입, 구매를 진행합니다.	회원가입, 구매 후 마이페이지에 접속합니다.	제공되는 무료강의를 바로 수강가능합니다.

2019 하반기 채용대비
2019~2015 기출문제 수록!

금호
아시아나 그룹

직무적성검사 및 한자시험